*Edda Ziegler,* Dr. phil., Dozentin für Neuere Deutsche Literatur und Buchwissenschaft am Institut für Deutsche Philologie der Universität München, hat mehrere Monografien zur Literatur- und Buchgeschichte des 19. und 20. Jahrhunderts publiziert, darunter Biografien zu Heinrich Heine und Theodor Fontane sowie eine Geschichte des Piper-Verlags. Zuletzt erschien: Heinrich Heine. Der Dichter und die Frauen (2005).

Edda Ziegler

# Literarische Zensur in Deutschland 1819–1848

Materialien, Kommentare

Dieses Buch erschien erstmals 1983 im Carl Hanser Verlag, München

Weitere Informationen über den Verlag und sein Programm unter:
www.allitera.de

Bibliographische Information der Deutschen Bibliothek

Die Deutsche Bibliothek verzeichnet diese Publikation
in der Deutschen Nationalbibliographie;
detaillierte bibliographische Daten sind im Internet
über <http://dnb.ddb.de> abrufbar.

Zweite revidierte Auflage
September 2006
Allitera Verlag
Ein Verlag der Buch&media GmbH, München
© 2006 Buch&media GmbH, München
Umschlaggestaltung: Kay Fretwurst, Freienbrink
Herstellung: Books on Demand GmbH, Norderstedt
Printed in Germany · ISBN 978-3-86520-200-0

# Inhalt

## Dokumentation

1. Gesetzliche Grundlagen .................................... 9
Die Karlsbader Beschlüsse von 1819 ......................... 9
Die Geheimen Wiener Beschlüsse vom 12. Juni 1834 ........... 12
Verbot der Schriften des Jungen Deutschland ................ 13
Bundesbeschluß vom 10. Dezember 1835 ....................... 13
Bundesbeschluß über die Einführung der Preßfreiheit vom 3. März 1848  14

2. Zensur und Literatur ...................................... 15
Heinrich Heine: Erörterungen. 1836 ......................... 15
Ferdinand Freilgraths Gedichte »Die Freiheit! das Recht!« und
»Trotz alledem!« 1843 / 44 ................................. 18
Erkenntniß des königlichen Ober-Censurgerichtes in Sachen
der »Kölnischen Zeitung.« .................................. 21

3. Stellungnahmen der Öffentlichkeit ........................ 23

3.1 Politische Öffentlichkeit ............................... 23
[Johann Georg August Wirth:] Deutschlands Pflichten. 1832 .. 23
[Karl Marx:] Bemerkungen über die neueste preußische Zensurinstruktion.
Von einem Rheinländer. 1842 ................................ 28

3.2 Autoren ................................................. 46
[Eduard von Bauernfeld:] Denkschrift über die gegenwärtigen Zustände
der Zensur in Österreich. 1845 ............................. 46

3.3 Buchhandel .............................................. 52
Denkschrift des Börsenvereins der deutschen Buchhändler
über Zensur und Preßfreiheit. 1841 ......................... 52

## Kommentar

I. Einzelhinweise und Textanalysen ........................... 63
II. Darstellung .............................................. 90
Was ist Zensur? Über die Steuerungsmechanismen in den Anfängen
der modernen Literaturgesellschaft .......................... 90

1. **Pressefreiheit und politische Öffentlichkeit zu Beginn des 19. Jahrhunderts** ............................................. 95
   1.1 Pressefreiheit als innovatorischer Faktor des literarischen .......... 95
       Systems ....................................................... 95
   1.2 Pressefreiheit und Zensur unter napoleonischer Herrschaft ....... 97
   1.3 Pressefreiheit als politische Forderung des Liberalismus ........... 100

2. **Theoretische Grundlagen der Zensur im Metternichschen System** 102
   2.1 Hegel, Löffler und der preußische Reformkonservatismus ......... 103
   2.2 Der österreichische Neoabsolutismus ............................ 106

3. **Zensurgesetzgebung und Zensurpraxis 1819–1848** ................ 110
   3.1 Das Pressegesetz der Karlsbader Beschlüsse und seine
       Vorgeschichte ................................................. 110
   3.2 Die Bundes- und Länderexekutive von den Karlsbader Beschlüssen
       bis zur Märzrevolution ........................................ 113
   3.3 Zur Kontrollpraxis einzelner Territorien ........................ 117
       Österreich ..................................................... 120
       Preußen ....................................................... 122

4. **Literatur und Zensur: Der Kampf um Pressefreiheit in der vormärzlichen Literaturgesellschaft** ........................................ 126
   4.1 Die Träger des Widerstands gegen die Zensur und seine Ziele ...... 126
       Die »Preßfrage« in der bürgerlichen Bewegung ................. 129
   4.2 Die Widerstandspraxis des Buchhandels ......................... 133
       Der Verlag J.F. Cotta .......................................... 136
       Der Verlag Hoffmann und Campe ............................... 138
       C. Löwenthals Verlagshandlung ................................ 140
       Emigrantenverlage ............................................ 141
   4.3 Schriftstellerische Widerstandspraxis ........................... 142
       Heines Strategie des literarischen Protests ..................... 144
       Der »literarische Bürgerkrieg« und der Fall »Wally« ............ 148
       Die Zensurdokumentation ..................................... 154
       Die Emigration ................................................ 158
   4.4 Zu den Auswirkungen der Zensur auf die Literatur ................ 160

5. **Tendenzen und Formen der Literatursteuerung von der Märzrevolution bis zur Weimarer Republik. Ein Ausblick** ........... 172

**Weiterführende Literatur** ............................................. 180

# Dokumentation

Die vorliegende Dokumentation beschränkt sich auf Quellen zur Zensurgesetzgebung, auf Zeugnisse für die Wirkungen der Steuerungsmechanismen auf die literarische Produktion und auf Stellungnahmen der Öffentlichkeit. Auf zensurthematisierende Texte, Quellen zu Zensurtheorie und Selbstzensur wird zugunsten einer analytischen Darstellung dieser Aspekte verzichtet. Die Theaterzensur bleibt ganz ausgegrenzt. Sie hat in einer meist nicht schriftlich fixierten, auf die konkrete zeitgenössische Aufführungsrealität bezogenen Zensurpraxis ihre eigenen Bedingungen, die einer gesonderten Untersuchung vorbehalten sind.

# I. Gesetzliche Grundlagen

## Die Karlsbader Beschlüsse von 1819

Preßgesetz
»Provisorische Bestimmungen
hinsichtlich der Freiheit der Presse«
vom 20. September 1819
Protokolle der Bundesversammlung 1819, 35. Sitzung, § 220

§ 1. Solange als der gegenwärtige Beschluß in Kraft bleiben wird, dürfen Schriften, die in der Form täglicher Blätter oder heftweise erscheinen, deßgleichen solche, die nicht über 20 Bogen im Druck stark sind, in keinem deutschen Bundesstaate ohne Vorwissen und vorgängige Genehmhaltung der Landesbehörden zum Druck befördert werden. Schriften, die nicht in eine der hier namhaft gemachten Classen gehören, werden fernerhin nach den in den einzelnen Bundesstaaten erlassenen oder noch zu erlassenden Gesetzen behandelt. Wenn dergleichen Schriften aber irgend einem Bundesstaate Anlaß zur Klage geben, so soll diese Klage im Namen der Regierung, an welche sie gerichtet ist, nach den in den einzelnen Bundesstaaten bestehenden Formen, gegen die Verfasser oder Verleger der dadurch betroffenen Schrift erledigt werden.

§ 2. Die zur Aufrechthaltung dieses Beschlusses erforderlichen Mittel und Vorkehrungen bleiben der nähern Bestimmung der Regierungen anheimgestellt; sie müssen jedoch von der Art sein, daß dadurch dem Sinn und Zweck der Hauptbestimmung des § 1 vollständig Genüge geleistet werde.

§ 3. Da der gegenwärtige Beschluß durch die unter den obwaltenden Umständen von den Bundes-Regierungen anerkannte Nothwendigkeit vorbeugender Maßregeln gegen den Mißbrauch der Presse veranlaßt worden ist, so können die auf gerichtliche Verfolgung und Bestrafung der im Wege des Drucks bereits verwirklichten Mißbräuche und Vergehungen abzweckenden Gesetze, in so weit sie auf die im I.§ bezeichneten Classen von Druckschriften verwendbar sein sollen, solange dieser Beschluß in Kraft bleibt, in keinem Bundesstaate als zureichend betrachtet werden.

§ 4. Jeder Bundesstaat ist für die unter seiner Oberaufsicht erscheinenden, mithin für sämmtliche unter der Hauptbestimmung des § 1 begriffenen Druckschriften, in so fern dadurch die Würde oder Sicherheit anderer Bundesstaaten verletzt, die Verfassung oder Verwaltung derselben angegriffen wird, nicht nur den unmittelbaren Beleidigten, sondern auch der Gesammtheit des Bundes verantwortlich.

§ 5. Damit aber diese, in dem Wesen des deutschen Bundes-Vereins gegründete, von dessen Fortdauer unzertrennliche, wechselseitige Verantwortlichkeit nicht zu unnützen Störungen des zwischen den Bundesstaaten obwaltenden freundschaftlichen Verhältnisses Anlaß geben möge, so übernehmen sämmtliche Mitglieder des deutschen Bundes die feierliche Verpflichtung gegen einander, bei der Aufsicht über die in ihren Ländern erscheinenden Zeitungen, Zeit- und Flugschriften mit wachsamem Ernste zu verfahren, und diese Aufsicht dergestalt handhaben zu lassen, daß dadurch gegenseitigen Klagen und unangenehmen Erörterungen auf jede Weise möglichst vorgebeugt werde.

§ 6. Damit jedoch auch die durch gegenwärtigen Beschluß beabsichtigte allgemeine und wechselseitige Gewährleistung der moralischen und politischen Unverletzlichkeit der Gesammtheit und aller Mitglieder des Bundes nicht auf einzelnen Puncten gefährdet werden könne, so soll in dem Fall, wo die Regierung eines Bundesstaates sich durch die in einem andern Bundesstaate erscheinenden Druckschriften verletzt glaubte, und durch freundschaftliche Rücksprache oder diplomatische Correspondenz zu einer vollständigen Befriedigung und Abhülfe nicht gelangen könnte, derselben ausdrücklich vorbehalten bleiben, über dergleichen Schriften Beschwerde bei der Bundesversammlung zu führen, letztere aber sodann gehalten sein, die angebrachte Beschwerde commissarisch untersuchen zu lassen und, wenn dieselbe gegründet befunden wird, die unmittelbare Unterdrückung der in Rede stehenden Schrift, auch wenn sie zur Classe der periodischen gehört, aller fernern Fortsetzung derselben durch einen entscheidenden Ausspruch zu verfügen.

Die Bundesversammlung soll außerdem befugt sein, die zu ihrer Kenntniß gelangenden, unter der Hauptbestimmung des § 1 begriffenen Schriften, in welchem deutschen Staate sie auch erscheinen mögen, wenn solche, nach dem Gutachten einer von ihr ernannten Commission, der Würde des Bundes, der Sicherheit einzelner Bundesstaaten oder der Erhaltung des Friedens und der Ruhe in Deutschland zuwiderlaufen, ohne vorhergegangene Aufforderung, aus eigener Autorität, durch einen Ausspruch, von welchem keine Appellation stattfindet, zu unterdrücken, und die betreffenden Regierungen sind verpflichtet, diesen Ausspruch zu vollziehen.

§ 7. Wenn eine Zeitung oder Zeitschrift durch einen Ausspruch der Bundesversammlung unterdrückt worden ist, so darf der Redacteur derselben binnen fünf Jahren in keinem Bundesstaate bei der Redaction einer ähnlichen Schrift zugelassen werden. Die Verfasser, Herausgeber, und Verleger der unter der Hauptbestimmung des § 1 begriffenen Schriften bleiben übrigens, wenn sie den Vorschriften dieses Beschlusses gemäß gehandelt haben, von aller weitern Verantwortung frei, und die in § 6 erwähnten Aussprüche der Bundesversammlung werden ausschließend gegen die Schriften, nie gegen die Personen, gerichtet.

§ 8. Sämmtliche Bundesglieder verpflichten sich, in einem Zeitraum von zwei Monaten die Bundesversammlung von den Verfügungen und Vorschriften, durch welche sie dem § dieses Beschlusses Genüge zu leisten gedenken, in Kenntniß zu setzen.

§ 9. Alle in Deutschland erscheinenden Druckschriften, sie mögen unter den Bestimmungen dieses Beschlusses begriffen sein oder nicht, müssen mit dem Namen des Verlegers und, in so fern sie zur Classe der Zeitungen oder Zeitschriften gehören, auch mit dem Namen des Redacteurs versehen sein. Druckschriften, bei welchen diese Vorschrift nicht beobachtet ist, dürfen in keinem Bundesstaate in Umlauf gesetzt und müssen, wenn solches heimlicher Weise geschieht, gleich bei ihrer Erscheinung in Beschlag genommen, auch die Verbreiter derselben, nach Beschaffenheit der Umstände, zu angemessener Geld- oder Gefängnißstrafe verurtheilt werden.

§ 10. Der gegenwärtige einstweilige Beschluß soll, vom heutigen Tage an, fünf Jahre lang in Wirksamkeit bleiben. Vor Ablauf dieser Zeit soll am Bundestage gründlich untersucht werden, auf welche Weise die im 18. Artikel der Bundes-Acte in Anregung gebrachten gleichförmigen Verfügungen über die Preßfreiheit in Erfüllung zu setzen sein möchten, und demnächst ein Definitiv-Beschluß über die rechtmäßigen Grenzen der Preßfreiheit in Deutschland erfolgen.

## Die Geheimen Wiener Beschlüsse vom 12. Juni 1834

Artikel 28–35

**Art. 28.** Um die zur Erhaltung der Ruhe Deutschlands übernommene gegenseitige Verpflichtung einer wachsamen und strengen Aufsicht über die in den verbündeten Staaten erscheinenden Zeitungen, Zeit- und Flugschriften in gleichem Sinne vollständig zu erfüllen, und die dem provisorischen Preßgesetze gemäß bestehende Censur auf die zweckmäßigste Weise gleichförmig zu handhaben, werden die Regierungen:

1) das Censoramt nur Männern von erprobter Gesinnung und Fähigkeit übertragen und diesen eine dem ehrenvollen Vertrauen, welche dasselbe voraussetzt, entsprechende Stellung, sei es in selbständiger Eigenschaft oder in Verbindung mit andern angesehenen Aemtern sichern;
2) den Censoren bestimmte Instruktionen ertheilen;
3) Censurlücken nirgends dulden;
4) in denjenigen Bundesstaaten, in welchen nicht durch die Verfassung oder durch die Landesgesetze anderweit Fürsorge getroffen ist, wird unbeschadet dessen, was im § 6 des provisorischen Preßgesetzes vom Jahre 1819 verfügt ist, eine höhere Behörde mit den Funktionen eines Ober-Censur-Collegii beauftragt werden, um als solches theils über die pflichtmäßige Erfüllung der Obliegenheiten der Censoren zu wachen, theils auch die Beschwerden der Schriftsteller über das Verfahren und die Aussprüche der Censoren zu erledigen.

**Art. 29.** Von den Nachtheilen einer übermäßigen Anzahl politischer Tagblätter überzeugt, werden die Regierungen auf eine allmählich herbeizuführende Verminderung solcher Blätter, so weit dieß ohne Kränkung erworbener Rechte thunlich ist, Bedacht nehmen.

**Art. 30.** Kraft der ihnen zustehenden oberpolizeilichen Aufsicht werden die Regierungen die Herausgabe neuer politischer Tagblätter ohne die vorgängige Erwirkung einer dießfälligen Concession nicht gestatten. Es wird diese nur mit Rücksicht auf vorstehenden Artikel 29, nach gewonnener Überzeugung von der Befähigung des Redakteurs und nur mit der Clausel völlig uneingeschränkter Widerruflichkeit ertheilt werden.

**Art. 31.** Das in einem Bundesstaate einer Druckschrift von einem Censor ertheilte Imprimatur befreit diese Schrift nicht von den in andern Bundesländern bestehenden Aufsichtsregeln.

**Art. 32.** Die Bestimmungen des Bundesbeschlusses vom 5. Juli 1832, betreffend die Zulassung der außerhalb des Bundesgebiets in deutscher Sprache erscheinenden Zeit- und nicht über 20 Bogen betragenden

Druckschriften politischen Inhalts sollen fortwährend strenge vollzogen werden.

Rücksichtlich der in fremden Sprachen erscheinenden Zeitungen vereinigen sich die Regierungen zu der Bestimmung, daß Abonnements auf dieselben von den Postämtern nur nach einem von der Regierung genehmigten Verzeichnisse solcher Blätter angenommen werden dürfen. Die auf diese Weise nicht zugelassenen Zeitungen dürfen zwar von Einzelnen verschrieben, aber nicht öffentlich ausgelegt werden.

**Art. 33.** Es wird auf geeignetem Wege Sorge dafür getragen werden, daß beim Drucke der ständischen Protokolle, wo solcher Statt findet, alle jene Äußerungen hinweggelassen werden, welche nach Bestimmung des Art. 26 eine Verweisung zur Ordnung veranlaßt haben. Wenn die ständischen Protokolle in Zeitungen oder sonstigen periodischen Schriften abgedruckt werden, so unterliegt dieser Abdruck allen für die Redaktion, Censur und Beaufsichtigung dieser letztern bestehenden Vorschriften. Gleiches gilt von der auszugsweisen Bekanntmachung ständischer Verhandlungen in periodischen Blättern.

**Art. 34.** Die beaufsichtigenden Behörden und die Censoren der Zeitblätter werden angewiesen werden, auch in Betreff der Aufnahme der faktischen Umstände anderer deutschen Ständeversammlungen mit gleicher Umsicht und nach denselben Regeln wie bei jener des eigenen Staates zu verfahren.

**Art. 35.** Da, wo Öffentlichkeit gerichtlicher Verhandlungen in Strafsachen besteht, wollen die Regierungen der Bekanntmachung dieser letztern durch den Druck nur unter Beobachtung solcher mit den Gesetzen vereinbaren Vorsichtsmaßregeln Statt geben, durch welche eine nachteilige Einwirkung auf öffentliche Ruhe und Ordnung verhütet werden kann.

## Verbot der Schriften des Jungen Deutschland
## Bundesbeschluß vom 10. Dezember 1835

Protokolle der deutschen Bundesversammlung 1835, 31. Sitzung, § 515

Nachdem sich in Deutschland in neuerer Zeit, und zuletzt unter der Benennung »das junge Deutschland« oder »die junge Literatur«, eine literarische Schule gebildet hat, deren Bemühungen unverholen dahin gehen, in belletristischen, für alle Classen von Lesern zugänglichen Schriften die christliche Religion auf die frechste Weise anzugreifen, die bestehenden socialen Verhältnisse herabzuwürdigen und alle Zucht und Sittlichkeit zu zerstören: so hat die deutsche Bundesversammlung – in Erwägung, daß es dringend nothwendig sey, diesen verderblichen, die Grundpfeiler aller gesetzlichen Ordnung untergrabenden Bestrebungen durch Zusammenwirken aller Bundesregierungen sofort Einhalt zu thun, und unbeschadet weiterer vom Bunde oder von den einzelnen Regierungen zur Erreichung des Zweckes nach Umständen zu ergreifenden Maaßregeln – sich zu nachstehenden Bestimmungen vereiniget:

1) Sämmtliche deutschen Regierungen übernehmen die Verpflichtung, gegen die Verfasser, Verleger, Drucker und Verbreiter der Schriften aus der unter der Bezeichnung »das junge Deutschland« oder »die junge Literatur« bekannten literarischen Schule, zu welcher namentlich Heinr. Heine, Carl Gutzkow, Heinr. Laube, Ludolph Wienbarg und Theodor Mundt gehören, die Straf- und Polizei-Gesetze ihres Landes, so wie die gegen den Mißbrauch der Presse bestehenden Vorschriften, nach ihrer vollen Strenge in Anwendung zu bringen, auch die Verbreitung dieser Schriften, sey es durch den Buchhandel, durch Leihbibliotheken oder auf sonstige Weise, mit allen ihnen gesetzlich zu Gebot stehenden Mitteln zu verhindern.

2) Die Buchhändler werden hinsichtlich des Verlags und Vertriebs der oben erwähnten Schriften durch die Regierungen in angemessener Weise verwarnt und es wird ihnen gegenwärtig gehalten werden, wie sehr es in ihrem wohlverstandenen eigenen Interesse liegt, die Maaßregeln der Regierungen gegen die zerstörende Tendenz jener literarischen Erzeugnisse auch ihrer Seits, mit Rücksicht auf den von ihnen in Anspruch genommenen Schutz des Bundes, wirksam zu unterstützen.

3) Die Regierung der freien Stadt Hamburg wird aufgefordert, in dieser Beziehung insbesondere der Hoffmann- und Campe'schen Buchhandlung zu Hamburg, welche vorzugsweise Schriften obiger Art in Verlag und Vertrieb hat, die geeignete Verwarnung zugehen zu lassen.

## Bundesbeschluß über die Einführung der Preßfreiheit vom 3. März 1848

Protokolle der Bundesversammlung 1848,
12. Sitzung, § 119

1 Jedem deutschen Bundesstaate wird freigestellt, die Censur aufzuheben und Preßfreiheit einzuführen.
2 Dieß darf jedoch nur unter Garantieen geschehen, welche die anderen deutschen Bundesstaaten und den ganzen Bund gegen den Mißbrauch der Preßfreiheit möglichst sicher stellen.
3 Vorstehende Bestimmungen sind sofort öffentlich zu verkündigen.

## 2. Zensur und Literatur

Die an dieser Stelle ursprünglich vorgesehene Dokumentation des »Falles Gutzkow«, das heißt des Streites um Karl Gutzkows Roman »Wally, die Zweiflerin« (Mannheim 1835), mußte der notwendigen Umfangsbegrenzung dieses Bandes geopfert werden. Die innerhalb des vorliegenden Bandes doch empfindliche Lücke kann geschlossen werden durch die von Günter Heintz herausgegebene »Studienausgabe mit Dokumenten zum zeitgenössischen Literaturstreit« von Gutzkows Roman (RUB Nr. 9904, Stuttgart 1979).

### Heinrich Heine: Erörterungen
### 1836

Wie ich vernehme, haben deutsche Blätter mit unfreundlicher Andeutung dem Publikum insinuiert, daß ein Manuskript von mir in Berlin bei der Oberzensurkommission zur Zensur vorliege. Dieses ist nun freilich der Fall; aber nicht von mir, sondern von meinem Verleger, dem Inhaber der Firma Hoffmann und Campe zu Hamburg, ist mein Manuskript ohne mein Vorwissen, nach Berlin zur Zensur geschickt worden. Sobald ich dessen Kunde empfing, vor etwa sechs Wochen, erteilte ich meinem Verleger die bestimmteste Ordre, mein Manuskript wieder von Berlin zurückzufordern und es ganz ungedruckt zu lassen, wenn es nicht anders als mit preußischem Imprimatur gedruckt werden könne. Diesem Begehr hat auch mein Verleger auf der Stelle entsprochen. – Indem ich wünsche, daß mein Benehmen bei diesem Vorfalle keineswegs als politische Widersetzlichkeit oder gar als kindischer Eigenwille, am allerwenigsten aber als Animosität gegen preußische Behörden gedeutet werde, will ich die Gründe, die mich bestimmten, ganz unumwunden erörtern.

Männiglich bekannt ist das betrübsame Dekret der deutschen Bundesversammlung, worin ich, nebst vier anderen Schriftstellern, der strafbarsten Tendenzen, namentlich in Betreff der Moral und Religion, bezichtigt, und meine ganze schriftstellerische Tätigkeit mit dem Interdikte belegt werden. Die Meinung der bedeutendsten Juristen, deren Responsum ich einholte, ging dahin, daß der deutschen Bundesversammlung keineswegs durch die Bundesakte die richterliche Autorität zuerkannt werde, daß sie sich nur faktisch, für einen außerordentlichen Fall, als Gerichtshof konstituieren könne, und daß sie dieses in Betreff meiner getan habe, wie aus ihrem Dekrete hervorgehe, welches sogar formell als ein Gerichtserkenntnis zu betrachten sei. Durchdrungen von Ehrfurcht für die erlauchte Versammlung, bin ich weit entfernt ihre Gerechtigkeitsliebe in Zweifel zu ziehen; ich bin vielmehr, gleich dem übrigen Publikum, überzeugt, daß sie in Irrtum geführt worden durch die Denunziation eines Schriftstellers, welcher zuerst eine staatsgefährliche Verbrüderung, benamset das junge Deutschland, klüglichst ersonnen und mich selber als Oberhaupt desselben angegeben hat. Unbegreiflich bleibt es mir freilich, daß die erlauchte Versammlung, ehe sie ein Urteil über mich aussprach, nicht vorher untersuchte: ob die Bücher, die als Corpora Delicti vorliegen, wirklich von mir selber geschrieben sind? ob sie nicht etwa in so verstümmelter Gestalt gedruckt worden, daß ihre ursprünglichen Tendenzen nicht mehr erkennbar sind? ... in welchem Falle nur noch von gefährlichen Büchern, die man zu verbieten habe, keineswegs aber von einem gefährlichen Schriftsteller, den man literarisch ächten müsse, die Rede sein könne. Es wäre mir in der Tat sehr leicht, gegen die mir aufgebürdeten Tendenzen dergleichen Einrede zu führen. Die zwei Bücher, worin man die erwähnten gefährlichen Tendenzen zu finden vermeint, sind nämlich der 2te Teil des »Salon« und die »romantische Schule«. Beide Bücher aber sind, obgleich über 20 Bogen stark, von meinem Verleger, gegen mein Erwarten! in die Hände der Zensur geliefert worden, und die Stellen, die der Zensor darin strich, waren eben diejenigen, die über ihre Tendenzen, über die Zwecke, die mir bei ihrer Abfassung vorschwebten, Auskunft geben konnten. Im ersten Buche, dem 2ten Teil des »Salon«, worin die Phasen der deutschen Philosophie und zugleich ihre politische Bedeutung verständlich werden sollten, ward jedes auf Politik bezügliche Wort gestrichen; alles was sich auf Religion bezog, trat nun um so voller hervor, und was vorher nur als eine unparteiische Geschichtsschreibung mit politischer Hinweisung erschienen wäre, erhielt jetzt den Charakter einer antideistischen Streitschrift. Eine ähnliche Bewandtnis hatte es mit dem andern Buche, der »romantischen Schule«, dessen größter Teil vor vier Jahren zuerst in Gestalt französischer Journalartikel erschienen, und obgleich im starkgefärbten Stile jener Zeit, doch immer im protestantischen Sinne geschrieben worden. In jenen Artikeln, welche die katholisch romantische Literaturperiode in Deutschland schilderten, wollte ich den Franzosen teils ein warnendes Spiegelbild vorhalten, und dem für Frankreich gefährlichen Einfluß unserer ultramontanen Schule entgegenwirken. In meinem Buche aber ward jede Beziehung auf letztere, auf ihr Personal und ihr Domizil und somit meine ganze Tendenz, aufs sorgsamste von der Zensur gestrichen. – Beseelt von dem Bewußtsein der Untadelhaftigkeit meines ganzen schriftstellerischen

Strebens, habe ich, statt die richterliche Autorität des Bundestages in Abrede zu stellen, vielmehr die Kompetenz desselben anerkannt und in einer untertänigen Bittschrift vindizierte ich nur mein unveräußerliches Verteidigungsrecht. Die erlauchte Versammlung, welche vielleicht, im Rausche der Geschäfte, allzuschnell von der erwähnten Denunziation sich täuschen ließ und ein Kontumazialurteil fällte, wird nun, entweder grandios in gerichtlicher Form weiter verfahren, meine Verteidigung anhören, oder sie wird, gemütlich ihre bessere Einsicht eingestehend, die gegen mich dekretierte Interdiktion annullieren. Von ihrer Gerechtigkeitsliebe und Großmut erwarte ich ruhig die Entscheidung meines Schicksals: ich erwarte noch bis zu dieser Stunde die Beantwortung meiner Bittschrift, deren bescheidener Ton gewiß nimmermehr berechtigt, sie unberücksichtigt zu lassen. – Während ich aber, wie gesagt, bis zur Stunde auf Antwort vom Bundestage warte, haben fast sämtliche deutsche Bundesstaaten das Dekret desselben promulgiert; nicht bloß die erwähnten, inkulpierten Bücher, sondern alle meine Schriften, sogar meine harmlosen Gedichte, sind überall verboten worden, ja, die verschiedenen deutschen Regierungen, welche das Dekret des Bundestags ohne nachträgliche Untersuchung ganz eigentlich exekutieren, erlassen in ihren Spezialverordnungen die strengsten Verbote, gegen meine künftigen Schriften. Durch dieses höchst summarische Verfahren geht mir mein Vermögen, welches in der Exploitation meiner Schriften und meiner literarischen Tätigkeit besteht, zum größten Teile verloren, und ich gerate in einen rechtlosen Zustand, der mich den verdrießlichsten Beeinträchtigungen preisgibt. Verhältnisse erlauben mir hierüber keine nähere Andeutungen. Aber es bedarf deren kaum, wie ich aus mehren Sendschreiben, die mir seitdem aus der Heimat zugekommen, ersehe. Die Pietät des Deutschen für seine Dichter, die immer unglücklich waren, hat sich darin aufs rührendste ausgesprochen. Und in der Tat, wenn es schon hinlänglich betrübsam ist, daß ich, ein Dichter Deutschlands, im Exil leben muß, so ist es gewiß für meine Landsleute ein schamvoll schmerzlichster Gedanke, daß ich unterdessen im Vaterlande sogar meines Vermögens beraubt werde, meines kärglichen Poetenvermögens, das mich in der Fremde wenigstens vor leiblichem Elend schützen konnte. – Die preußische Regierung, welche, wie man mir sagt, den besprochenen Bundestagsbeschluß gegen mich in Anregung gebracht und in Beziehung auf denselben nicht bloß meine bisherigen, sondern auch meine künftigen Schriften verboten hatte: hat seitdem, wie ich mit Dank anerkenne, den Weg der Milde eingeschlagen, und eine neuere Polizeiverordnung erlaubt den Debit und die Zirkulation meiner Schriften, unter der Bedingung: daß ich das Manuskript derselben vorher an die Oberzensurkommission zu Berlin einsende und das Imprimatur derselben erlange. Hierdurch werden mir nun die Erwerbsquellen der Schriftstellerei in Preußen und durch den Obereinfluß dieses Staates in ganz Deutschland wieder eröffnet; aber leider folgende drei Gründe erlauben mir nicht, in gegenwärtigem Augenblicke, von dieser Güte Gebrauch zu machen:

1. Obgleich diese neuere Verordnung das persönliche Interdikt gegen mich gnädigst modifiziert, so begründet sie doch noch immer einen exzeptionellen Zustand, den ich mir wohl passiv gefallen lassen kann, den ich aber nicht, durch irgend eine Handlung, anerkennen darf; denn dieses wäre zu gleicher Zeit eine aktive Anerkenntnis des Bundestagsbeschlusses, den jene Verordnung exekutiert.
2. Wenn ich meine Bücher jetzt mit Königl. Preußischer Imprimatur erscheinen lasse, so könnte das Publikum mein Stillschweigen über preußische Angelegenheiten, oder gar ein ausgesprochenes Lob Preußens, im Fall ich mal Neigung dazu empfände, aufs schmählichste mißdeuten: man würde glauben, ich opfere meine politischen Meinungen, um nur die Berliner Zensur zu beschwichtigen, um nur den Druck meiner Bücher zu erhandeln, um nur das Honorar derselben einkassieren zu dürfen, ich hätte mich mittelbar dem preußischen Interesse verkauft für mein eigenes Geld ... ein Verkauf, wobei man die ausgebildete preußische Staatsökonomie sehr bewunderungswürdig, mich selber aber ebenso lächerlich wie verächtlich finden möchte.
3. Würde meine Handlungsweise ein für das Gemeinwohl der deutschen Schriftsteller bedenkliches Antezedens bilden. Bisher nämlich ist keinem derselben eingefallen, sein Manuskript, welches er außerhalb Preußens drucken wollte, vorher nach Berlin zur Zensur zu schicken, damit die Zirkulation dort und im größten Teile der deutschen Bundesstaaten gesichert sei. Ich würde jetzt das erste Beispiel dieser Art geben und jene geistige Zentralisation befördern, deren Abwesenheit bisher für das Gedeihen unserer Literatur so heilsam empfunden worden.

Paris den 26. April 1836                                                    Heinrich Heine

## Ferdinand Freiligraths Gedichte
## »Die Freiheit! das Recht!« und »Trotz alledem!«
## 1843 / 44

### Die Freiheit! das Recht!

O, glaubt nicht, sie ruhe fortan bei den Toten,
O, glaubt nicht, sie meide fortan dies Geschlecht,
Weil mutigen Sprechern das Wort man verboten

Und Nichtdelatoren verweigert das Recht!
Nein, ob ins Exil auch die Eidfesten schritten;
Ob, müde der Willkür, die endlos sie litten,
Sich andre im Kerker die Adern zerschnitten –
Doch lebt noch die Freiheit, und mit ihr das Recht!
– Die Freiheit! das Recht!

Nicht mach' uns die einzelne Schlappe verlegen!
Die fördert die Siege des Ganzen erst recht;
Die wirkt, daß wir doppelt uns rühren und regen,
Noch lauter es rufen: Die Freiheit! das Recht!
Denn ewig sind eins diese heiligen Zweie!
Sie halten zusammen in Trutz und in Treue;
Wo das Recht ist, da wohnen von selber schon Freie,
Und immer, wo Freie sind, waltet das Recht!
– Die Freiheit! das Recht!

Und auch das sei ein Trost uns: Nie flogen, wie heuer,
Die freudigen Zwei von Gefecht zu Gefecht!
Nie flutete voller ihr Odem und freier,
Durch die Seele selbst brausend dem niedrigsten Knecht!
Sie machen die Runde der Welt und der Lande,
Sie wecken und werben von Strande zu Strande,
Schon sprengten sie kühn des Leibeigenen Bande,
Und sagten zu denen des Negers: Zerbrecht!
– Die Freiheit! das Recht!

Ja, ihr Banner entflattert und weht allerorten,
Daß die Unbill gesühnt sei, die Schande gerächt!
Ja, und siegen sie hier nicht, so siegen sie dorten,
Und am Ende doch siegen sie gründlich und echt!
O Gott, welch ein Kranz wird sie glorreich dann zieren!
All die Läuber, die Völker im Fahnentuch führen!
Die Olive des Griechen, das Kleeblatt des Iren,
Und vor allem germanisches Eichengeflecht!
– Die Freiheit! das Recht!

Wohl ruhn dann schon manche, die jetzo noch leiden –
Doch ihr Schlummer ist süß, und ihr Ruhn ist gerecht!
Und licht an den Gräbern stehen die beiden,
Die wir ihnen auch danken – die Freiheit! das Recht!

Unterdes hebt die Gläser! Ihr Wohl, die da stritten!
Die da stritten und mutig ins Elend drum schritten,
Die das Recht uns verfochten und Unrecht drum litten!
Hoch ewig das Recht – und die Freiheit durchs Recht!
– Die Freiheit durchs Recht!

## Trotz alledem!
*Nach Robert Burns.*

Ob Armut euer Los auch sei,
Hebt hoch die Stirn, trotz alledem!
Geht kühn den feigen Knecht vorbei;
Wagt's, arm zu sein trotz alledem!

Trotz alledem und alledem,
Trotz niederm Plack und alledem,
Der Rang ist das Gepräge nur,
Der Mann das Gold trotz alledem!

Und sitzt ihr auch beim kargen Mahl
In Zwilch und Lein und alledem
Gönnt Schurken Samt und Goldpokal
Ein Mann ist Mann trotz alledem!
Trotz alledem und alledem,
Trotz Prunk und Pracht und alledem!
Der brave Mann, wie dürftig auch,
Ist König doch trotz alledem!

Heißt »gnäd'ger Herr« das Bürschchen dort,
Man sieht's am Stolz und alledem;
Doch lenkt auch Hunderte sein Wort,
's ist nur ein Tropf trotz alledem!
Trotz alledem und alledem!
Trotz Band und Stern und alledem!
Der Mann von unabhängigem Sinn
Sieht zu und lacht zu alledem!

Ein Fürst macht Ritter, wenn er spricht,
Mit Sporn und Schild und alledem:
Den braven Mann kreiert er nicht,
Der steht zu hoch trotz alledem:

Trotz alledem und alledem!
Trotz Würdenschnack und alledem –
Des innern Wertes stolz Gefühl
Läuft doch den Rang ab alledem!

Drum jeder fleh', daß es gescheh',
Wie es geschieht trotz alledem,
Daß Wert und Kern, so nah wie fern,
Den Sieg erringt trotz alledem!
Trotz alledem und alledem,
Es kommt dazu trotz alledem,
Daß rings der Mensch die Bruderhand
Dem Menschen reicht trotz alledem!

Anmerkung des Autors

Da ich der Meinung bin, daß für eine künftige Geschichte der Censur nicht genug Einzelfälle zusammengetragen werden können, so hänge ich hier noch zwei Erkenntnisse des Ober-Censurgerichts an. Eins derselben (das über das Gedicht: »Am Baum der Menschheit etc. etc.«) ist schon längst allgemeiner bekannt geworden; das andere wird bei dieser Veranlassung – nicht zum ersten Male veröffentlicht, wohl aber zum ersten Male durch die beiden Gedichte commentirt, deren vom Kölner Censor beliebte Unterdrückung es »von Rechts wegen« zu bestätigen für gut fand. Was würde der edle, ehrliche Burns sagen, wenn er sein herrliches »A man's a man for a'that« mit solcher Elle gemessen sähe!

Erkenntniß des königlichen Ober-Censurgerichtes
in Sachen der »Kölnischen Zeitung.«

Auf die am 8. Januar c. eingegangene Beschwerde des Ferdinand Freiligrath vom 3. Jan. d. J. wegen Versagung der Druckerlaubniß für zwei zur Aufnahme in die »Kölnische Zeitung« bestimmte Gedichte hat das Ober-Censurgericht, nach erfolgter Erklärung des Staats-Anwalts in seiner Sitzung vom 13. Februar 1844, an welcher Theil genommen haben: Der Präsident, Wirklicher Geheimer Ober-Justizrath und Staatssekretär, Dr. Bornemann, und die Mitglieder: Geheimer Ober-Justizrath Zeuwach, Geheimer Ober-Justizrath Dr. Göschel, Geheimer Ober-Tribunalsrath Ulrich, Wirklicher Legationsrath Graf von Schlieffen, Professor der Rechte Dr. von Lancizolle und Geheimer Finanzrath von Obstfelder, auf den Vortrag zweier Referenten für Recht erkannt:

daß die erhobene Beschwerde für begründet nicht zu erachten, vielmehr die den Druck der gedachten Gedichte versagenden Verfügungen des Censors resp. vom 30. Dezember pr. und 2. Januar c., wie hierdurch geschieht, zu bestätigen seien.
Von Rechts wegen.

Gründe

Die Grundgedanken, von welchen beide Gedichte ausgehen, sind bei klarer und reiner Auffassung und Anwendung vollkommen wahr, und mögen auch in poetischer Form ausgesprochen und verherrlicht werden. Es ist aber denselben in vorliegenden Gedichten eine solche Wendung und Beziehung gegeben, daß damit den gegen die bestehende, sociale und politische Ordnung der Dinge ankämpfenden Tendenzen – in dem ersten den falschen Freiheits-Ideen, in dem andern der feindlichen Entgegensetzung der verschiedenen Stände – in aufregender Weise das Wort geredet wird, weßhalb die Censurwidrigkeit dieser Gedichte nach Artikel IV. der Censur-Instruction sich klar herausstellt.
                                    Berlin, den 13. Februar 1844.
                              Das königl. Ober-Censurgericht, Bornemann.

## 3. Stellungnahmen der Öffentlichkeit

### 3.1 Politische Öffentlichkeit

[Johann Georg August Wirth:] Deutschlands Pflichten. 1832

Die Könige haben unter sich einen Bund geschlossen. – Der Bund gilt der Unterdrückung der Völker. Die Mittel sind, daß der Wille des Königs mit Hülfe der Gewalt als oberstes Gesetz geltend gemacht, alle Wünsche und Anträge des Volkes zur Beförderung der gesellschaftlichen Zwecke schnöde zurückgewiesen und die Vertheidigung der Volksrechte durch Vernichtung der freien Presse und durch Terrorismus gegen deren unabhängige Organe unmöglich gemacht werde. Die Früchte des Bundes sind: Verarmung der Völker und Entweihung der menschlichen Würde durch Kriecherei und Sclavensinn. Dieser Bund, welcher wie eine drückende eherne Kette ganz Europa umschlingt und den Segen der Natur in Calamität verwandelt, hat seine Hauptstütze in Deutschland. Die zwei mächtigsten deutschen Könige beobachten sorgfältig die Stimmung der Völker. Sobald sie eine Regung der bessern Natur bemerken und das geringste Streben nach Freiheit wahrnehmen, verbünden sie sich mit dem Selbstherrscher aller Reußen, d. h. aller Barbaren, um dem Geiste der Civilisation entgegen zu wirken. Ihre Politik besteht dabei darin, die Kraft des deutschen Volkes durch Auseinanderreißen des Landes, Zerstörung des deutschen National-Characters, Unterdrückung des Triebes nach Wiedervereinigung und endlich durch die grausamste Beschränkung der Gedanken-Mittheilung auf immer zu brechen, hiernächst aber die Freiheit des französischen Volkes zu untergraben, indem man die Umtriebe dessen Könige unterstützt und zugleich die deutsche Nation gegen Frankreich aufzuhetzen sucht. In der Erkenntniß der Politik des Bundes liegen zugleich die Mittel zur Vernichtung desselben. Sollen die Völker endlich die Freiheit erlangen, soll der Verarmung und dem Elende Europa's ein Ziel gesetzt werden, so muß Rußland von Preußen und Oesterreich durch ein democratisch organisirtes Polen getrennt, das Uebergewicht des preußischen und oesterreichischen Königs durch die Organisation eines deutschen Reiches, mit democratischer Verfassung, aufgehoben, und eine europäische Staatengesellschaft durch ein treues Bündniß des französischen, deutschen und polnischen Volkes vorbereitet werden. Die Wiederherstellung Polens kann nur durch Deutschland geschehen. Unsere Nation ist hiezu moralisch und rechtlich verbunden, um die schwere Sünde der Vernichtung Polens zu sühnen: unser Volk muß die Wiederherstellung Polens aber auch wegen der eigenen Interessen zu seiner wichtigsten und dringendsten Aufgabe machen. Da es aber zur Zeit noch keine deutsche Nation giebt, so würde vor allem ihre Wiedererweckung nothwendig sein. Wie aber dies möglich wäre, wird Niemand einsehen wollen: denn man weiß ja, daß die deutschen Könige ihre Interessen von jenen des gemeinsamen Vaterlandes geschieden haben, man weiß, daß sie mit Hülfe der nämlichen Gewalt, welche das Vaterland ihnen giebt, also mit unserem Gelde und unsern Kindern der Wiedergeburt einer deutschen Nation aus allen Kräften sich widersetzen und überhaupt alles zerstören, was zum Heile des Gesammtvolkes dienen kann. Deßungeachtet giebt es gleichwohl ein völlig erlaubtes und völlig gesetzmäßiges Mittel, um den feindseligen und hartnäckigen Widerstand der Könige gegen die Interessen des Vaterlandes zu überwinden: Auch der größte Despot hat nur Gewalt über den Körper: über den Geist gebietet keine andere Macht, als die moralische. Wenn nun auch unsere Körper der Gewalt der Tyrannen unterworfen sind, so bleibt doch der Geist frei; und dadurch ist uns die Macht gegeben, die Wiedervereinigung Deutschlands im Geiste herzustellen. Die vereinigte Gewalt aller Könige ist nicht hinreichend, um das Bündniß der Geister zu verhindern. Aus dem geistigen Bündnisse entspringt aber die Macht der öffentlichen Meinung und da diese schwerer in die Wagschale der Gewalten fällt, als alle Macht der Fürsten, so führt die Wiedergeburt Deutschlands im Geiste, von selbst auch auf die materielle Vereinigung. Die Aufgabe unseres Volkes besteht daher darin, die Nothwendigkeit der Organisation eines deutschen Reiches, im democratischen Sinne, zur lebendigen Ueberzeugung aller deutschen Bürger zu erheben und Alle dahin zu bringen, daß sie die Herbeiführung einer solchen politischen Reform unseres Vaterlandes als den Lebenszweck der gegenwärtigen Generation anerkennen. Gebt der großen Mehrheit des Volkes diese Ueberzeugung in lebendiger und glühender Weise – und ihr seid nicht mehr weit vom Ziele entfernt. Ihr erreicht den großen Zweck sogar auf dem Wege friedlicher Reform: denn es ist ein Gesetz der Natur, daß keine materielle Macht der übereinstimmenden und mit Feuer erfaßten Meinung eines Volkes zu widerstehen vermag. – Das Mittel zur Wiedervereinigung Deutschlands im Geiste ist aber einzig und allein die freie Presse. Dieß wissen auch die Fürsten, und darum bieten sie alle Kräfte auf, um dieser allmächtigen Waffe der Völker in Deutschland den Eingang zu verwehren. Die Seelenangst, mit der die deutschen Könige bei dem Gedanken an Freiheit der Presse ergriffen werden, die namenlose Furcht, die sie vor dem natürlichen Rechte des Menschen, der Gedanken-Mittheilung hegen, muß die Völker auf den

Werth und die Macht der Presse aufmerksam machen. So schlau nun auch die Könige sind bei allem, was zur Unterdrückung der Völker führt, so haben sie es in einem Punkte doch versehen. Es giebt in Deutschland einige Gaue, wo die Presse frei ist: die vereinigte Macht der deutschen Könige besitzt namentlich kein rechtliches Mittel, die Presse in Rheinbaiern zu fesseln. Es kommt jetzt nur darauf an, die Presse, wo sie frei ist, gegen die faktische Gewalt der Könige zu schützen und dann zum Gemeingute der deutschen Nation zu erheben. Alles dieß liegt in der Macht unseres Volkes, und so ist uns denn auch zur Wiedervereinigung unserer Nation, im Geiste, die Gewalt gegeben. Ich zeige dieß sofort näher. Der Bundestag, dieser Inbegriff aller Feindseligkeit gegen das deutsche Vaterland, brütet zwar über Plänen zur Unterdrückung der Presse, allein seine Beschlüsse haben für das constitutionelle Deutschland ohne Mitwirkung der Stände keine verbindliche Kraft, und können von keinem Gerichte anerkannt werden. Die Presse bleibt daher dadurch unberührt. Wechselseitige Verbote der Oppositionsblätter der einzelnen Bundesstaaten müssen im constitutionellen Deutschland gleichfalls ohne Wirkung sein, weil man ihnen durch keine Strafgesetze Nachdruck geben kann. Die Macht der Könige ist daher auf das Verbot der Journal-Versendungen durch die Post beschränkt. Man hat zwar auch gegen diesen Gewaltschritt noch den gerichtlichen Weg; allein faktisch kann dadurch die Wirkung der Presse immer vernichtet werden, weil es Mittel genug giebt, die richterliche Hülfe durch Verzögerung des Prozesses, Competenz-Conflicte und andere Chicanen unwirksam zu machen. Das deutsche Volk muß deshalb zur Versendung der Oppositionsschriften, sie mögen in Journalen, Flugschriften oder Büchern bestehen, eine eigene Anstalt expresser Boten errichten. – Da die öffentliche Meinung die größte aller Gewalten ist, so bilden auch die einzelnen Journale, als Organe derselben, verhältnißmäßig eine Macht. Diese wird aber in den Händen Einzelner dem Zwecke des Volkes oft gefährlich, weil sie zum Mittel persönlicher Tendenzen gemacht werden kann und die Selbstsucht dem allgemeinen Interesse vorziehen könnte. Diejenigen Journale, welche als der Hebel für die Nationalsache angesehen werden, müssen deßhalb in das Eigenthum des Volkes übergehen und ihre Redaktoren absetzbare Diener des Volkes werden.

Die Anstrengungen und Talente eines Einzelnen oder weniger Einzelner reichen nicht hin, um die Journale auf die Höhe zu stellen, wo sie stehen müssen, um die Sache des Volkes mit entschiedenem Erfolge führen zu können. Die besten Söhne des deutschen Vaterlandes müssen daher ihre geistige Kraft den Journalen des Volkes widmen, indem sie bei denselben als Mitredacteure, Correspondenten oder Mitarbeiter Anstellung suchen. – Wer auch geneigt ist, sich rücksichtslos dem Vaterlande zu weihen, muß doch die Mittel haben, das physische Leben zu erhalten. Das deutsche Volk soll daher für die Subsistenz aller derer sorgen, welche sich seinem Dienste widmen, und auch für die Subsistenz der Familien seiner Vertheidiger, wenn diese im Gefängnis sitzen oder sonst arbeits- oder dienstunfähig sind. – Die Wirkung der Volks-Journale wird nur dann vollständig, wenn dieselben in allen Gemeinden des Reiches sich befinden. Eine solche Verbreitung kann aber ohne Mitwirkung des Volkes auch das beste Journal nicht finden. Das Haupthinderniß ist die Beschränktheit der Geldmittel. Darum muß endlich das deutsche Volk durch besondere Vorkehrungen Fürsorge treffen, daß die Journale, welche es für geeignet hält, die Volkssache zu führen, in jeder Gemeinde gehalten und nöthigenfalls auf öffentliche Kosten angeschafft werden.

Alle diese Zwecke zu erreichen, liegt in der Macht der deutschen Nation. Das Mittel dazu ist die Bildung eines öffentlichen Vereines zur Unterstützung der freien Presse. Die Mitglieder des Vereines übernehmen freiwillig die Verbindlichkeit: 1) nach Maßgabe ihres Einkommens und Vermögens einen regelmäßigen monatlichen Geldbeitrag zu leisten, 2) zur Verbreitung der Journale des Vereines aus allen Kräften mitzuwirken, 3) so weit es in ihrem Vermögen liegt, beizutragen, daß öffentliche Anzeigen und Bekanntmachungen von Privaten und Behörden in den Journalen des Volkes eingerückt werden, 4) diese Journale, so weit es Zeit und Fähigkeit erlauben, durch Aufsätze und Correspondenz-Artikel zu unterstützen und endlich 5) zur Spedition der Blätter des Volkes, durch expresse Boten, aus allen Kräften mitzuwirken.

Schließt sich jeder Deutsche, dem die heilige Sache des Vaterlandes und der Völker am Herzen liegt, diesem Vereine an, so ist zur Wiedergeburt Deutschlands und der Organisation Europa's, im democratischen Sinne, auf gesetzmäßigem Wege der Grundstein gelegt. Die Casse der Gesellschaft besitzt dann die Mittel, die Journale des Volkes an Zahl zu vervielfältigen und deren Macht durch Erhöhung des innern Gehalts und durch Verbreitung unter allen Gemeinden des Reiches unwiderstehlich zu machen. – Durchdrungen von der unermeßlichen Wirkung eines solchen Vereins haben einige Volksfreunde die ersten Elemente desselben bereits in's Leben gerufen. Die Unternehmer der deutschen Tribüne treten das Eigenthum dieses Blattes dem Vereine zur Unterstützung der freien Presse ab, und mit ihm alle Revenüen des Journals, wie solche nach Abzug der Kosten und der unentbehrlichsten Mittel zur Lebens-Nothdurft der Unternehmer sich ausweisen. Zugleich haben bis zur Wahl eines Comite's für den Verein die Herren Schüler (der Deputirte) und Savoie (Anwalt bei dem Appellationshofe in Zweibrücken, der bekannte feurige Vertheidiger der Freiheit) die Leitung der Geschäfte des Vereins übernommen. Es erfordert jetzt nichts weiter als den Beitritt des Publikums und zu diesem Behufe die Erklärung, daß man dem Vereine als Mitglied beitrete, und welchen Geldbeitrag man monatlich zu leisten geneigt sei. Diese Erklärung ist schriftlich an den Comite des Preßvereins in Zweibrücken einzusenden. Alles Uebrige wird demnächst weiter geordnet werden. Wer überwiegende Gründe hat, unbekannt zu bleiben, kann die Erklärung mit irgend einem Zeichen versehen und seine Beiträge an den Comite einsenden.

Und nun mein deutsches Vaterland erhebe dich zur Thatkraft für den großen Zweck deiner politischen Wiedergeburt. Es ist nicht das Interesse Einzelner, die du befördern sollst, sondern nur dein eigenes Wohl. Diejenigen, welche durch mich zu dir sprechen und mit heißer Bitte dich beschwören, deine Kräfte zu sammeln und der großen Sache solche zu leihen, sie wollen keinen persönlichen Vortheil, sie bringen alle irdischen Güter, Leben, Gesundheit, Freiheit und Vermögen mit Freuden dir zum Opfer; sie erblicken nur in deinem Aufblühen die Hoffnung und das Glück ihres Lebens. So erwache denn, mein Volk, und schwinge dich zum Gemeinsinne empor, öffne dein Herz dem bittenden Rufe deiner geknebelten Mutter und sei nicht karg, wenn es gilt, sie durch freiwillige Opfer auf gesetzmäßigem Wege zu befreien. Du giebst, mein Volk, so viele Millionen nur zu dem Zwecke hin, daß man deine Kraft breche, deine Freiheit unterdrücke und deine Erwerbsquellen verstopfe: steure jetzt nur einen kleinen Theil dieser Millionen, damit auf gesetzlichem Wege deine politische Wiedergeburt herbeigeführt, dem Schimpfe deiner Knechtschaft ein Ende gemacht und der Reichthum deiner Erwerbsquellen dir wieder gegeben werde. Es ist ein so schöner Ruhm, der großen Sache des Vaterlandes mit Verläugnung seines persönlichen Vortheils und mit Aufopferung sinnlicher Genüsse gedient zu haben: es ist ein süßes Bewußtsein, während der irdischen Laufbahn für die Wohlfahrt der künftigen Generation ein Saamkorn gelegt zu haben. o meine Brüder! werbet um jenen Ruhm und ringt nach diesem Bewußtsein. Die Gelegenheit ist einem Jeden, auch dem schwächsten und ärmsten, gegeben.*) Wer mit Anstrengung und mit Aufopferung eine kleine Gabe auf den Altar des Vaterlandes niederlegt, giebt mehr als der Reiche, welcher von seinem Ueberflusse mittheilt. Reiche und Arme sollen zu dem Bunde der Vaterlandsliebe sich vereinigen. Blicket hin auf Polen, bedenket, was diese Helden für ihr Vaterland thaten. Wollt ihr, während sie ihr Blut in Strömen vergossen, dem Vaterlande nicht einmal auf friedlichem Wege durch kleine Geld- und Zeitopfer eure Kräfte weihen? Die Geschichte wird den Hülferuf des deutschen Vaterlandes in ihre Blätter aufzeichnen. Soll sie von Euch sagen: »zu derselben Zeit, wo die Polen für ihr Vaterland ihre Saaten zertreten, ihre Wohnungen verbrennen und ihre edlen Kinder verbluten ließen, zu derselben Zeit verweigerten die Deutschen dem Hülferuf ihres Vaterlandes geringfügige Geld- und Zeitopfer?«

Wählet zwischen den Erstlingen des Ruhmes und dem Gipfel der Schande! Alle Journale Deutschlands werden im Namen des Vaterlandes zur Aufnahme und alle deutschen Bürger zur Verbreitung des gegenwärtigen Artikels aufgefordert. Man kann davon Frei-Exemplare in beliebiger Anzahl von der Redaktion der deutschen Tribüne beziehen. Es werden selbst Beiträge zu einem Kreuzer monatlich angenommen.

## [Karl Marx:] Bemerkungen über die neueste preußische Zensurinstruktion. Von einem Rheinländer. 1842

Wir gehören nicht zu den Malkontenten, die schon vor der Erscheinung des neuen preußischen Zensuredikts ausrufen: Timeo Danaos et dona ferentes. Vielmehr da in der neuen Instruktion die Prüfung schon erlassener Gesetze, sollte sie auch nicht im Sinne der Regierung ausfallen, gebilligt wird, so machen wir sogleich einen Anfang mit ihr selbst. Die Zensur ist die offizielle Kritik; ihre Normen sind kritische Normen, die also am wenigsten der Kritik, mit der sie sich in ein Feld stellen, entzogen werden dürfen.

Die im Eingang der Instruktion ausgesprochene allgemeine Tendenz wird gewiß jeder nur billigen können:

»Um schon jetzt die Presse von unstatthaften, nicht in der Allerhöchsten Absicht liegenden Beschränkungen zu befreien, haben Seine Majestät der König durch eine an das Königliche Staatsministerium am 10. dieses Monats erlassene Allerhöchste Ordre jeden ungebührlichen Zwang der schriftstellerischen Tätigkeit ausdrücklich zu mißbilligen und, unter Anerkennung des Werts und des Bedürfnisses einer freimütigen und anständigen Publizität, uns zu ermächtigen geruht, die Zensoren zur angemessenen Beachtung des Artikels II des Zensuredikts vom 8. Oktober 1819 von neuem anzuweisen.«

Gewiß! Ist die Zensur einmal eine Notwendigkeit, so ist die freimütige, die liberale Zensur noch notwendiger.

Was sogleich ein gewisses Befremden erregen dürfte, ist das Datum des angeführten Gesetzes; es ist datiert vom 18. Oktober 1819. Wie? Ist es etwa ein Gesetz, welches die Zeitumstände zu derogieren zwangen? Es scheint nicht; denn die Zensoren werden nur »von neuem« zur Beachtung desselben angewiesen. Also bis 1842 war das Gesetz vorhanden, aber es ist nicht befolgt worden, denn »um schon jetzt« die Presse von unstatthaften, nicht in der allerhöchsten Absicht liegenden Beschränkungen zu befreien, wird es ins Gedächtnis gerufen.

Die Presse – eine unmittelbare Konsequenz dieses Eingangs – unterlag bis jetzt trotz dem Gesetze unstatthaften Beschränkungen.

Spricht dies nun gegen das Gesetz oder gegen die Zensoren? Das letztere dürfen wir kaum behaupten. Zweiundzwanzig Jahre durch geschahen illegale Handlungen von einer Behörde, welche das höchste Interesse der Staatsbürger, ihren Geist, unter Tutel hat, von einer Behörde, die, noch mehr als die römischen Zensoren, nicht nur das Betragen einzelner Bürger, sondern sogar das Betragen des öffentlichen Geistes reguliert. Sollte in dem wohleingerichteten, auf seine Administration stolzen preußischen Staate solch gewissenloses Benehmen der höchsten Staatsdiener, eine so konsequente Illoyalität möglich sein? Oder hat der Staat in fortwährender Verblendung die untüchtigsten Individuen zu den schwierigsten Stellen gewählt? Oder hat endlich der Untertan des preußischen Staates keine Möglichkeit, gegen ungesetzmäßiges Verfahren zu reklamieren? Sind alle preußischen Schriftsteller so ungebildet und unklug, mit den Gesetzen, die ihre Existenz betreffen, nicht bekannt zu sein, oder sind sie zu feig, die Anwendung derselben zu verlangen?

Werfen wir die Schuld auf die Zensoren, so ist nicht nur ihre eigne Ehre, sondern die Ehre des preußischen Staats, der preußischen Schriftsteller kompromittiert.

Es wäre ferner durch das mehr als zwanzigjährige gesetzlose Benehmen der Zensoren trotz den Gesetzen das argumentum ad hominem geliefert, daß die Presse andrer Garantien bedarf als solcher allgemeiner Verfügungen für solche unverantwortliche Individuen; es wäre der Beweis geliefert, daß im Wesen der Zensur ein Grundmangel liegt, dem kein Gesetz abhelfen kann.

Waren aber die Zensoren tüchtig, und taugte das Gesetz nicht, warum es von neuem zur Abhülfe der Übel aufrufen, die es veranlaßt hat?

Oder sollen etwa die objektiven Fehler einer Institution den Individuen zur Last gelegt werden, um ohne Verbesserung des Wesens den Schein einer Verbesserung zu erschleichen?

Es ist die Art des Scheinliberalismus, der sich Konzessionen abnötigen läßt, die Personen hinzuopfern, die Werkzeuge, und die Sache, die Institution festzuhalten. Die Aufmerksamkeit eines oberflächlichen Publikums wird dadurch abgelenkt. [...]

Kehren wir zur Instruktion zurück.

»Nach diesem Gesetz«, nämlich dem Artikel II, »soll die Zensur keine ernsthafte und bescheidene Untersuchung der Wahrheit hindern, noch den Schriftstellern ungebührlichen Zwang auflegen, noch den freien Verkehr des Buchhandels hemmen.«

Die Untersuchung der Wahrheit, die von der Zensur nicht gehindert werden soll, ist näher qualifiziert als eine ernsthafte und bescheidene. Beide

Bestimmungen weisen die Untersuchung nicht auf ihren Inhalt, sondern vielmehr auf etwas, das außer ihrem Inhalt liegt. Sie ziehen von vornherein die Untersuchung von der Wahrheit ab und schreiben ihr Aufmerksamkeiten gegen einen unbekannten Dritten vor. Die Untersuchung, die ihre Augen beständig nach diesem durch das Gesetz mit einer gerechten Irritabilität begabten Dritten richtet, wird sie nicht die Wahrheit aus dem Gesicht verlieren? Ist es nicht erste Pflicht des Wahrheitsforschers, direkt auf die Wahrheit loszugehen, ohne rechts oder links zu sehen? Vergesse ich nicht die Sache zu sagen, wenn ich noch weniger vergessen darf, sie in der vorgeschriebenen Form zu sagen?

Die Wahrheit ist so wenig bescheiden als das Licht, und gegen wen sollte sie es sein? Gegen sich selbst? Verum index sui et falsi. Also gegen die Unwahrheit?

Bildet die Bescheidenheit den Charakter der Untersuchung, so ist sie eher ein Kennzeichen der Scheu vor der Wahrheit als vor der Unwahrheit. Sie ist ein niederschlagendes Mittel auf jedem Schritt, den ich vorwärts tue. Sie ist eine der Untersuchung vorgeschriebene Angst, das Resultat zu finden, ein Präservativmittel vor der Wahrheit.

Ferner: die Wahrheit ist allgemein, sie gehört nicht mir, sie gehört allen, sie hat mich, ich habe sie nicht. Mein Eigentum ist die Form, sie ist meine geistige Individualität. Le style c'est l'homme. Und wie! Das Gesetz gestattet, daß ich schreiben soll, nur soll ich einen anderen als meinen Stil schreiben! Ich darf das Gesicht meines Geistes zeigen, aber ich muß es vorher in vorgeschriebene Falten legen! Welcher Mann von Ehre wird nicht erröten über diese Zumutung und nicht lieber sein Haupt unter der Toga verbergen? Wenigstens läßt die Toga einen Jupiterkopf ahnen. Die vorgeschriebenen Falten heißen nichts als: bonne mine à mauvais jeu. [...]

Das Wesen des Geistes ist die Wahrheit immer selbst, und was macht ihr zu seinem Wesen? Die Bescheidenheit. Nur der Lump ist bescheiden, sagt Goethe, und zu solchem Lumpen wollt ihr den Geist machen? Oder soll die Bescheidenheit jene Bescheidenheit des Genies sein, wovon Schiller spricht, so verwandelt zuerst alle eure Staatsbürger und vor allem eure Zensoren in Genies. Dann aber besteht die Bescheidenheit des Genies zwar nicht darin, worin die Sprache der Bildung besteht, keinen Akzent und keinen Dialekt, wohl aber den Akzent der Sache und den Dialekt ihres Wesens zu sprechen. Sie besteht darin, Bescheidenheit und Unbescheidenheit zu vergessen und die Sache herauszuschneiden. Die allgemeine Bescheidenheit des Geistes ist die Vernunft, jene universelle Liberalität, die sich zu jeder Natur nach ihrem wesentlichen Charakter verhält.

Soll ferner die Ernsthaftigkeit nicht zu jener Definition des Tristram Shandy passen, wonach sie ein heuchlerisches Benehmen des Körpers ist, um die Mängel der Seele zu verdecken, sondern den sachlichen Ernst bedeuten, so hebt sich die ganze Vorschrift auf. Denn das Lächerliche behandle ich ernsthaft, wenn ich es lächerlich behandle, und die ernsthafteste Unbescheidenheit des Geistes ist, gegen die Unbescheidenheit bescheiden zu sein. [...]

Endlich wird von einer völlig verkehrten und abstrakten Ansicht der Wahrheit selbst ausgegangen. Alle Objekte der schriftstellerischen Tätigkeit werden unter der einen allgemeinen Vorstellung »Wahrheit« subsumiert. Sehen wir nun selbst vom Subjektiven ab, nämlich davon, daß ein und derselbe Gegenstand in den verschiedenen Individuen sich verschieden bricht und seine verschiedenen Seiten in ebenso viele verschiedene geistige Charaktere umsetzt; soll denn der Charakter des Gegenstandes gar keinen, auch nicht den geringsten Einfluß auf die Untersuchung ausüben? Zur Wahrheit gehört nicht nur das Resultat, sondern auch der Weg. Die Untersuchung der Wahrheit muß selbst wahr sein, die wahre Untersuchung ist die entfaltete Wahrheit, deren auseinandergestreute Glieder sich im Resultat zusammenfassen. Und die Art der Untersuchung sollte nicht nach dem Gegenstand sich verändern? Wenn der Gegenstand lacht, soll sie ernst aussehen, wenn der Gegenstand unbequem ist, soll sie bescheiden sein. Ihr verletzt also das Recht des Objekts, wie ihr das Recht des Subjekts verletzt. Ihr faßt die Wahrheit abstrakt und macht den Geist zum Untersuchungsrichter, der sie trocken protokolliert.

Oder bedarf es dieser metaphysischen Quälerei nicht? Ist die Wahrheit einfach so zu verstehen, daß Wahrheit sei, was die Regierung anordnet, und daß die Untersuchung als ein überflüssiger, zudringlicher, aber der Etikette wegen nicht ganz abzuweisender Dritter hinzukomme? Es scheint fast so. Denn von vornherein wird die Untersuchung im Gegensatz gegen die Wahrheit gefaßt und erscheint daher in der verdächtigen offiziellen Begleitung der Ernsthaftigkeit und Bescheidenheit, die allerdings dem Laien dem Priester gegenüber geziemen. Der Regierungsverstand ist die einzige Staatsvernunft. Dem anderen Verstand und seinem Geschwätz sind zwar unter gewissen Zeitumständen Konzessionen zu machen, zugleich aber trete er mit dem Bewußtsein der Konzession und der eigentlichen Rechtlosigkeit auf, bescheiden und gebeugt, ernsthaft und langweilig. Wenn Voltaire sagt: »tous les genres sont bons, excepté le genre ennuyeux«, so wird hier das ennuyante Genre zum exklusiven, wie schon die Hinweisung auf »die Verhandlungen der Rheinischen Landstände« zur Genüge beweist. Warum nicht lieber den guten alten deutschen Kurialstil? Frei sollt ihr schreiben, aber jedes Wort sei zugleich ein Knicks vor der liberalen Zensur, die eure ebenso ernsten als bescheidenen Vota passieren läßt. Das Bewußtsein der Devotion verliert ja nicht!

Der gesetzliche Ton liegt nicht auf der Wahrheit, sondern auf der Bescheidenheit und Ernsthaftigkeit. Also alles erregt Bedenken, die Ernsthaftigkeit, die Bescheidenheit und vor allem die Wahrheit, unter deren unbestimmter Weite eine sehr bestimmte, sehr zweifelhafte Wahrheit verborgen scheint.

»Die Zensur«, heißt es weiter in der Instruktion, »soll also keineswegs in einem engherzigen, über dieses Gesetz hinausgehenden Sinne gehandhabt werden.«

Unter diesem Gesetz ist zunächst der Artikel II des Edikts von 1819 gemeint, allein später verweist die Instruktion auf den »Geist« des Zensuredikts überhaupt. Beide Bestimmungen sind leicht zu vereinen. Der Artikel II ist der konzentrierte Geist des Zensuredikts, dessen weitere Gliederung und Spezifikation sich in den anderen Artikeln findet. Wir glauben den zitierten Geist nicht besser charakterisieren zu können als durch folgende Äußerungen desselben:

Artikel VII. »Die der Akademie der Wissenschaften und den Universitäten bisher verliehene Zensurfreiheit wird auf fünf Jahre hiermit suspendiert.«

§ 10. »Der gegenwärtige einstweilige Beschluß soll, vom heutigen Tage an, fünf Jahre in Wirksamkeit bleiben. Vor Ablauf dieser Zeit soll am Bundestage gründlich untersucht werden, auf welche Weise die im 18. Artikel der Bundesakte in Anregung gebrachten gleichförmigen Verfügungen über die Pressefreiheit in Erfüllung zu setzen sein möchten, und demnächst ein Definitivbeschluß über die rechtmäßigen Grenzen der Pressefreiheit in Deutschland erfolgen.«

Ein Gesetz, welches die Pressefreiheit, wo sie noch existierte, suspendiert, und wo sie zur Existenz gebracht werden sollte, durch die Zensur überflüssig macht, kann nicht gerade ein der Presse günstiges genannt werden. Auch gesteht § 10 geradezu, daß anstatt der im 18. Artikel der Bundesakte in Anregung gebrachten und vielleicht einmal in Erfüllung zu setzenden Pressefreiheit provisorisch ein Zensurgesetz gegeben werde. Dies quid pro quo verrät zum wenigsten, daß der Charakter der Zeit Beschränkungen der Presse gebot, daß das Edikt dem Mißtrauen gegen die Presse seinen Ursprung verdankt. Diese Verstimmung wird sogar entschuldigt, indem sie als provisorisch, als nur für fünf Jahre geltend – leider hat sie 22 Jahre gewährt – bezeichnet wird.

Schon die nächste Zeile der Instruktion zeigt uns, wie sie in den Widerspruch gerät, der einerseits die Zensur in keinem über das Edikt hinausgehenden Sinn gehandhabt wissen will und ihr zu gleicher Zeit dies Hinausgehen vorschreibt:

»Der Zensor kann eine freimütige Besprechung auch der inneren Angelegenheiten sehr wohl gestatten.«

»Der Zensor kann, er muß nicht, es ist keine Notwendigkeit, allein schon dieser vorsichtige Liberalismus geht nicht nur über den Geist, sondern über die bestimmten Forderungen des Zensuredikts sehr bestimmt hinaus. Das alte Zensuredikt, und zwar der in der Instruktion zitierte Artikel II, gestattet nicht nur keine freimütige Besprechung der preußischen, sondern nicht einmal der chinesischen Angelegenheiten.

»Hierher«, nämlich zu den Verletzungen der Sicherheit des preußischen Staats und der deutschen Bundesstaaten, wird kommentiert, »gehören alle Versuche, in irgendeinem Lande bestehende Parteien, welche am Umsturz der Verfassung arbeiten, in einem günstigen Lichte darzustellen.«

Ist auf diese Weise eine freimütige Besprechung der chinesischen oder türkischen Landesangelegenheiten gestattet? Und wenn schon so entlegene Beziehungen die irritable Sicherheit des deutschen Bundes gefährden, wie nicht jedes mißbilligende Wort über innere Angelegenheiten?

Geht auf diese Weise die Instruktion nach der liberalen Seite hin über den Geist des Artikels II des Zensuredikts hinaus – ein Hinausgehen, dessen Inhalt sich später ergeben wird, das aber formell schon insofern verdächtig ist, als es sich zur Konsequenz des Artikels II macht, von dem in der Instruktion weislich nur die erste Hälfte zitiert, der Zensor aber zugleich auf den Artikel selbst angewiesen wird –, so geht sie ebensosehr nach der illiberalen Seite hin über das Zensuredikt hinaus und fügt neue Pressebeschränkungen zu den alten hinzu.

In dem oben zitierten Artikel II des Zensuredikts heißt es:

»Ihr Zweck« (der Zensur) »ist, demjenigen zu steuern, was den allgemeinen Grundsätzen der Religion, ohne Rücksicht auf die Meinungen und Lehren einzelner Religionsparteien und im Staate geduldeter Sekten, zuwider ist.«

Im Jahr 1819 herrschte noch der Rationalismus, welcher unter der Religion im allgemeinen die sogenannte Vernunftreligion verstand. Dieser rationalistische Standpunkt ist auch der Standpunkt des Zensuredikts, welches allerdings so inkonsequent ist, sich auf den irreligiösen Standpunkt zu stellen, während es die Religion zu beschützen bezweckt. Es widerspricht nämlich schon den allgemeinen Grundsätzen der Religion, ihre allgemeinen Grundsätze von ihrem positiven Inhalt und von ihrer Bestimmtheit zu trennen, denn jede Religion glaubt sich von den andern besondern eingebildeten Religionen eben durch ihr besonderes Wesen zu unterscheiden und eben durch ihre Bestimmtheit die wahre Religion zu sein. Die neue Zensurinstruktion läßt in der Zitation des Artikels II den beschränkenden Nachsatz aus, durch welchen die einzelnen Religionsparteien und Sekten von der Inviolabilität ausgeschlossen wurden, aber sie bleibt nicht hierbei stehen, sie liefert den folgenden Kommentar:

> »Alles was wider die christliche Religion im allgemeinen oder wider einen bestimmten Lehrbegriff auf eine frivole, feindselige Weise gerichtet ist, darf nicht geduldet werden.«

Das alte Zensuredikt erwähnt mit keinem Wort der christlichen Religion, im Gegenteil, es unterscheidet die Religion von allen einzelnen Religionsparteien und Sekten. Die neue Zensurinstruktion verwandelt nicht nur Religion in christliche Religion, sondern fügt noch den bestimmten Lehrbegriff hinzu. Köstliche Ausgeburt unsrer christlich gewordenen Wissenschaft! Wer will noch leugnen, daß sie der Presse neue Fesseln geschmiedet hat? Die Religion soll weder im allgemeinen noch im besondern angegriffen werden. Oder glaubt ihr etwa, die Worte frivol, feindselig machten die neuen Ketten zu Rosenketten? Wie geschickt geschrieben: frivol, feindselig! Das Adjektivum frivol richtet sich an die Ehrbarkeit des Bürgers, es ist das exoterische Wort an die Welt, aber das Adjektivum feindselig wird dem Zensor ins Ohr geflüstert, es ist die gesetzliche Interpretation der Frivolität. Wir werden in dieser Instruktion noch mehrere Beispiele von diesem feinen Takte finden, der ein subjektives, das Blut ins Gesicht treibendes Wort an das Publikum und ein objektives, das Blut dem Schriftsteller aus dem Gesicht treibendes Wort an den Zensor richtet. Auf diese Weise kann man lettres de cachet in Musik setzen.

Und in welchen merkwürdigen Widerspruch verfängt sich die Zensurinstruktion! Nur der halbe Angriff, der sich an einzelnen Seiten der Erscheinung hält, ohne tief und ernst genug zu sein, um das Wesen der Sache zu treffen, ist frivol, eben die Wendung gegen ein nur Besonderes als solches ist frivol. Ist also der Angriff auf die christliche Religion im allgemeinen verboten, so ist nur der frivole Angriff auf sie gestattet. Umgekehrt ist der Angriff auf die allgemeinen Grundsätze der Religion, auf ihr Wesen, auf das Besondere, insofern es Erscheinung des Wesens ist, ein feindseliger Angriff. Die Religion kann nur auf eine feindselige oder frivole Weise angegriffen werden, ein Drittes gibt es nicht. Diese Inkonsequenz, in welche sich die Instruktion verfängt, ist allerdingst nur ein Schein, denn sie ruht in dem Scheine, als sollte überhaupt noch irgendein Angriff auf die Religion gestattet sein; aber es bedarf nur eines unbefangenen Blickes, um diesen Schein als Schein zu erkennen. Die Religion soll weder auf eine feindselige noch auf eine frivole Weise, weder im allgemeinen noch im besondern, also gar nicht angegriffen werden.

Doch wenn die Instruktion in offnem Widerspruch gegen das Zensuredikt von 1819 die philosophische Presse in neue Fesseln schlägt, so sollte sie wenigstens so konsequent sein, die religiöse Presse aus den alten Fesseln zu befreien, in die jenes rationalistische Edikt sie geschlagen hat. Es macht nämlich auch zum Zweck der Zensur:

>»dem fanatischen Herüberziehen von religiösen Glaubenssätzen in die Politik und der dadurch entstehenden Begriffsverwirrung entgegenzutreten«.

Die neue Instruktion ist zwar so klug, dieser Bestimmung in ihrem Kommentar nicht zu erwähnen, aber sie nimmt dieselbe nichtsdestoweniger in die Zitation des Artikels II auf. Was heißt fanatisches Herüberziehen von religiösen Glaubenssätzen in die Politik? Es heißt, die religiösen Glaubenssätze ihrer spezifischen Natur nach den Staat bestimmen lassen, es heißt, das besondere Wesen der Religion zum Maß des Staats machen. Das alte Zensuredikt konnte mit Recht dieser Begriffsverwirrung entgegentreten, denn es gibt die besondere Religion, den bestimmten Inhalt derselben der Kritik anheim. Doch das alte Edikt stützte sich auf den seichten, oberflächlichen, von euch selbst verachteten Rationalismus. Ihr aber, die ihr den Staat auch im einzelnen auf den Glauben und das Christentum stützt, die ihr einen christlichen Staat wollt, wie könnt ihr noch der Zensur dieser Begriffsverwirrung vorzubeugen anempfehlen? [...]

Wer sich mit der Religion verbünden will aus Religiosität, muß ihr in allen Fragen die entscheidende Stimme einräumen, oder versteht ihr vielleicht unter Religion den Kultus eurer eignen Unumschränktheit und Regierungsweisheit?

Noch auf andre Weise gerät die Rechtgläubigkeit der neuen Zensurinstruktion in Konflikt mit dem Rationalismus des alten Zensuredikts. Dieses subsumiert unter den Zweck der Zensur auch die Unterdrückung dessen, »was die Moral und guten Sitten beleidigt«. Die Instruktion führt diesen Passus als Zitat aus dem Artikel II an. Allein wenn ihr Kommentar in bezug auf die Religion Zusätze machte, so enthält er Weglassungen in bezug auf die Moral. Aus der Beleidigung der Moral und der guten Sitten wird eine Verletzung von »Zucht und Sitte und äußrer Anständigkeit«. Man sieht: die Moral als Moral, als Prinzip einer Welt, die eignen Gesetzen gehorcht, verschwindet, und an die Stelle des Wesens treten äußerliche Erscheinungen, die polizeiliche Ehrbarkeit, der konventionelle Anstand. Ehre, dem Ehre gebührt, hier erkennen wir wahre Konsequenz. Der spezifisch christliche Gesetzgeber kann die Moral als in sich selbst geheiligte unabhängige Sphäre nicht anerkennen, denn ihr inneres allgemeines Wesen vindiziert er der Religion. Die unabhängige Moral beleidigt die allgemeinen Grundsätze der Religion, und die besondern Begriffe der Religion sind der Moral zuwider. Die Moral erkennt nur ihre eigne allgemeine und vernünftige Religion und die Religion nur ihre besondere positive Moral. Die Zensur wird also nach dieser Instruktion die intellektuellen Heroen der Moral, wie etwa Kant, Fichte, Spinoza, als irreligiös, als die Zucht, die Sitte, die äußre Anständigkeit verletzend, verwerfen müssen. Alle diese Moralisten gehen von einem prinzipiellen Widerspruch zwischen Moral und Religion aus, denn die Moral ruhe auf der Autonomie, die Religion auf der Heteronomie des menschlichen Geistes. Von diesen unerwünschten Neuerungen der Zensur – einerseits der Erschlaffung ihres moralischen, andrerseits der rigurösen Schärfung ihres religiösen Gewissens – wenden wir uns zu dem Erfreulicheren, zu den Konzessionen.

Es »folgt insbesondere, daß Schriften, in denen die Staatsverwaltung im Ganzen oder in einzelnen Zweigen gewürdigt, erlassene oder noch zu erlassende Gesetze nach ihrem innern Werte geprüft, Fehler und Mißgriffe aufgedeckt, Verbesserungen angedeutet oder in Vorschlag gebracht werden, um deswillen, weil sie in einem andern Sinne als dem der Regierung geschrieben, nicht zu verwerfen sind, wenn nur ihre Fassung anständig und ihre Tendenz wohlmeinend ist.«

Bescheidenheit und Ernsthaftigkeit der Untersuchung – diese Forderung teilt die neue Instruktion mit dem Zensuredikt, allein ihr genügt die anständige Fassung ebensowenig wie die Wahrheit des Inhalts. Die Tendenz wird ihr zum Hauptkriterium, ja sie ist ihr durchgehender Gedanke, während in dem Edikt selbst nicht einmal das Wort Tendenz zu finden ist. Worin sie bestehe, sagt auch die neue Instruktion nicht; wie wichtig ihr aber die Tendenz sei, möge noch folgender Auszug beweisen:

»Es ist dabei eine unerläßliche Voraussetzung, daß die Tendenz der gegen die Maßregeln der Regierung ausgesprochenen Erinnerungen nicht gehässig und böswillig, sondern wohlmeinend sei, und es muß von dem Zensor der gute Wille und die Einsicht verlangt werden, daß er zu unterscheiden wisse, wo das eine und das andre der Fall ist. Mit Rücksicht hierauf haben die Zensoren ihre Aufmerksamkeit auch besonders auf die Form und den Ton der Sprache der Druckschriften zu richten und, insofern durch Leidenschaftlichkeit, Heftigkeit und Anmaßung ihre Tendenz sich als eine verderbliche darstellt, deren Druck nicht zu gestatten.«

Der Schriftsteller ist also dem furchtbarsten Terrorismus, der Jurisdiktion des Verdachts anheimgefallen. Tendenzgesetze, Gesetze, die keine objektiven Normen geben, sind Gesetze des Terrorismus, wie sie die Not des

Staats unter Robespierre und die Verdorbenheit des Staats unter den römischen Kaisern erfunden hat. Gesetze, die nicht die Handlung als solche, sondern die Gesinnung des Handelnden zu ihren Hauptkriterien machen, sind nichts als positive Sanktionen der Gesetzlosigkeit. Lieber wie jener Zar von Rußland jedem den Bart durch offizielle Kosaken abscheren lassen, als die Meinung, in der ich den Bart trage, zum Kriterium des Scherens machen.

Nur insofern ich mich äußere, in die Sphäre des Wirklichen trete, trete ich in die Sphäre des Gesetzgebers. Für das Gesetz bin ich gar nicht vorhanden, gar kein Objekt desselben, außer in meiner Tat. Sie ist das einzige, woran mich das Gesetz zu halten hat; denn sie ist das einzige, wofür ich ein Recht der Existenz verlange, ein Recht der Wirklichkeit, wodurch ich also auch dem wirklichen Recht anheimfalle. Allein das Tendenzgesetz bestraft nicht allein das, was ich tue, sondern das, was ich außer der Tat meine. Es ist also ein Insult auf die Ehre des Staatsbürgers, ein Vexiergesetz gegen meine Existenz.

Ich kann mich drehen und wenden, wie ich will, es kommt auf den Tatbestand nicht an. Meine Existenz ist verdächtig, mein innerstes Wesen, meine Individualität wird als eine schlechte betrachtet, und für diese Meinung werde ich bestraft. Das Gesetz straft mich nicht für das Unrecht, was ich tue, sondern für das Unrecht, was ich nicht tue. Ich werde eigentlich dafür gestraft, daß meine Handlung nicht gesetzwidrig ist, denn nur dadurch zwinge ich den milden, wohlmeinenden Richter, an meine schlechte Gesinnung, die so klug ist, nicht ans Tageslicht zu treten, sich zu halten.

Das Gesinnungsgesetz ist kein Gesetz des Staates für die Staatsbürger, sondern das Gesetz einer Partei gegen eine andre Partei. Das Tendenzgesetz hebt die Gleichheit der Staatsbürger vor dem Gesetze auf. Es ist ein Gesetz der Scheidung, nicht der Einung, und alle Gesetze der Scheidung sind reaktionär. Es ist kein Gesetz, sondern ein Privilegium. Der eine darf tun, was der andre nicht tun darf, nicht weil diesem etwa eine objektive Eigenschaft fehlte, wie dem Kind zum Kontrahieren von Verträgen, nein, weil seine gute Meinung, seine Gesinnung verdächtig ist. Der sittliche Staat unterstellt in seinen Gliedern die Gesinnung des Staats, sollten sie auch in Opposition gegen ein Staatsorgan, gegen die Regierung treten; aber die Gesellschaft, in der ein Organ sich alleiniger, exklusiver Besitzer der Staatsvernunft und Staatssittlichkeit dünkt, eine Regierung, die sich in prinzipiellen Gegensatz gegen das Volk setzt und daher ihre staatswidrige Gesinnung für die allgemeine, für die normale Gesinnung hält, das üble Gewissen der Faktion erfindet Tendenzgesetze, Gesetze der Rache, gegen eine Gesinnung, die nur in den Regierungsgliedern selbst ihren Sitz hat. Gesinnungsgesetze basieren auf der Gesinnungslosigkeit, auf der unsittlichen, materiellen Ansicht vom Staat. Sie sind ein indiskreter Schrei des bösen Gewissens. Und wie ist ein Gesetz der Art zu exekutieren? Durch ein Mittel, empörender als das Gesetz selbst, durch Spione, oder durch vorherige Übereinkunft, ganze literarische Richtungen für verdächtig zu halten, wobei allerdings wieder auszukundschaften bleibt, welcher Richtung ein Individuum angehöre. Wie im Tendenzgesetz die gesetzliche Form dem Inhalt widerspricht, wie die Regierung, die es gibt, gegen das eifert, was sie selbst ist, gegen die staatswidrige Gesinnung, so bildet sie auch im besondern gleichsam die verkehrte Welt zu ihren Gesetzen, denn sie mißt mit doppeltem Maß. Nach der einen Seite ist Recht, was das Unrecht der andern Seite ist. Ihre Gesetze schon sind das Gegenteil von dem, was sie zum Gesetz machen.

In dieser Dialektik verfängt sich die neue Zensurinstruktion. Sie ist der Widerspruch, alles das auszuüben und den Zensoren zur Pflicht zu machen, was sie an der Presse als staatswidrig verdammt.

So verbietet die Instruktion den Schriftstellern, die Gesinnung einzelner oder ganzer Klassen zu verdächtigen, und in einem Atem gebietet sie dem Zensor, alle Staatsbürger in verdächtige und unverdächtige einzuteilen, in wohlmeinende und übelmeinende. Die der Presse entzogene Kritik wird zur täglichen Pflicht des Regierungskritikers; allein bei dieser Umkehrung hat es nicht einmal sein Bewenden. Innerhalb der Presse erschien das Staatswidrige seinem Gehalte nach als ein Besonderes, [nach der] Seite seiner Form war es allgemein, das heißt dem allgemeinen Urteil preisgegeben.

Allein nun dreht sich die Sache um. Das Besondere erscheint jetzt in bezug auf seinen Inhalt als das Berechtigte, das Staatswidrige als Meinung des Staats, als Staatsrecht, in bezug auf seine Form als Besonderes, unzugänglich dem allgemeinen Licht, aus dem freien Tag der Öffentlichkeit in die Aktenstube des Regierungskritikers verbannt. So will die Instruktion die Religion beschützen, aber sie verletzt den allgemeinsten Grundsatz aller Religionen, die Heiligkeit und Unverletzlichkeit der subjektiven Gesinnung. Sie macht den Zensor an Gottes Statt zum Richter des Herzens. So untersagt sie beleidigende Äußerungen und ehrenkränkende Urteile über einzelne Personen, aber sie setzt euch jeden Tag dem ehrenkränkenden und beleidigenden Urteil des Zensors aus. So will die Instruktion die von übelwollenden oder schlecht unterrichteten Individuen herrührenden Klatschereien unterdrücken, und sie zwingt den Zensor, sich auf solche Klatschereien, auf das Spionieren durch schlecht unterrichtete und übelwollende Individuen zu verlassen und zu verlegen, indem sie das Urteil aus der Sphäre des objektiven Gehalts in die Sphäre der subjektiven Meinung oder Willkür herabzieht. So soll die Absicht des Staats nicht verdächtigt werden, aber die Instruktion geht vom Verdacht gegen den

Staat aus. So soll unter gutem Schein keine schlechte Gesinnung verborgen werden, aber die Instruktion selbst ruht auf einem falschen Schein. So soll das Nationalgefühl erhöht werden, und auf eine die Nationen erniedrigende Ansicht wird basiert. Man verlangt gesetzmäßiges Betragen und Achtung vor dem Gesetze, aber zugleich sollen wir Institutionen ehren, die uns gesetzlos machen und die Willkür an die Stelle des Rechts setzen. Wir sollen das Prinzip der Persönlichkeit so sehr anerkennen, daß wir trotz dem mangelhaften Institut der Zensur dem Zensor vertrauen, und ihr verletzt das Prinzip der Persönlichkeit so sehr, daß ihr sie nicht nach den Handlungen, sondern nach der Meinung von der Meinung ihrer Handlungen richten laßt. Ihr fordert Bescheidenheit, und ihr geht von der enormen Unbescheidenheit aus, einzelne Staatsdiener zum Herzensspäher, zum Allwissenden, zum Philosophen, Theologen, Politiker, zum delphischen Apollo zu ernennen. Ihr macht uns einerseits die Anerkennung der Unbescheidenheit zur Pflicht und verbietet uns andrerseits die Unbescheidenheit. Die eigentliche Unbescheidenheit besteht darin, die Vollendung der Gattung besondern Individuen zuzuschreiben. Der Zensor ist ein besonderes Individuum, aber die Presse ergänzt sich zur Gattung. Uns befehlt ihr Vertrauen, und dem Mißtrauen leiht ihr gesetzliche Kraft. Ihr traut euren Staatsinstitutionen so viel zu, daß sie den schwachen Sterblichen, den Beamten, zum Heiligen und ihm das Unmögliche möglich machen werden. Aber ihr mißtraut eurem Staatsorganismus so sehr, daß ihr die isolierte Meinung eines Privatmanns fürchtet; denn ihr behandelt die Presse als einen Privatmann. Von den Beamten unterstellt ihr, daß sie ganz unpersönlich, ohne Groll, Leidenschaft, Borniertheit und menschliche Schwäche verfahren werden. Aber das Unpersönliche, die Ideen, verdächtigt ihr, voller persönlicher Ränke und subjektiver Niederträchtigkeit zu sein. Die Instruktion verlangt unbegrenztes Vertrauen auf den Stand der Beamteten, und sie geht von unbegrenztem Mißtrauen gegen den Stand der Nichtbeamteten aus. Warum sollen wir nicht Gleiches mit Gleichem vergelten? Warum soll uns nicht eben dieser Stand das Verdächtige sein? Ebenso der Charakter. Und von vornherein muß der Unbefangene dem Charakter des öffentlichen Kritikers mehr Achtung zollen als dem Charakter des geheimen.

Was überhaupt schlecht ist, bleibt schlecht, welches Individuum der Träger dieser Schlechtigkeit sei, ob ein Privatkritiker oder ein von der Regierung angestellter, nur daß im letztern Fall die Schlechtigkeit autorisiert und als eine Notwendigkeit von oben betrachtet wird, um das Gute von unten zu verwirklichen.

Die Zensur der Tendenz und die Tendenz der Zensur sind ein Geschenk der neuen liberalen Instruktion. Niemand wird uns verdenken, wenn wir mit einem gewissen Mißtrauen zu ihren weitern Bestimmungen uns hinwenden.

»Beleidigende Äußerungen und ehrenkränkende Urteile über einzelne Personen sind nicht zum Druck geeignet.«

[...]

»Damit diesem Ziele nähergetreten werde, ist es aber erforderlich, daß bei Genehmigung neuer Zeitschriften und neuer Redakteure mit großer Vorsicht verfahren werde, damit die Tagespresse nur völlig unbescholtenen Männern anvertraut werde, deren wissenschaftliche Befähigung, Stellung und Charakter für den Ernst ihrer Bestrebungen und für die Loyalität ihrer Denkungsart Bürgschaft leisten.«

Ehe wir auf das einzelne eingehen, zuvor eine allgemeine Bemerkung. Die Genehmigung neuer Redakteure, also überhaupt der künftigen Redakteure, ist ganz der »großen Vorsicht«, versteht sich der Staatsbehörden, der Zensur anheimgestellt, während das alte Zensuredikt wenigstens unter gewissen Garantien die Wahl des Redakteurs dem Belieben des Unternehmers überließ:

»Artikel IX. Die Oberzensurbehörde ist berechtigt, dem Unternehmer einer Zeitung zu erklären, daß der angegebene Redakteur nicht von der Art sei, das nötige Zutrauen einzuflößen, in welchem Falle der Unternehmer verpflichtet ist, entweder einen andern Redakteur anzunehmen oder, wenn er den ernannten beibehalten will, für ihn eine von Unsern oben erwähnten Staatsministerien auf den Vorschlag gedachter Oberzensurbehörde zu bestimmende Kaution zu leisten.«

In der neuen Zensurinstruktion spricht sich eine ganz andere Tiefe, man kann sagen Romantik des Geistes aus. Während das alte Zensuredikt äußerliche, prosaische, daher gesetzlich bestimmbare Kautionen verlangt, unter deren Garantie auch der mißliebige Redakteur zuzulassen sei, nimmt dagegen die Instruktion dem Unternehmer einer Zeitschrift jeden Eigenwillen und verweist die vorbeugende Klugheit der Regierung, die große Vorsicht und den geistigen Tiefsinn der Behörden auf innere, subjektive, äußerlich unbestimmbare Qualitäten. Wenn aber die Unbestimmtheit, die zartsinnige Innerlichkeit und die subjektive Überschwenglichkeit der Romantik in das rein Äußerliche umschlägt, nur in dem Sinn, daß die äußerliche Zufälligkeit nicht mehr in ihrer prosaischen Bestimmtheit und Begrenzung, sondern in einer wunderbaren Glorie, in einer eingebildeten Tiefe und Herrlichkeit erscheint –, so wird auch die Instruktion diesem romantischen Schicksal schwerlich entgehen können.

Die Redakteure der Tagespresse, unter welche Kategorie die ganze Journalistik fällt, sollen völlig unbescholtene Männer sein. Als Garantie dieser völligen Unbescholtenheit wird zunächst die »wissenschaftliche Befähigung« angegeben. Nicht der leiseste Zweifel steigt auf, ob der Zensor die wissenschaftliche Befähigung besitzen kann, über wissenschaftliche Befähigung jeder Art ein Urteil zu besitzen. Lebt in Preußen eine solche Schar der Regierung bekannter Universalgenies – jede Stadt hat wenigstens einen Zensor –, warum treten diese enzyklopädistischen Köpfe nicht als Schriftsteller auf? Besser als durch die Zensur könnte den Verwirrungen der Presse ein Ende gemacht werden, wenn diese Beamten, übermächtig durch ihre Anzahl, mächtiger durch ihre Wissenschaft und ihr Genie, auf einmal sich erhöben und mit ihrem Gewicht jene elenden Schriftsteller erdrückten, die nur in einem Genre, aber selbst in diesem einen Genre ohne offiziell erprobte Befähigung agieren. Warum schweigen diese gewiegten Männer, die wie die römischen Gänse durch ihr Geschnatter das Kapitol retten könnten? Es sind Männer von zu großer Zurückhaltung. Das wissenschaftliche Publikum kennt sie nicht, aber die Regierung kennt sie.

Und wenn jene Männer schon Männer sind, wie sie kein Staat zu finden wußte, denn nie hat ein Staat ganze Klassen gekannt, die nur von Universalgenies und Polyhistoren eingenommen werden können, um wieviel genialer müssen noch die Wähler dieser Männer sein! Welche geheime Wissenschaft müssen sie besitzen, um Beamten, die in der Republik der Wissenschaft unbekannt sind, ein Attest über ihre universalwissenschaftliche Befähigung ausstellen zu können! Je höher wir steigen in dieser Bürokratie der Intelligenz, um so wundervollere Köpfe begegnen uns. Ein Staat, der solche Säulen einer vollendeten Presse besitzt, lohnt es dem der Mühe, handelt der zweckmäßig, diese Männer zu Wächtern einer mangelhaften Presse zu machen, das Vollendete zum Mittel für das Unvollendete herabzusetzen?

So viele dieser Zensoren ihr anstellt, so viele Chancen der Besserung entzieht ihr dem Reich der Presse. Ihr entzieht eurem Heer die Gesunden, um sie zu Ärzten der Ungesunden zu machen.

Stampft nur auf den Boden wie Pompejus, und aus jedem Regierungsgebäude wird eine geharnischte Pallas Athene hervorspringen. Vor der offiziellen Presse wird die seichte Tagespresse in ihr Nichts zerfallen. Die Existenz des Lichts reicht hin, die Finsternis zu widerlegen. Laßt euer Licht leuchten und stellt es nicht unter den Scheffel. Statt einer mangelhaften Zensur, deren Vollgültigkeit euch selbst problematisch dünkt, gebt uns eine vollendete Presse, die ihr nur zu befehlen habt, deren Vorbild der chinesische Staat schon seit Jahrhunderten liefert.

Doch die wissenschaftliche Befähigung zur einzigen, zur notwendigen Bedingung für die Schriftsteller der Tagespresse machen, ist das nicht eine

Bestimmung des Geistes, keine Begünstigung des Privilegiums, keine konventionelle Forderung, ist das nicht eine Bedingung der Sache, keine Bedingung der Person?

Leider unterbricht die Zensurinstruktion unsere Panegyrik. Neben der Bürgschaft der wissenschaftlichen Befähigung findet sich die der Stellung und des Charakters. Stellung und Charakter!

Der Charakter, der so unmittelbar der Stellung folgt, scheint beinahe ein bloßer Ausfluß derselben zu sein. Die Stellung laßt uns vor allem ins Auge fassen. Sie steht so eingeengt zwischen der wissenschaftlichen Befähigung und dem Charakter, daß man beinahe versucht wird, an ihrem guten Gewissen zu zweifeln.

Die allgemeine Forderung der wissenschaftlichen Befähigung, wie liberal! Die besondere Forderung der Stellung, wie illiberal! Die wissenschaftliche Befähigung und die Stellung zusammen, wie scheinliberal! Da wissenschaftliche Befähigung und Charakter sehr unbestimmt, die Stellung dagegen sehr bestimmt ist, warum sollten wir nicht schließen, daß das Unbestimmte nach notwendigem logischen Gesetze sich an das Bestimmte anlehnen und an ihm Halt und Inhalt erhalten werde? Wäre es also ein großer Fehlschluß des Zensors, wenn er die Instruktion so auslegte, die äußere Form der wissenschaftlichen Befähigung und des Charakters, in der Welt aufzutreten, sei die Stellung um so mehr, da sein eigner Stand ihm diese Ansicht als Staatsansicht verbürgt? Ohne diese Auslegung bleibt es wenigstens völlig unbegreiflich, warum wissenschaftliche Befähigung und Charakter nicht hinreichende Bürgschaften des Schriftstellers sind, warum die Stellung das notwendige Dritte ist. Käme der Zensor nun gar in Konflikt, fänden sich diese Bürgschaften selten oder nie zusammen, wohin soll seine Wahl fallen, da einmal gewählt werden, da doch irgendwer Zeitungen und Journale redigieren muß? Die wissenschaftliche Befähigung und der Charakter ohne Stellung können dem Zensor ihrer Unbestimmtheit wegen problematisch sein, wie es seine gerechte Verwunderung erregen muß, daß solche Qualitäten getrennt von der Stellung existieren. Darf dagegen der Zensor den Charakter, die Wissenschaft bezweifeln, wo die Stellung vorhanden ist? Er traute in diesem Fall dem Staat weniger Urteil zu als sich selbst, während er in dem entgegengesetzten dem Schriftsteller mehr als dem Staat zutraute. Sollte ein Zensor so taktlos, so übelmeinend sein? Es steht nicht zu erwarten und wird gewiß nicht erwartet. Die Stellung, weil sie im Zweifelsfall das entscheidende Kriterium ist, ist überhaupt das absolut Entscheidende.

Wie also früher die Instruktion durch ihre Rechtgläubigkeit mit dem Zensuredikt in Konflikt gerät, so jetzt durch ihre Romantik, die immer zugleich Tendenzpoesie ist. Aus der Geldkaution, die eine prosaische, eigentliche Bürgschaft ist, wird eine ideelle, und diese ideelle verwandelt sich in die ganz reelle und individuelle Stellung, die eine magische fingierte Bedeutung erhält. Ebenso verwandelt sich die Bedeutung der Bürgschaft. Nicht mehr der Unternehmer wählt einen Redakteur, für den er der Behörde bürgt, sondern die Behörde wählt ihm einen Redakteur, für den sie sich bei sich selbst verbürgt. Das alte Edikt erwartet die Arbeiten des Redakteurs, für welche die Geldkaution des Unternehmers einsteht. Die Instruktion hält sich nicht an die Arbeit, sondern an die Person des Redakteurs. Sie verlangt eine bestimmte persönliche Individualität, die ihr das Geld des Unternehmers verschaffen soll. Die neue Instruktion ist ebenso äußerlich als das alte Edikt; aber statt daß dieses das prosaisch Bestimmte seiner Natur gemäß ausspricht und begrenzt, leiht sie der äußersten Zufälligkeit einen imaginären Geist und spricht das bloß Individuelle mit dem Pathos der Allgemeinheit aus.

Wenn aber die romantische Instruktion in bezug auf den Redakteur der äußerlichsten Bestimmtheit den Ton der gemütvollsten Unbestimmtheit gibt, so gibt sie in bezug auf den Zensor der vagsten Unbestimmtheit den Ton der gesetzlichen Bestimmtheit.

»Mit gleicher Vorsicht muß bei Ernennung der Zensoren verfahren werden, damit das Zensoramt nur Männern von erprobter Gesinnung und Fähigkeit übertragen werde, die dem ehrenvollen Vertrauen, welches dasselbe voraussetzt, vollständig entsprechen; Männern, welche, wohldenkend und scharfsichtig zugleich, die Form von dem Wesen der Sache zu sondern verstehen und mit sicherm Takt sich über Bedenken hinwegzusetzen wissen, wo Sinn und Tendenz einer Schrift an sich diese Bedenken nicht rechtfertigen.«

An die Stelle der Stellung und des Charakters beim Schriftsteller tritt hier die erprobte Gesinnung, da die Stellung von selbst gegeben ist. Bedeutender ist dies, wenn bei dem Schriftsteller wissenschaftliche Befähigung, bei dem Zensor Fähigkeit ohne weitere Bestimmung gefordert wird. Das alte, die Politik ausgenommen, rationalistisch gesinnte Edikt erfordert in Artikel III »wissenschaftlich gebildete« und sogar »aufgeklärte« Zensoren. Beide Prädikate fallen in der Instruktion fort, und an die Stelle der Befähigung des Schriftstellers, die eine bestimmte, ausgebildete, zur Wirklichkeit gewordene Fähigkeit bedeutet, tritt bei dem Zensor die Anlage der Befähigung, die Fähigkeit überhaupt. Also die Anlage der Fähigkeit soll die wirkliche Befähigung zensieren, wie sehr auch der Natur der Sache nach offenbar das Verhältnis umzukehren ist. Nur im Vorbeigehen bemerken wir endlich, daß die Fähigkeit des Zensors dem sachlichen Inhalt nach nicht näher bestimmt ist, wodurch ihr Charakter allerdings zweideutig wird.

Das Zensoramt soll ferner Männern übertragen werden, »die dem ehrenvollen Vertrauen, welches dasselbe voraussetzt, vollständig entsprechen«. Diese pleonastische Scheinbestimmung, Männer zu einem Amt zu wählen, denen man vertraut, daß sie dem ehrenvollen Vertrauen, welches ihnen geschenkt wird, vollständig entsprechen (werden?), ein allerdings sehr vollständiges Vertrauen –, ist nicht weiter zu erörtern.

Endlich sollen die Zensoren Männer sein,

»welche, wohldenkend und scharfsichtig zugleich, die Form von dem Wesen der Sache zu sondern verstehen und mit sicherm Takte sich über Bedenken hinwegzusetzen wissen, wo Sinn und Tendenz einer Schrift an sich diese Bedenken nicht rechtfertigen«.

Mehr oben dagegen schreibt die Instruktion vor:

»Mit Rücksicht hierauf« (nämlich die Untersuchung der Tendenz) »haben die Zensoren ihre Aufmerksamkeit auch besonders auf die Form und den Ton der Sprache der Druckschriften zu richten und, insofern durch Leidenschaftlichkeit, Heftigkeit und Anmaßung ihre Tendenz sich als eine verderbliche darstellt, deren Druck nicht zu gestatten.«

Einmal also soll der Zensor die Tendenz aus der Form, das andere Mal die Form aus der Tendenz beurteilen. War vorhin schon der Inhalt ganz verschwunden als Kriterium des Zensierens, so verschwindet jetzt auch die Form. Wenn nur die Tendenz gut ist, so hat es mit den Verstößen der Form nichts auf sich. Mag die Schrift auch nicht gerade sehr ernsthaft und bescheiden gehalten sein, mag sie heftig, leidenschaftlich, anmaßend scheinen, wer wird sich [durch] die rauhe Außenseite schrecken lassen? Man muß das Formelle vom Wesen zu unterscheiden wissen. Jeder Schein der Bestimmungen mußte aufgehoben, die Instruktion mußte mit einem vollkommenen Widerspruch gegen sich selbst enden; denn alles, woraus die Tendenz erkannt werden soll, empfängt vielmehr erst seine Qualifizierung aus der Tendenz und muß vielmehr aus der Tendenz erkannt werden. Die Heftigkeit des Patrioten ist heiliger Eifer, seine Leidenschaftlichkeit ist die Reizbarkeit des Liebenden, seine Anmaßung eine hingebende Teilnahme, die zu maßlos ist, um mäßig zu sein.

Alle objektiven Normen sind weggefallen, die persönliche Beziehung ist das Letzte, und der Takt des Zensors darf eine Bürgschaft genannt werden. Was kann also der Zensor verletzen? Den Takt. Und Taktlosigkeit ist kein Verbrechen. Was ist auf Seite des Schriftstellers bedroht? Die Existenz. Welcher Staat hat je die Existenz ganzer Klassen vom Takt einzelner Beamten abhängig gemacht?

Noch einmal, alle objektiven Normen sind weggefallen; von Seite des

Schriftstellers ist die Tendenz der letzte Inhalt, der verlangt und vorgeschrieben wird, die formlose Meinung als Objekt; die Tendenz als Subjekt, als Meinung von der Meinung, ist der Takt und die einzige Bestimmung des Zensors.

Wenn aber die Willkür des Zensors – und die Berechtigung der bloßen Meinung ist die Berechtigung der Willkür – eine Konsequenz ist, die unter dem Schein sachlicher Bestimmungen verbrämt war, so spricht die Instruktion dagegen mit vollem Bewußtsein die Willkür des Oberpräsidiums aus; diesem wird ohne weiteres Vertrauen geschenkt, und dieses dem Oberpräsidenten geschenkte Vertrauen ist die letzte Garantie der Presse. So ist das Wesen der Zensur überhaupt in der hochmütigen Einbildung des Polizeistaates auf seine Beamten gegründet. Selbst das Einfachste wird dem Verstand und dem guten Willen des Publikums nicht zugetraut; aber selbst das Unmögliche soll den Beamten möglich sein.

Dieser Grundmangel geht durch alle unsere Institutionen hindurch. So z. B. sind im Kriminalverfahren Richter, Ankläger und Verteidiger in einer Person vereinigt. Diese Vereinigung widerspricht allen Gesetzen der Psychologie. Aber der Beamte ist über die psychologischen Gesetze erhaben, wie das Publikum unter demselben steht. Doch ein mangelhaftes Staatsprinzip kann man entschuldigen; aber unverzeihlich wird es, wenn es nicht ehrlich genug ist, um konsequent zu sein. Die Verantwortlichkeit der Beamten müßte so unverhältnismäßig über der des Publikums stehen wie die Beamten über dem Publikum, und gerade hier, wo die Konsequenz allein das Prinzip rechtfertigen, es innerhalb seiner Sphäre zum rechtlichen machen könnte, wird es aufgegeben, und gerade hier wird das entgegengesetzte angewandt.

Auch der Zensor ist Ankläger, Verteidiger und Richter in einer Person; dem Zensor ist die Verwaltung des Geistes anvertraut; der Zensor ist unverantwortlich.

Die Zensur könnte nur einen provisorisch loyalen Charakter erhalten, wenn sie den ordentlichen Gerichten unterworfen würde, was allerdings unmöglich ist, solange es keine objektiven Zensurgesetze gibt. Aber das allerschlechteste Mittel ist, die Zensur wieder vor Zensur zu stellen, etwa vor einen Oberpräsidenten oder ein Oberzensurkollegium.

Alles, was von dem Verhältnis der Presse zur Zensur, gilt wieder vom Verhältnis der Zensur zur Oberzensur und vom Verhältnis des Schriftstellers zum Oberzensor, obgleich ein Mittelglied eingeschoben ist. Es ist dasselbe Verhältnis, auf eine höhere Staffel gestellt, der merkwürdige Irrtum, die Sache zu lassen und ihr ein anderes Wesen durch andere Personen geben zu wollen. Wollte der Zwangsstaat loyal sein, so höbe er sich auf. Jeder Punkt erforderte denselben Zwang und denselben Gegendruck. Die

Oberzensur müßte wieder zensiert werden. Um diesem tödlichen Kreis zu entgehen, entschließt man sich, illoyal zu sein, die Gesetzlosigkeit beginne nun in der dritten oder neunundneunzigsten Schichte. Weil dies Bewußtsein dem Beamtenstaat unklar vorschwebt, sucht er wenigstens die Sphäre der Gesetzlosigkeit so hoch zu stellen, daß sie den Blicken entschwindet, und glaubt dann, sie sei verschwunden.

Die eigentliche Radikalkur der Zensur wäre ihre Abschaffung; denn das Institut ist schlecht, und die Institutionen sind mächtiger als die Menschen. Doch, unsre Ansicht mag richtig sein oder nicht. Jedenfalls gewinnen die preußischen Schriftsteller durch die neue Instruktion, entweder an reeller Freiheit, oder an ideeller, an Bewußtsein.

Rara temporum felicitas, ubi quae velis sentire et quae sentias dicere licet.

## 3.2 Autoren

[Eduard von Bauernfeld:] Denkschrift über die gegenwärtigen Zustände der Zensur in Österreich. 1845
[Auszug]

»Kein Lichtstrahl, er komme, woher er wolle, soll in Zukunft unbeachtet und unerkannt in der Monarchie bleiben oder seiner möglich nützlichen Wirksamkeit entzogen werden« –heißt es in der »Vorschrift für die Leitung des Zensur-Wesens und für das Benehmen der Zensoren« vom 10. September 1810, welche zum Eingange einer »zweckmäßig geleiteten Lese- und Schreibe-Freiheit« das Wort führt. [...]

Diese und andere milde und humane Bestimmungen, von denen die des § 8 beinahe wörtlich in die neue preußische Zensurinstruktion vom 24. Dezember 1841 aufgenommen wurde, bilden den Hauptinhalt der Österreichischen Zensurvorschrift vom 10. September 1810, welche jedoch nur als Instruktion für die Zensoren, nicht aber als Gesetz gelten zu sollen scheint, und die daher auch niemals öffentlich kundgemacht wurde. [...] – Im Jahre 1840 soll eine Publikation dieser Vorschrift, und zugleich die Aufhebung sämtlicher, nach dieser Zensurinstruktion vom Jahre 1810 erlassenen polizeilichen Verfügungen allerhöchstenorts angeordnet worden sein. Unter diesen Verfügungen erscheint insbesondere das Hofdekret der k. k. Polizei- und Zensurhofstelle vom 14. Juli 1812, worin angeordnet wurde, daß alle Schriften, welche die neuere Kriegsgeschichte betreffen, mit dem Gutachten der Zensoren zur definitiven Entscheidung der sogenannten Hofstelle vorzulegen seien, ferner das Hofdekret derselben Hofstelle vom 2. Oktober 1819, womit die obige Bestimmung auf sämtliche Manuskripte und später auch auf Bilder, Landkarten und Musikalien ausgedehnt wurde.

Die erwähnte Publikation war wohl nur behufs der Zensoren anbefohlen worden, um sie neuerdings auf die beinahe in Vergessenheit geratene Instruktion aufmerksam zu machen, und ihnen die genaue Beachtung der darin enthaltenen Grundsätze einzuschärfen. Allein eine Kundmachung, selbst in diesem beschränkten Sinne, ist unseres Wissens bisher noch nicht erfolgt, der Zensor übt sein Amt fortwährend nach Gewohnheit und Herkommen aus, und der Schriftsteller kann sich auf kein Gesetz zum Schutze seiner Rechte berufen.

Diese exzeptionelle Stellung des österreichischen Schriftstellers ist es, welche die Unterzeichneten, nicht aus persönlichen Rücksichten, sondern im Interesse der gesamten vaterländischen Literatur zu der vorliegenden Denkschrift veranlaßte, welche sich insbesondere erlaubt, auf eine schmerzlich gefühlte Lücke unserer Gesetzgebung aufmerksam zu machen und vor dem Standpunkte des Rechtes wie der Billigkeit darzustellen, wie dringend notwendig die Verleihung eines Zensurgesetzes für Österreich erscheint.

Der Zustand der Presse, dem Zensurinstitute gegenüber, ist leider ein vollkommen rechtloser, der Schriftsteller wird gerichtet nach Normen, die er nicht kennt, und verurteilt, ohne gehört zu werden, ohne sich verteidigen zu können.

Der geringste Handwerker, der ärmste Taglöhner, überhaupt jeder Staatsbürger findet im Gesetze Schutz für seine Tätigkeit. Die Grenzen derselben sind ihm vorgezeichnet, aber innerhalb dieser Grenzen kann er sich frei und ungehindert bewegen; niemand darf ihn in der Ausübung seiner durch das Gesetz ihm zuerkannten Rechte stören.

Hielt man diese Vorsicht im Bereiche der materiellen Interessen für unentbehrlich zur Aufrechthaltung eines geordneten Rechtszustandes, so dürfte sie wohl da nicht minder notwendig befunden werden, wo es sich um die geistigen Güter des Menschen, um die höchsten Interessen der Wissenschaft, um die heiligsten Ansprüche der Wahrheit handelt. Allein wie trostlos ist die Lage des Schriftstellers gerade in dieser Beziehung!

Österreich besitzt kein Zensurgesetz. Wo aber kein Gesetz, sondern nur die individuelle Ansicht des Zensors entscheidet, da kann es leicht dahin kommen, daß selbst das an sich Erlaubte und Unschädliche, ja das Gemeinnützliche verboten wird.

Der Zensor – bei dem besten Willen – kann irren; er kann aus Ängstlichkeit und Sorge für die Beibehaltung seiner Stellung gegen seine bessere Überzeugung so manches verdammen, was vielleicht zur Zierde der Lite-

ratur, somit zum besten des Landes gereichen könnte. Bei diesen Verhältnissen arbeitet der österreichische Schriftsteller unter dem stets bestehenden Drucke des Bewußtseins, sich vielleicht der Willkür preisgegeben zu sehen, die nach ihm unbekannten Rechtsnormen über seine Erzeugnisse aburteilen kann; denn kein Gesetz ist vorhanden, unter dessen schirmendem Dache er sich gegen die Übergriffe der Zensoren schützen, auf das er sich zur Begründung seiner Rechtsansprüche berufen könnte. Seine Schrift wird als »zum Drucke nicht zugelassen« bezeichnet, und er muß verstummen; nicht einmal die Frage um das »Warum« ist ihm gestattet oder kann – wenn sie auch gestellt würde – auf Beantwortung hoffen. Von allen österreichischen Staatsbürgern ist es sonach der Schriftsteller ganz allein, welcher ungehört verurteilt wird, während doch selbst dem Angeklagten, dem Verbrecher ein rechtliches Gehör und eine Verteidigung verstattet wird und ihm mit dem Urteile auch die Beweggründe desselben bekanntgegeben werden müssen.
[...]
Bei solchem Zustande der Dinge mußte sich der besseren Schriftsteller eine solche Mutlosigkeit bemächtigen, daß sie sich freiwillig zum Schweigen verurteilen, andere, in denen ein mächtiger Geist sich regte, sahen sich genötigt, einen ungesetzlichen Weg einzuschlagen und ihre Werke, von denen einige bereits zur Zierde der neuen deutschen Literatur gereichen, unter angenommenen Namen ohne Bewilligung der österreichischen Zensur zu veröffentlichen. Der weitere Verlauf hat übrigens bewiesen, daß die humane österreichische Regierung der freien Äußerung des wissenschaftlichen oder dichterischen Gedankens keineswegs so abhold ist, wie die ausführenden Organe der Zensur mit allzu großer Ängstlichkeit vorauszusetzen scheinen; denn die Regierung hat das eigenmächtige Verfahren jener Autoren dadurch stillschweigend gut geheißen und gewissermaßen gerechtfertigt, daß sie nachträglich dem Debit ihrer Werke kein Hindernis in den Weg legte. [...]
Der wunderlichste Zwiespalt zwischen der Instruktion und ihrer Handhabung, sowie der längst schmerzlich gefühlte Mangel eines Gesetzes tritt aber insbesondere dann hervor, wenn wir beobachten, was in Österreich, und zwar mit Bewilligung der Regierung, gelesen wird, welche Masse von Ideen nur allein durch die in allen Schenken aufliegenden literarischen und politischen Zeitungen auch in den niederen Klassen der Gesellschaft sich verbreiten. Wissenschaftliche und belletristische Werke der neuen deutschen Presse, wenn deren Tendenz nicht geradezu verwerflich ist, werden selten verboten und im Falle ihrer Zulassung in den inländischen Journalen angezeigt, von den inländischen Buchhandlungen an jedermann ohne Unterschied verkauft. Dasselbe Werk aber eines Preußen oder Sachsen

oder auch eines Österreichers, der es im sogenannten »Ausland« mit dem »admittitur fürs Ausland« hat drucken lassen dürfen, – dasselbe Werk, welches dann später im Inland ungehindert verkauft und gelesen werden darf, darf – im Inland nicht gedruckt werden. Dieser Druckverbot für das Inland eines sonst erlaubten Werkes ist für den vaterländischen Schriftsteller als Verfasser schon an sich äußerst kränkend und schmerzlich; er bringt aber auch noch andere geistige und materielle Nachteile mit sich. Insbesondere wird dem österreichischen Buchhändler dadurch die Ehre entzogen, ein mehr oder minder geistreiches Werk eines In- oder Ausländers verlegt zu haben, überdies aber auch der materielle Gewinn entrissen; denn die Verweigerung des »imprimatur für das Inland« hat geradezu die Wirkung einer Prämie, die man dem nord- oder süddeutschen Buchhändler zum Nachteil des österreichischen bezahlt, und zwar für dieselbe Ware, die der Inländer gleichfalls produzieren kann; – beiläufig, als verböte man die inländische Glas- und Lederfabrikation und nötigte uns, Glas und Leder, die wir zu Hause in derselben Güte erzeugen können, von Ausländern um teures Geld zu kaufen. Dadurch, daß Bücher, welche im Inlande zu lesen erlaubt ist, im Inlande nicht gedruckt werden dürfen, wird dem buchhändlerischen Verkehr jährlich wenigstens eine Million Gulden entzogen, während die wichtigeren geistigen Nachteile: die Versumpfung der Literatur, die Verachtung von Seite unserer Landsleute, die gänzliche Ertötung des nationalen Sinnes, das Zurückbleiben des lesenden Publikums unter dem Niveau der gewöhnlichen Bildung, unberechenbar bleiben. Dieser Unmöglichkeit, das Volk durch seine ihm angebornen Lehrer, durch seine guten vaterländischen Schriftsteller zu bilden, ist es vorzugsweise zuzuschreiben, daß der österreichische Leser ohne eigenes Urteil und ohne geläuterten Geschmack, begierig und mit Vorliebe nach den verpönten Büchern und Broschüren des Auslands greift, und zwar besonders nach denen von verwerflichen und unsittlichen Tendenzen und nach den über die öffentlichen Zustände unseres Vaterlandes maßlos schmähenden Pamphleten, die eben, weil sie ihm verboten sind, einem gebildeten Geiste aber durch ihren Mangel an Gehalt sich von selbst verbieten würden, den österreichischen Leser zum Genusse der verderblichen und faulen Frucht zumeist anzureizen scheinen.

Allein die mehr erwähnten Zensurbeschränkungen, welche zunächst gegen die Erzeugnisse der ephemeren oder leichteren Literatur gerichtet scheinen, sie lasten, noch mehr als man auf den ersten Blick anzunehmen geneigt sein mag, auch auf allen ernsten Produktionen der Wissenschaft mit der ganzen Schwere ihres Gewichtes und die traurige Folge eines so beklagenswerten Zustandes ist es, daß sich auch der eigentliche Fachgelehrte ängstlich die Grenzen seiner Aufgabe abstecken muß und auf jede Wirksamkeit in weiteren Kreisen, wie sie gerade von ihm die Richtung und das Bedürfnis der Zeit fordern, zu verzichten sich genötigt sieht. [...]

Wie sehr aber auch bei den obwaltenden Zensurverhältnissen die gänzliche Erlahmung des kommerziellen Hebels der Literatur, des Buchhandels nämlich, und vor allem des so sehr gehemmten, ja in einer ersprießlichen Ausdehnung ganz unmöglichen Verlaggeschäftes auf die Wissenschaft zurückwirken muß, braucht bei einiger Kenntnis der Kräfte, welche in dem Getriebe menschlicher Dinge wirksam sind, gar nicht erwähnt zu werden. Und doch scheint gerade dieses Verhältnis die Rücksicht einer einsichtigen und sonst den Interessen der Wissenschaft wohlwollenden Staatsverwaltung um so mehr zu fordern, da sie nicht wie anderwärts durch freien Ausfluß ihrer Munifizenz das zu ersetzen gewohnt ist, was wir durch den Mangel reich gewordener und eine großartige Industrie entwickelnder Verleger oder dotierter wissenschaftlicher Korporationen entbehren.

Betrachtet man diesen ganz betrübten Zustand unserer literarischen Verhältnisse, so wird gewiß jeder billig Gesinnte den lebhaften Wunsch der österreichischen Schriftsteller, ja sämtlicher in materieller oder geistiger Richtung tätigen Volksklassen unseres Landes begreiflich finden, diesen Übelständen endlich Schranken gesetzt zu sehen, was einzig und allein auf dem Wege des Gesetzes geschehen kann.

Nach dieser Darstellung würden sonach die Unterzeichneten folgende unvorgreifliche Maßregeln vorschlagen, welche sie nach ihrem besten Wissen zur Abhilfe der gerügten Übelstände, sowie zur Belebung der österreichischen Literatur für ebenso zweckdienlich als in der Hauptsache für unerläßlich erachten.

Diese Maßregeln sind:
1. Erlassung eines Zensurgesetzes auf Grundlage der Instruktion vom Jahre 1810 und öffentliche Kundmachung dieses Gesetzes.
2. Verleihung einer unabhängigen Stellung für die Zensoren.
3. Gründung eines wirksamen Rekurszuges in Zensurangelegenheiten.
[...]

Durch die Ausführung dieser und ähnlicher Maßregeln wäre so ziemlich dasjenige geschehen, womit sich Schriftsteller, Buchhändler und Lesepublikum des heutigen industriellen und gewerbfleißigen Österreich begnügen könnten, und wäre zugleich die Möglichkeit gegeben, in unserem Vaterlande, welches neuerlichst durch die segenreichen Schöpfungen des Staatseisenbahnsystems, der Industrie- und Ackerbauvereine einen so bedeutenden materiellen Aufschwung nimmt und welches so viele reiche geistige Kräfte in sich schließt, eine noch halb im Keime liegende Österreichische deutsche Literatur weiter auszubilden, deren Erstarkung insbesondere zu einer Zeit nicht gleichgiltig erscheint, wo sich das gesamte deutsche Vaterland die Forderung einer ernsteren Entwicklung, einer tieferen Bildung stellt. Wie dringend notwendig es bei solchen Verhältnissen sei, auch der österreichischen Literatur, besonders in dem gemeinschaftlichen Gedanken, die gehörige Geltung zu verschaffen, liegt am Tage; auf welche Weise ein zeitgemäß milderes Zensurgesetz zur Erreichung dieses Zweckes mitwirken könne, wagten diese Blätter jedoch nur anzudeuten, indem sie die Modalität der Ausführung getrost der höheren Beurteilung der Männer überlassen zu dürfen glaubten, welche der hohen österreichischen Regierung bei Beratung ihrer wichtigsten Interessen, somit auch der der Literatur, zur Seite stehen und deren Einsicht, Wohlwollen und echten Patriotismus bei Lösung der vorliegenden, minder schwierigen als höchst wichtigen und unverschiebbaren Aufgabe ein ebenso glänzendes als segenreiches Feld des Wirkens sich erschließen würde.

Wien, am 11. März 1845.

Folgen die Unterschriften.
Grillparzer. – A. v. Ettingshausen. – Bauernfeld. – A. Baumgartner. – Feuchtersleben. – Otto Prechtler. – L. L. v. Littrow. – A. Schrötter. – Johann Ladislaus Pyrker. – Freiherr von Münch, Hofrath. – Dr. Moritz v. Stubenrauch. – Imull, Hofrath. – Dr. L.Neumann. – Joseph Bergmann, k. k. Rath. – Ferdinand Dr. Gobbi. – Dr. Franz Romeo Seligmann. – Julius Krone. – Professor Hye. – Kudler, Regierungsrath. – Max Löwenthal. – J. F. Castelli. – Ludwig August Frankl. – Johann Springer. – Joseph Wertheimer. – Theodor Georg v. Karajan. –Anton Gf. v. Auersperg. – Somaruga junior. – Wilhelm Marsano. – Friedrich Fürst Schwarzenberg. – Dr. Ignatz Wildner, Edler von Maithstein.* – Dr. Adolph Schmidl. – J. F. Schlager. – Friedrich Kaiser. – Joseph Rank. – Herrmann Rollet. – Dr. von Frank. – J. N. Vogl. – Franz Stelzhammer. – Dr. Johann Herz. – Joseph Bar. Zedlitz. – Stephan Endlicher. – Hammer-Purgstall. – J. E. Löbisch. – Dr. Moritz Heyssler. – Adolph Wiesner. – Dr. Beer. – Dessary. – E. M. Selinger. – Dr. Siegfried Becher. – Ph. Rothkögel, Professor. – Dr. Joseph Neumann, k. k. Professor. – Joseph Beskiba, k. k. Professor. – Dr. L. C. Schulz von Straßnitzky, k. k. Professor der Mathematik. – Dr. Fleischmann. – Pannasch, Oberstlieutenant. – Franz Gräffer. – Joseph Siegmund Ebersberg, Fürstbischöflicher Rath, Redakteur des Wiener Zuschauers, sc. – M. G. Saphier. – Siegmund Kalisch. – Baron Lannoy. – Adalbert Stifter. – Franz Stöber, k. k. Professor der Akademie der bildenden Künste. – Gottfried Preyer, k. k. Vice-Hofkapellmeister, Direktor des Conservatoriums der Musik und Professor der Compositionslehre. – Heinrich Proch, k. k. Hofoperntheater-Kapellmeister. – Dr. August Schmidt, Redakteur der allgemeinen Wiener Musikzeitung. – Carl Hugo Dr. Bernstein. – Friedrich Witthauer. – Franz

Fitzinger. – Ferdinand Graf von Colloredo Mannsfeld. – Franz von Holbein. – Johann Gf. Barth von Barthenheim. – Friedrich Ritter von Bartsch, Kustos der k. k. Hofbibliothek. – Ludwig Sellier von Moranville, Amanuensis der k. k. Hofbibliothek. – Albrecht Kraft, k. k. Scriptor. – Joseph Dessauer. – Gustav Barth. – Karl Hock. – Dr. Johann Mikolasch. – Dr. Schuh, Professor der Chirurgie. – Dr. E. Melly. – Dr. Rokitansky, k. k. Professor. – Dr. Scoda. – Carl Freiherr von Pratobevera zu Wiesborn, jubilirter Vice-Präsident des k. k. nieder-österreichischen Appellations-Gerichts. – Adolph Freiherr von Pratobevera, Appellationsrath. – Dr. Theobald Rizzi, Hof- und Gerichts-Advokat. – Joseph Fischof, Professor am Conservatorium der Musik. – Karl Ad. Kaltenbrunner. – Joseph Kriehuber. – Ludwig Millichhofer. – Direktor von Schreibers. – Vinzenz Kollar. – Dr. Eduard Fenzel. – Paul Partsch. – Düsing. – Leopold Fitzinger. – Joseph Jak. Hecket. – Franz H. Fritsch. – Dr. Löhner.

*Um so mehr einverstanden, als in Ungarn bereits eine viel größere Druckfreiheit besteht, als hier angestrebt wird.

## 3.3 Buchhandel

Denkschrift des Börsenvereins der deutschen Buchhändler über Zensur und Preßfreiheit. 1841
[Auszug]

§ 1. Einleitung. Veranlassung

Von allen Fragen der neuern Zeit hat vielleicht keine die Gemüther so lebhaft und in so mannigfacher Weise aufgeregt, als die Frage der Preßfreiheit und der Censur. Der Meinungskampf, welcher in dem besonnenen und an gründliche Erörterung so sehr gewöhnten Deutschland der Entscheidung nothwendig vorhergehen mußte, konnte und sollte nicht verhindert werden; er ist geführt auf beiden Seiten mit Aufbietung der äußersten geistigen Kräfte, aber zugleich, wie es die Natur solcher Fragen fast nothwendig mit sich bringt, nicht selten auch mit Leidenschaftlichkeit, Übertreibung und Ungerechtigkeit. Unverkennbar beginnt indeß seit einiger Zeit die Aufregung des Kampfes einer ruhigem Stimmung Platz zu machen, es ist zu Verständigungen, mindestens zu Annäherungen in den Ansichten gekommen, die Erfahrung hat ihre Rechte geltend gemacht und die Frage selbst ohne Zweifel der deutschen Intelligenz gegenüber eine wesentlich andere Stellung eingenommen, als früher. Dieser Zeitpunkt mußte als der geeignetste erscheinen, um die Angelegenheit von der Seite her zur Sprache zu bringen, welche die Interessen des Buchhandels betrifft, und welcher bisher die allgemeine Aufmerksamkeit ungleich weniger zugewandt gewesen ist, als den allgemeinen staatsrechtlichen und politischen Rücksichten. Der Stand der Buchhändler, welcher den geistigen Druck der Censur zunächst zu empfinden, deren materielle Beeinträchtigungen aber ganz allein zu tragen hat, dürfte schon aus diesem Grunde vorzugsweise befähigt sein, das Bedürfniß der Presse in Deutschland zu erkennen, so wie berufen, dasselbe auszusprechen. Besonders aber wegen des unmittelbaren Verhältnisses auf der einen Seite zu dem schreibenden und auf der anderen zu dem lesenden Theile des Publicums werden die Buchhändler, die Vermittler des geistigen Verkehrs, mehr als fast irgend ein anderer Stand, ein richtiges und auf Erfahrung gegründetes Urtheil über die Frage abgeben können. Aus diesen Rücksichten hat der Börsenverein der deutschen Buchhändler in seiner am Mai v. J. zu Leipzig gehaltenen Versammlung, und zwar mit Einstimmigkeit sämmtlicher Mitglieder, welche an der Verhandlung Theil genommen, uns beauftragt, der hohen Regierung des Königreichs Sachsen die huldreichste Erwägung der dermaligen Verhältnisse der deutschen Presse und die Fürsorge für die Abstellung des Druckes, unter welchem dieselbe leidet, unterthänigst zu empfehlen.

§ 2. Standpunkt der Erörterung

Indem wir jenem Auftrage nachkommen, begreifen wir die Nothwendigkeit der Gränzen, innerhalb welcher wir uns dabei zu halten haben. Es kann nicht unsere Absicht sein, die Frage der Preßfreiheit aus dem der strengen Wissenschaft angehörenden Gesichtspunkte des natürlichen Rechts, der Politik, der Sittlichkeit und der Humanität nochmals zu erörtern und damit uns auf ein Gebiet zu versetzen, dem wir freilich als Menschen, als Staatsbürger ebenfalls angehören, auf welchem wir indeß auch nur die allgemeinem Interessen, nicht aber zugleich die besondern unsers Geschäfts geltend machen könnten. Unser Standpunkt muß vielmehr ein wesentlich praktischer sein, d. h. ein solcher, bei welchem wir auf der einen Seite nur die Verhältnisse des deutschen Buchhandels und auf der andern nur die durch Geschichte und Erfahrung gegebenen Thatsachen vor Augen haben. Wenn wir aber, diesen Standpunkt im Allgemeinen festhaltend, den deutschen Buchhandel in einer höheren Bedeutung nehmen, als der eines gewöhnlichen materiell-kommerziellen Geschäfts; wenn wir vielmehr darin überhaupt die technische Richtung des allgemeinen geistigen Verkehrs in Deutschland erblicken, und wenn wir demgemäß auch die allgemeinern Seiten der Frage wenigstens in so weit berühren, als dieselben mit der auf diese Weise bestimmten Aufgabe unsers Geschäftes in Beziehung stehen und aus den Erfahrungen, welche dasselbe so reichhaltig sammelt, vorzugsweise ihre Aufklärung erhalten: so glauben wir eine solche edlere Art der Auffassung dem Stolze des deutschen Volkes, seiner Wissenschaft, schuldig zu sein, und deßhalb einer Rechtfertigung am wenigsten vor der Regierung Sachsens zu bedürfen. Und selbst, wenn wir auf der untersten Stufe der Auffassung uns halten, wenn wir also lediglich die rein materiellen Interessen berücksichtigen wollten, so würde es doch unmöglich sein, davon die allgemeinere Frage über die Freiheit der geistigen Mittheilung ganz zu trennen, weil im Verhältnis zu dieser der Buchhandel und die Presse nur Mittel des Gedankenverkehrs, folglich, als selbstständige Thätigkeit gedacht, immer von demjenigen Grade der Regsamkeit abhängig sein würde, welcher der Mittheilung des Gedankens selbst gestattet ist und welcher in dieser sich ausspricht.

§4. Gegenwärtige Lage und Einwirkung auf die Verhältnisse des Buchhandels
So ist also in den Grundsätzen der deutschen Preßpolizei das Princip der Prävention fortwährend das allein vorherrschende und in manchen Staaten so ausschließend gültig, daß in denselben nicht einmal die Bestimmung des einstweiligen Bundesrechts, welche die über 20 Druckbogen haltenden Schriften von der Censur befreit, Anerkennung und Ausübung gefunden hat; ja dasselbe ist zu einer solchen Ausdehnung gelangt, daß die polizeilichen Rücksichten nicht dabei stehen bleiben, in einzelnen concreten Fällen das für gefährlich Gehaltene zu verhindern, sondern daß summarisch alle schon erschienenen und sogar im Voraus alle noch künftig erscheinenden Producte ganzer Verlagshandlungen, oder die schon vorhandenen wie die zukünftigen litterarischen Erzeugnisse einzelner Schriftsteller verboten, daß mithin ganze Persönlichkeiten von der activen Theilnahme an dem geistigen Verkehre ausgeschlossen worden sind. Fälle der Art sind nicht nur in früherer Zeit zu wiederholten Malen, sondern auch noch ganz kürzlich vorgekommen, obgleich es doch unmöglich war, vorherzusagen, von welcher Beschaffenheit der künftige Verlag einer Buchhandlung oder die künftige litterarische Leistung eines Schriftstellers sein würde, obgleich man ferner die Censur schon hatte, um das Schädliche zu verhindern, und obgleich endlich keine deutsche Regierung bisher die Befugniß aufgegeben hat, einzelne Producte der Presse wegen vermeinter Gefährlichkeit auch nach ihrem Erscheinen noch zu unterdrücken. Diese Ausdehnung der preßpolizeilichen Gewalt ist in der That so abnorm und außerordentlich, daß sie, ohne durch die Nothwendigkeit geboten zu sein, gleichwohl sogar die bürgerliche Existenz einzelner Individuen, auch wenn dieselben nicht in dem mindesten Punkte gegen das Gesetz verstoßen, in Gefahr bringt und, zum Principe erhoben, den deutschen Buchhandel in seiner Grundlage erschüttern würde.

Ohne in eine Wiederholung der Gründe einzugehen, welche von den scharfsinnigsten Geistern des deutschen Volkes, von Joseph II., von Friedrich dem Großen, von Moser und Schlözer an bis auf die Gegenwart für die volle Preßfreiheit und gegen die Censur im Allgemeinen geltend gemacht sind, glauben wir doch die Thatsache hervorheben zu dürfen, daß die Censur, wo dieselbe besteht, erfahrungsmäßig von der öffentlichen Meinung fortwährend angefeindet, angegriffen und bekämpft wird, während wir da, wo Preßfreiheit herrscht, nie einen solchen offenen, höchstens einen heimlichen und versteckten, und am wenigsten einen von der öffentlichen Meinung ausgehenden Kampf gegen diese erblicken. Im Gegentheil wird in England wenigstens die Freiheit der Presse ohne Theilung von allen Parteien als ein Palladium heilig gehalten. In allen deutschen Ständeversammlungen ist sie von jeher mit Eifer und Wärme vertheidigt, es ist selbst da, wo man nicht geradehin bis zur Forderung der Preßfreiheit gehen mochte, wie in den Versammlungen der preußischen Provinzialstände, überall das jetzige Censurverhältniß als ein unleidliches bezeichnet worden, und die Art und Weise, wie dagegen der bestehende Zustand in Schutz genommen wurde, konnte nur dazu dienen, die Schwäche der Gründe erkennen zu lassen, auf welchen derselbe beruht. Die Aufhebung der Preßfreiheit hat in andern Ländern zu krampfhaften Zuckungen und Revolutionen geführt; die Censur, wenn sie in Deutschland aufgehoben werden sollte, würde nicht die mindeste Sympathie, nicht das geringste zu ihrem Schutze bereite Moment in der Volksmeinung finden.

Vor Allem aber wird durch die Censur und die jetzt einmal angenommenen Grundsätze der Preßpolizei der Buchhandel in seiner freien Bewegung auf eine Weise gestört, wie kein anderes Geschäft, wie keine andere erlaubte Richtung der menschlichen Thätigkeit. Für kein Land in Europa ist der Buchhandel so wichtig, als für Deutschland, welches von jeher den Mittelpunkt europäischer Civilisation gebildet und von welchem aus alle Jahrhunderte hindurch die geistige Regsamkeit nach den verschiedensten Richtungen hin sich verbreitet hat. Der Flor des Buchhandels steht aber in engster Verbindung mit der Freiheit des Gedankenverkehrs, und er wird nicht bloß mittelbar, sondern auch unmittelbar von allen Beschränkungen getroffen, welche man jenem auferlegt. Soll der Buchhändler, wie jeder andere Geschäftsmann, günstige Konjunkturen benutzen, so muß er dem Bedürfnisse der Zeit folgen, wie dasselbe durch das Verlangen nach bestimmten Richtungen sich ausspricht. Werden aber diese Richtungen von der Censur ängstlich, mit übertriebener Strenge, ja werden sie überhaupt nur von einer mit präventiver Gewalt versehenen Polizei überwacht, so ist eine wahrhaft freie und an Edlem fruchtbare Thätigkeit der Intelligenz nicht möglich. [...]

Allein selbst abgesehen von dieser Beschränkung in der freien Bewegung der Litteratur und der dadurch bedingten Production für die Thätigkeit der Presse ist das Verlagsgeschäft auch noch von einer financiellen Unsicherheit umgeben, welche lähmend auf den Unternehmungsgeist einwirken muß und dadurch auch der Entwicklung der Geistesthätigkeit nachtheilig wird. Der Verleger, auch wenn er ein Geistesproduct auf völlig gesetzmäßige Weise erworben hat, wird damit noch nicht ermächtigt, dasselbe im Wege des Buchhandels wieder zu verkaufen, vielmehr hängt dies noch von dem Ermessen der Censur- und Polizeibehörde ab, so wie von den individuellen Ansichten, von welchen diese dabei auszugehen für nöthig hält. Ließe sich nun etwa nach feststehenden Grundsätzen in jedem einzelnen Falle vorhersehen, was die Censur für zulässig halten werde und was nicht, so wäre damit der Nachtheil wenigstens auf ein verhältnismäßig kleines Gebiet beschränkt; allein das ist auch bei dem reinsten Willen und bei der unbefangensten Ansicht in vielen Fällen ganz unmöglich. Die Handhabung der Censur ist von der subjectiven Auffassung und Anschauungsweise der Behörden, von deren Bildung, von ihrer größern oder geringem Ängstlichkeit, selbst von augenblicklicher Stimmung, so wie von einer großen Menge ähnlicher Zufälligkeiten nie zu trennen, und die Folge davon ist, daß nicht nur die Preßpolizei je nach der Eigenthümlichkeit der einzelnen Censoren im höchsten Grade verschieden geübt und sogar mißbraucht wird, sondern daß auch nicht einmal bei jedem Censor selbst auf eine strenge Consequenz gerechnet werden kann. Was der eine ohne Anstand passiren lassen würde, hält der andere für gefährlich, Personenwechsel oder neue, meist nicht einmal zur Kenntniß der Litteraten und Buchhändler gelangende Instructionen ändern fortwährend die ohnehin so schwankenden Voraussetzungen, auf welche der Buchhändler wie der Schriftsteller seine Rechnung zu machen hat, und eine Gleichmäßigkeit und Stabilität in den Verhältnissen ist nie zu erreichen.

Wenn nun aber das Stadium der Censur auch glücklich durchlaufen ist, so kann der Buchhändler die wohlerworbene Arbeit des Schriftstellers doch noch nicht sein freies Eigenthum nennen. Vorfälle, welche sich in den Königreichen Baiern, Sachsen und Hannover ereignet haben, beweisen, daß man daselbst den Grundsatz angenommen hat, auch censirte Druckschriften können von der Polizei durch Confiscation unterdrückt werden, und zwar ohne alle, oder doch ohne volle Entschädigung des Verlegers; nicht zu gedenken endlich der vielen Verbote, durch welche oft der eine Bundesstaat sich noch gegen einzelne litterarische Erzeugnisse des andern abschließt. Während die dem allgemeinen materiellen Verkehr hinderlichen Gränzen im Innern von Deutschland täglich mehr aufgehoben werden, besteht noch fortwährend eine Gränzsperre für den Austausch des Gedankens in so schroffer Gestalt, als man sie im vorigen Jahrhunderte wohl kaum für möglich gehalten hätte; eine Absperrung, welche um so nachtheiliger auf denselben einwirken muß, als die Litteratur eines Volkes naturgemäß doch nur im eigenen Lande einen eigentlichen Markt für den Absatz findet.

Wie sehr der deutsche Buchhandel das Gesetz achtet, selbst wo es ihn drückt, das hat er seit dem Bestehen der provisorischen Preßgesetzgebung des Bundes gewiß zur Genüge bewiesen. Seine ganze Thätigkeit und ein bedeutender Theil seines Capitals ist in einem weit höhern Grade, als bei irgend einem andern Gewerbe, der polizeilichen Willkür Preis gegeben, und es wäre in der That gewiß nicht auffallend, wenn die von daher zu erduldenden Beeinträchtigungen ihn zu einer fortwährenden Reaction veranlaßt hätten. Die Erfahrung zeigt das Gegentheil, indem Strafprocesse gegen Buchhändler gewiß im Allgemeinen zu den seltenem gehören; allein eben die pünktliche Befolgung der Censurvorschriften und die Unterwerfung unter so manche aus dem Gesichtspunkte des Rechts schwer zu vertheidigende Polizeimaaßregel hat uns Gelegenheit gegeben, die überwiegenden Nachtheile des jetzigen Zustandes in vollem Umfange kennen zu lernen, so wie darin auf der andern Seite auch die Gewähr liegt, daß auf den Gesetzlichkeits-Sinn der deutschen Buchhändler um so mehr zu rechnen sein würde, wenn sie in ihrer Thätigkeit nicht mehr polizeilicher Willkür unterworfen wären.

§ 6. Widerlegung der gewöhnlichen Einwürfe gegen die Zweckmäßigkeit der freien Presse

Die Litteratur in ihren verschiedenen Zweigen ist unter allen Umständen das unmittelbare Product, der Ausdruck, die vollkommenste, treueste Darstellung nicht nur der Bildung, sondern auch des Charakters, der Gesinnung, überhaupt aller sittlichen Eigenschaften eines Volkes. Ist daher die Gesinnung desselben gut und gesund, so kann deren natürlicher freier Ausdruck durch die Litteratur und die Presse im Ganzen unmöglich ein gefährlicher, staats- und sittenverderblicher sein. Wohl mögen bei einem Volke, wie beim einzelnen Menschen, die verschiedenen Richtungen der geistigen Thätigkeit vorübergehend in ein unrichtiges, krankhaftes Verhältniß unter sich gerathen; wohl mag dann zuweilen auch eine fehlerhafte, verdorbene Neigung augenblicklich sich geltend zu machen suchen: allein der an sich verständige Sinn wird sich immer sehr bald durch die Macht der Wahrheit, der Tugend, der Sittlichkeit und des Rechts die Herrschaft wieder zu erringen wissen und aus dem Kampfe nur um so kräftiger hervorgehen. So haben auch wir es erlebt, daß in der deutschen Litteratur unsittliche, auflösende Tendenzen hervortraten, und es hat nicht an Ängstlichen gefehlt, welche nach solchen Erfahrungen der deutschen Presse nicht Kraft genug zutrauten, um sich selbst gegen das Eindringen eines verderblichen

Geistes zu schützen. Allein jene Tendenzen, wie sehr dieselben auch zu verdammen sind, waren doch sicherlich nicht so gefährlich, als man sie bezeichnet hat, wie schon daraus hervorgeht, daß sie nirgend im Volke einen nur einigermaßen erheblichen und dauernden Anklang fanden. Die bedeutendste Wirkung, welche sie im deutschen Publicum hervorriefen, war die entschiedene Mißbilligung und Entrüstung, mit welcher sofort die edelsten Männer des Volkes dagegen auftraten, als sie sahen, daß es gelte, die Fundamente der Religion, der Sitte, der Familie und des Staates in Schutz zu nehmen. Die Staatsgewalt schritt ein und dämpfte die unreine Flamme durch verbietende Maaßregeln; vielleicht nicht ganz angemessen und gewiß ohne Noth, denn der Sieg des guten, gesunden Sinnes würde auch ohne Zwangsmaaßregeln nicht ausgeblieben und wahrscheinlich vollständiger gewesen sein, als jetzt, wo auch die Bessern nun es verschmäheten, den Kampf gegen diejenigen fortzusetzen, welche durch die Staatsgewalt zum Schweigen verurtheilt waren und sich nicht wehren konnten.

Ein anderer Vorwurf, welcher der deutschen Presse wohl gemacht worden ist, geht dahin, daß sie zum Theil unvaterländische Tendenzen verfolgt und fremden Einflüssen gehuldigt habe. Dieser Vorwurf findet überhaupt nur scheinbar und dabei, wie wir späterhin zu zeigen suchen werden, nur in einer sehr engen Beschränkung einen Anhaltspunkt in den äußern Thatsachen. Was aber überhaupt Wahres dabei zum Grunde liegt, das glauben wir hauptsächlich eben der Censur zur Last legen zu müssen, deren Wirkung grade hier in einer ganz eigenthümlichen und gewiß am wenigsten vorausgesehenen Weise sich gezeigt hat. Indem sie nämlich eine freimüthige Besprechung einheimischer, vaterländischer Zustände und Angelegenheiten so sehr erschwerte, zum Theil gradehin unmöglich machte, drängte sie den unabhängigen Theil besonders der deutschen Journalistik zu den Verhältnissen des Auslandes, welche der einfachen Mittheilung wie dem richtenden Urtheile einen weit freieren Spielraum darboten.

[…]

Daß bei einer freien Presse den deutschen Regierungen in einzelnen Fällen durch ungehinderte Besprechung besonders der innern Verhältnisse Unbequemlichkeiten bereitet werden würden, ist freilich nicht zu verkennen. Allein sollten selbst unleugbare Nachtheile damit verbunden sein – wie ja auch die beste Einrichtung dem Mißbrauche ausgesetzt ist – so würde man doch grade erst durch den Gebrauch der Preßfreiheit sich daran gewöhnen, zwischen einer bloßen Unbequemlichkeit und einem wirklichen Nachtheile zu unterscheiden und daneben die Überzeugung zu fassen, daß hauptsächlich den Regierungen die vollkommne Wahrheit selbst um den Preis einzelner Übertreibungen, Indiscretionen oder Entstellungen der Presse nicht zu theuer sein dürfte.

§ 8. Resultat

Wir glauben im Vorstehenden durch unwidersprechliche Zeugnisse der Geschichte und die eigenen Aussprüche deutscher Fürsten dargethan zu haben, daß die Veranlassungen zu der Beschränkung der im Artikel 18 der Bundesacte dem deutschen Volke zugesicherten Preßfreiheit nicht mehr vorhanden sind, daß ferner dieselbe besonders im deutschen Volke und für dieses keineswegs die nachtheiligen Folgen haben würde, welche man davon hie und da befürchtet, und daß die Presse das viele Gute, welches sie überhaupt gewähren kann, nur bei wirklicher Freiheit hervorzubringen im Stande ist. Daneben wird es aber auch ferner dargethan sein, daß die Buchhändler bei weitem mehr, als irgend eine andere Classe der Bevölkerung unter dem Drucke der Preßpolizei eben in materieller Hinsicht leiden, ja daß sie dadurch in ihrer freien Bewegung größern Beschränkungen unterworfen und größern Verlusten ausgesetzt werden, als jedes andere Gewerbe. Je dringender durch diese Erwägungen das so allgemein ausgesprochene Verlangen nach vollkommner Preßfreiheit unterstützt wird, desto gerechter und bescheidener muß dann die nächste Hoffnung erscheinen, daß einstweilen wenigstens in allen deutschen Bundesstaaten jene Beschränkungen sofort auf dasjenige Maaß vermindert werden, welches die Bundesgesetzgebung von 1819 und 1824 vorschreibt. Da die Bundesacte Freiheit der Presse als Grundsatz aufstellt, so kann es unmöglich mit der Bundesgesetzgebung in Einklang gebracht werden, daß in einzelnen Staaten noch fortwährend Präventivmaaßregeln vorgeschrieben sind, welche viel weiter gehen, als die Gränzen der Bundesbeschlüsse von 1819 und 1824, indem sie zum Beispiel auch für solche Druckschriften, die mehr als zwanzig Bogen stark sind, eine vorgängige Censur erfordern. In allen übrigen Fragen und besonders da, wo dem deutschen Volke neue Verpflichtungen auferlegt werden sollen, steht es als unbestrittenes Princip fest, daß die Bundesgesetzgebung ohne Weiteres auch für die einzelnen Bundesstaaten Rechtsgültigkeit hat, und zwar in dem Maaße, daß sie in keinem Punkte durch die Gesetzgebung der letzten abgeändert werden kann; nur in Ansehung der Preßverhältnisse besteht thatsächlich die schwerlich zu rechtfertigende Ausnahme, daß Abweichungen von den Bundesbestimmungen, jedoch nur insofern sie die Presse noch mehr beschränken, stillschweigend geduldet werden. Daraus entspringt aber nicht nur eine Ungleichmäßigkeit in den gesetzlichen Verhältnissen der einzelnen Staaten, sondern auch eine Beeinträchtigung der Rechte des litterarischen Verkehrs, welchem doch mindestens ein rechtsbegründeter Anspruch auf Dasjenige zusteht, was die späteren Bundesbeschlüsse selbst von der verheißenen Freiheit der Presse übrig gelassen haben.

Wir geben uns daher der Hoffnung hin, die hohe Staatsregierung des

Königreichs Sachsen, von jeher die Beschützerin der Wissenschaften, der Lehrfreiheit, der Aufklärung, der Litteratur, des Buchhandels und unsers Vereins, wolle Sich auch in diesem Punkte unserer wie des Vaterlandes gemeinschaftlicher Interessen huldreichst annehmen und durch kräftige Verwendung bei dem hohen deutschen Bunde veranlassen:

daß zunächst die Beschränkung der Presse in allen deutschen Staaten, namentlich auch im Königreiche Sachsen auf das bundesgesetzliche Maaß als ein Minimum reduciert, also der Druck aller mehr wie zwanzig Bogen haltenden Werke von der Censur befreit; daß aber dann auch die Bestimmung im Artikel 18$^d$ der Bundesacte durch die Wiederherstellung der vollkommnen Preßfreiheit selbst endlich zur Wirklichkeit werde.

Indem wir nun die Begründung der Wünsche der deutschen Buchhändler damit der Hohen Königl. Sächsischen Staatsregierung ehrfurchtsvoll vorgelegt haben, glauben wir nach unserer Kenntnis des deutschen Publicums schließlich noch die Überzeugung aussprechen zu dürfen, daß, wie jede Erweiterung, so auch die Gewährung völliger Preßfreiheit in Deutschland einerseits keine irgend erheblichen Nachtheile zur Folge haben, andererseits aber alle wahrhaft nationalen Interessen in außerordentlicher Weise fördern, dem öffentlichen Vertrauen, der Liebe und Anhänglichkeit der Völker einen neuen Stützpunkt geben, die Herrschaft des Rechts sichern, das Nationalgefühl heben und stärken und den Glanz des deutschen Namens verherrlichen würde.

Leipzig, am 3. Mai 1842.
Der dermalige zweite außerordentliche Ausschuß des
Börsenvereins der deutschen Buchhändler.
Heinrich Brockhaus. J. F. Danckwerts. E. Enke. Th. Chr. Fr. Enslin.
Heinrich Erhard. Friedr. Fleischer.
Fr. J. Frommann. D. Härtel. Eduard Vieweg. Chr. Winter.

# Kommentar

## I. Einzelhinweise und Textanalysen

**Die Karlsbader Beschlüsse. Preßgesetz**
(»Provisorische Bestimmungen hinsichtlich der Freiheit der Presse«)
vom 20. September 1819

*Satzvorlage:* Protokolle der Bundesversammlung 1819, 35. Sitzung, § 220. – Wiederabdruck: Huber, Dokumente I, S.102–104.

Die Karlsbader Beschlüsse sind Ergebnis der Ministerkonferenzen, die vom 6. bis 31. August 1819 in Karlsbad unter Teilnahme von zehn Länderregierungen des Deutschen Bundes stattfanden. Anlaß dazu war die Ermordung des Schriftstellers August von Kotzebue durch den Burschenschaftler Karl Ludwig Sand am 23. März 1819. Das Attentat war den im Deutschen Bund maßgeblichen konservativen Kräften, Österreich und Preußen, willkommener Anlaß zum offensiven Vorgehen gegen angebliche »demagogische Umtriebe« der gegen die restaurative Tendenz des neu errichteten Staatenbundes opponierenden bürgerlichen Bewegung. Als ihr Kern galten die nach den Freiheitskriegen an den deutschen Universitäten entstandenen Burschenschaften.

Zu den Vorkonferenzen, auf denen die entscheidenden Beschlüsse gefaßt wurden, ließ Metternich, in Abstimmung mit Hardenberg, die Vertreter der zehn Länderregierungen einladen, mit denen er Übereinstimmung für seine Pläne erzielen zu können glaubte, nämlich Österreich, Preußen, Bayern, Sachsen, Hannover, Württemberg, Baden, Nassau, Mecklenburg-Schwerin und -Strelitz. Dieses Vorgehen verstieß gegen die bundesrechtlich verbriefte Gleichheit aller Gliedstaaten. Den Gesandten der restlichen Länder wurden die Entwürfe, die ein Universitätsgesetz, ein Pressegesetz, ein Untersuchungsgesetz und eine neue Exekutionsordnung umfaßten, zur Entscheidung innerhalb von nur vier Tagen vorgelegt. Die Frist war planmäßig so kurz gehalten, um die Einholung von Instruktionen von den Länderregierungen und eine Verständigung der Länder untereinander, die zum Protest hätten führen können, zu verhindern. Auch dies war bundesrechtlich unzulässig. Vorbehalte einzelner Gesandter, wie der Sachsens und Württembergs, zum Inhalt der Entwürfe und der Form des Vorgehens wurden zwar in einem geheimen Protokoll festgehalten; offiziell jedoch wurden die Beschlüsse als einstimmig angenommen deklariert. Damit waren die Karlsbader Beschlüsse zu Bundesgesetzen erklärt, die trotz vielfacher Widerstände beim notwendigen landesgesetzlichen Vollzug noch im Oktober 1819 im Gesamtbereich des Deutschen Bundes in Kraft traten.

Die Geltungsdauer des Pressegesetzes war – auf Betreiben liberaler Vertreter im Bundestag – entgegen dem ursprünglichen Willen Österreichs zunächst auf fünf Jahre begrenzt worden. Die Regie Metternichs jedoch verstand es, die Verhandlungen für eine Neufassung des Gesetzes wiederum so kurzfristig vor dem Außerkrafttreten des Provisoriums, am 16.8.1824, anzusetzen, daß die überrumpelten Ländervertreter es aus Mangel an Beratungszeit schließlich zum definitiven Gesetz erklärten, das bis März 1848 galt.

*8/11 20 Bogen*: Ein Druckbogen umfaßt 16 Seiten.
*8/29 vorbeugender Maßregeln ... gerichtliche Verfolgung und Bestrafung*: Damit wird dem System der Präventivzensur eindeutig der Vorrang eingeräumt vor dem fortschrittlichen System der Nachzensur auf der Basis eines Pressegesetzes, wie es im liberalen Rechtsdenken der Zeit propagiert und von der oppositionellen Bewegung gefordert wurde.
*9/32 commissarisch*: durch einen Ausschuß
*10/39 18. Artikel der Bundes-Acte*: Die »Deutsche Bundesacte« vom 8. Juni 1815 enthält die als Ergebnis des Wiener Kongresses (1.11.1814– 9.6.1815) formulierte Verfassung des Deutschen Bundes – allerdings nur in Form eines knappen Rahmenvertrages. Artikel 18 d, der unter anderem die Pressefreiheit betrifft, lautet: »Die Bundesversammlung wird sich bey ihrer ersten Zusammenkunft mit Abfassung gleichförmiger Verfügungen über die Preßfreiheit und die Sicherstellung der Rechte der Schriftsteller und Verleger gegen den Nachdruck beschäftigen«. (Huber, Dokumente I, S. 90) Auf diese programmatische Aussage, die allerdings der Präzisierung und Legalisierung durch ein Bundesgesetz bedurft hätte, beriefen sich in der Folgezeit die Forderungen der oppositionellen Bewegung. Der Vertrag wurde bis 1848 nicht eingelöst.

### Die Geheimen Wiener Beschlüsse vom 12. Juni 1834

*Satzvorlage:* J. L. Klüber/C. Welcker, Wichtige Urkunden für den Rechtszustand der deutschen Nation. ²1845, S. 350 f.

Die »Sechzig Artikel« der sogenannten »Wiener Beschlüsse« sind das Ergebnis der Wiener Ministerkonferenzen (Januar bis Juni 1834), auf denen die Bevollmächtigten des Engeren Rates der dem Bundestag angehörenden Regierungen versammelt waren.

Auch diese Konferenzen waren von Metternich, im Einvernehmen mit dem preußischen Außenminister Ancillon, angeregt worden. Die neuen Vereinbarungen waren durch den Frankfurter Wachensturm vom 3.4.1833 veranlaßt. Mit ihnen sollte der nach der Französischen Julirevolution von 1830 mit den *Sechs* und den *Zehn Artikeln* (1832) begonnene Kampf gegen die Freiheitsbewegungen und ihre schärfste Waffe, eine freie Presse, weitergeführt werden. Ziel war eine weitere Zentralisation der Macht, unter anderem durch eine straffere Organisation der Behörden. Nach dem so erfolgreichen Vorbild der Karlsbader Konferenzen fanden die entscheidenden Vorberatungen wiederum nicht im Plenum, sondern im kleinen Kreis der Vertreter zuverlässiger Gliedstaaten, hier der stimmführenden Mächte des Engeren Rates, statt. Es folgten allerdings langwierige Verhandlungen kontroverser Staatengruppen im Bundestag, bevor es am 12.6. zu einem Beschluß kam.

Die die Zensur betreffenden Artikel 28–35 der »Wiener Beschlüsse« wurden, ebenso wie die über die Beschränkung der landständischen Rechte und die Gerichtsbarkeit in den Gliedstaaten, auf Vereinbarung der Minister hin streng geheimgehalten, um die unsichere Situation der konstitutionellen Länder nicht weiter zu gefährden. Sie wurden der Bundesversammlung nicht zum Gesetzesbeschluß vorgelegt, hatten aber gleiche Wirkungskraft wie Bundesgesetze, da die Regierungen sich im Artikel 60 d des Wiener Protokolls verpflichten mußten, sich an die geheimen Artikel »als das Resultat einer Vereinbarung zwischen den Bundesgliedern ebenso für gebunden (zu) erachten, als wenn dieselben zu förmlichen Bundesbeschlüssen erhoben worden wären.« (Klüber / Welcker, s. o.) Die Befristung der Beschlüsse über die Presse und die Universitäten auf sechs Jahre, die auf Betreiben Bayerns zustande gekommen war, wurde mit Ablauf des Termins, 1840, aufgehoben.

*11 / 10 provisorischen Preßgesetz*: vgl. Preßgesetz der Karlsbader Beschlüsse, S. 8
*11 / 24 § 6 des provisorischen Preßgesetzes*: s. S. 9
*12 / 15 20 Bogen*: s. Anm. zu S. 8
*12 / 25 ständische Protokolle*: Protokolle der Versammlungen der ständischen Kammern in den Parlamenten der konstitutionellen Staaten des Deutschen Bundes.
*12 / 27 Artikel 26*: Der Artikel 26 der Geheimen Wiener Beschlüsse verbietet den Rednern der ständischen Kammern »Mißbrauch des Wortes (sei es zu Angriffen auf den Bund oder einzelne Landesregierungen, sei es zur Verbreitung die rechtmäßige Staatsordnung untergrabender oder ruhestörender Grundsätze und Lehren)«.
*12 / 36 Zeitblätter*: Periodisch erscheinende Schriften.

## Verbot der Schriften des Jungen Deutschland.
## Bundesbeschluß vom 10. Dezember 1835

*Satzvorlage:* Protokolle der deutschen Bundesversammlung 1835, 31. Sitzung, § 515. – Wiederabdruck: Huber, Dokumente I, S. 151 f.

Das Verbot der Schriften des Jungen Deutschland wurde am 10. Dezember 1835 durch Bundesbeschluß erlassen. Ihm war bereits seit 1834 eine publizistische Hetzkampagne gegen oppositionelle Autoren vorausgegangen, deren treibende Kräfte außer Metternich, der in Heine die »Spitze der Bewegung« sah, vor allem in der preußischen Regierung und in Berliner protestantischen Kirchenkreisen zu suchen sind. Die Kampagne hatte begonnen mit dem Auftragspamphlet »Heinrich Heine und Ein Blick auf unsere Zeit«, das dem preußischen Außenministerium entstammt, bewirkte dann die preußische Ministerialverfügung vom 14. November 1835 und schließlich den Bundesbeschluß.

Die literarische Bewegung, die in diesem Beschluß in deutlich diffamierender Absicht als Junges Deutschland deklariert wird, war nie eine feste literarische Gruppe oder Schule. Vielmehr bezeichnet der Begriff heute eine stark auf Wirkung durch Literatur ausgerichtete Tendenz innerhalb der politischen oppositionellen Bewegung des Vormärz, ohne fest umrissenes politisches oder literaturtheoretisches Programm. – (Vgl. auch Stein, »Vormärz«, S. 6 ff. und Wülfing.) Der personelle Umfang des Verbotes bleibt auch im Verbotstext selbst unklar, ebenso das Ausmaß des Verbotsbereichs, was die Unterdrückung der künftigen Schriften der betroffenen Autoren angeht. Als juristisch bedenklich galt das Edikt schon in der fachkompetenten Rezeption der Zeit. Die Aufforderung, die Gesetze »nach ihrer vollen Strenge« anzuwenden, enthält eine Stufung in der Rechtsauslegung, die bereits den Zeitgenossen anfechtbar erschien. Collmann schrieb schon 1844: »Was hat das für eine Bedeutung, wenn die Bestimmung als die hauptsächlichste an die Spitze des Beschlusses gestellt wird, daß sämtliche Regierungen die Verpflichtung übernehmen, gegen gewisse Personen die Straf- und Polizeigesetze ihres Landes sowie die gegen den Mißbrauch der Presse bestehenden Vorschriften nach ihrer vollen Strenge in Anwendung zu bringen? Soll das Recht nach Ansehen der Person gehandhabt werden? Soll dasselbe Preßvergehen, das H. Heine begeht, härter bestraft werden als wenn es ein anderer begangen hätte?« (Collmann: Quellen, S. 725; zit. nach Schneider, Pressefreiheit, S. 266)

Als neu, einmalig und letztlich undurchführbar stellte es sich für die Behörden heraus, eine ganze literarische Richtung mundtot zu machen. Der Bundesbeschluß wurde denn auch faktisch nicht angewandt und 1842 schließlich offiziell wieder aufgehoben. Dennoch war er –was seine abschreckende, teils demoralisierende, teils ideologisch klärende Wirkung betrifft – unter den Maßnahmen der Bundesversammlung gegen die Meinungsfreiheit, die in den 1830er Jahren zur Stützung der vorhandenen Bundes-Ausnahmegesetze zusätzlich ergriffen wurden, der für die deutsche Literatur folgenreichste. Vgl. auch H. Heine: »Erörterungen« (S. 15 ff.) und den um das Verbot von Gutzkows Roman »Wally, die Zweiflerin« entfachten Literaturstreit.

*13/12 unter der Benennung ... gebildet hat*: s. o.

*14/14 Hoffmann- und Campe'sche Buchhandlung*: Julius Campe (1792–1867), 1823 bis 1867 Inhaber des Hoffmann und Campe Verlags in Hamburg, war einer der wenigen Verleger, die unter der massiven Repression Metternichscher Innenpolitik innerhalb der Grenzen des Deutschen Bundes ein oppositionelles Verlagskonzept überwiegend liberalen Zuschnitts gegen Zensur und Verbot erfolgreich durchzusetzen vermochten. Er fungierte für seine Autoren als Kontrollinstanz für die literaturpolitische Realität im Machtbereich des Deutschen Bundes, ohne sie, bei aller Abhängigkeit von den Mechanismen des Literaturmarktes, den Pressionen staatlicher Literaturpolitik völlig auszusetzen. – Vgl. auch S. 146 ff.

## Bundesbeschluß über die Einführung der Preßfreiheit vom 3. März 1848

*Satzvorlage:* Protokolle der Bundesversammlung 1848, 12. Sitzung, § 119. – Wiederabdruck: Huber, Dokumente I, S. 329.

Unter dem Eindruck der französischen Revolution vom Februar 1848 war die politische Unruhe auch in den Ländern des Deutschen Bundes gewachsen und hatte seit Anfang März an vielen Orten zu revolutionären Erhebungen geführt. In den revolutionären Programmen, den sog. »Märzforderungen«, nahm die Forderung nach Pressefreiheit neben der nach Vereins- und Versammlungsfreiheit und dem Anspruch auf Wahl der Nationalvertretung eine vorrangige Stellung ein. Der Bundestag in Frankfurt räumte den Einzelstaaten am 3. März 1848 – im ersten der von ihm erlassenen Gesetze – das Recht zur Einführung der Pressefreiheit ein. Das Bundespressegesetz vom 20. September 1819 war damit praktisch aufgehoben.

## Heinrich Heine: Erörterungen. 1836

*Satzvorlage:* Heine 5, S. 22–26.

Die »Erörterungen« wurden im April 1836 für Cottas »Augsburger Allgemeine Zeitung« geschrieben, die aber nur eine Zusammenfassung des ersten Absatzes druckte (8.8.1836, Nr. 192, Außerordentliche Beilage 211/212). Zu Heines Lebzeiten blieb der Text unveröffentlicht.
  Unmittelbarer Anlaß für seine Entstehung war ein Brief von Heines Verleger Julius Campe vom 15. März 1836 an den Autor mit der Mitteilung, daß er das Manuskript zum 3. Teil des »Salon« der preußischen Zensur in Berlin vorgelegt habe. Es handelte sich um die erste Veröffentlichung eines Heine-Textes nach dem Bundesbeschluß gegen die Schriften des Jungen Deutschland (s. S.13 f.). Er untersagte Heine – neben vier anderen Autoren – jede weitere Veröffentlichung in Deutschland und verwarnte den Verlag Hoffmann und Campe wegen des Verlags der Schriften eben dieser Autoren. Nach dem schlechten Absatz der ersten beiden »Salon«-Bände hatte Campe das drohende Verlagsverbot und weitere finanzielle Einbußen durch ein potentielles Verbot des neuen »Salon«-Bandes in Preußen, seinem größten und ertragreichsten Absatzgebiet, vermeiden wollen. Deshalb hatte er sich entschlossen, das Manuskript der preußischen Zensur vorzulegen, obwohl es, betrachtet man das Bundesverbot nicht als gültige Rechtsnorm, bei einem Umfang von mehr als 20 Bogen von der Vorzensur befreit gewesen wäre und obwohl Heine selbst bereits alle Textpartien ausgemerzt hatte, von denen er annahm, daß sie Anstoß erregen könnten, nämlich die politischen und religiösen.
  Der Text gehört in den größeren Zusammenhang von Heines Aussagen zum Thema »Schriftstellernöte«, in denen er Stellung nimmt zu den Bedingungen seines Schreibens unter der Zensur. Die »Erörterungen« markieren den Stand von Heines Einsicht in diese Zusammenhänge nach dem Verbot von 1835, auf das er mit diesem Aufsatz erstmals öffentlich reagiert (sieht man von seinem Brief »An die Hohe Bundesversammlung« vom 28.1.1836 ab).
  Behördliche Eingriffe in Heines literarische Produktion setzten zwar bereits 1827 mit regionalen Verboten der »Reisebilder« Teil 2 ein. Mit dem Verbot von 1835 aber tritt die Geschichte dieser Zensur-Eingriffe – analog zu den verschärften und zentrierten Formen staatlichen Handelns gegen Literatur – in eine neue Phase ein, die der offenen Konfrontation. Heine formuliert jetzt erstmals seine Erkenntnisse über die Zusammenhänge der politisch-ökonomischen Front gegen die neue Literatur. Erstmals erwägt er die Grenzen seines bisherigen, bzw. die Möglichkei-

ten eines neuen Verhaltens gegenüber den staatlichen Machthabern. So etwa, wenn er auf die äußerste der in der preußischen Ministerialbürokratie akzeptierten liberalen Wertnormen, den Wirtschaftsliberalismus zielend, den freien Schriftsteller als Produzenten und literarische Produktivität bzw. Produkte als sein Kapital annimmt, für das er freie Wertrealisierung auf freiem Markt fordert. Und wenn er, von dieser Prämisse und damit von einem im preußischen Staat propagierten ökonomisch-moralischen System ausgehend, den ökonomisch-moralischen Doppelcharakter der ihm durch die Zensurbeschränkung zugemuteten Situation entlarvt. Er deckt die Unglaubwürdigkeit eines Staates auf, der, wie der preußische, die von der eigenen Ministerialbürokratie aufgestellten Wertnormen selbst nicht praktiziert. Die Tatsache, daß Heine sich durch Verbote gezwungen sieht, seine literarischen Meinungen und mittels ihnen auch seine Person für sein eigenes Geld an Preußen zu verkaufen, entlarvt er als Rückfall progressiv-bürgerlichen Bewußtseins in die ökonomische Form der Sklaverei.

Das literarische Mittel, diesen Normendissens sichtbar zu machen, und damit eine Bewußtseinsveränderung beim Leser zu initiieren, ist weniger die Argumentation, als eine neue, die »strategische Schreibform« (Briegleb, Schriftstellernöte, S. 152). Sie umfaßt im Fall der »Erörterungen« sowohl eine neu entwickelte Gattung, die des »offenen Briefes«, als auch eine bisher unbekannte Operationalisierung des Stils, Heines vielgerühmte »Stildiplomatie« (s. auch S. 153 ff.). In den »Erörterungen« verfolgt sie – neben einer direkt aufklärerisch-informatorischen Absicht (etwa, wenn Heine den Leser gleichzeitig quasi nebenbei über die ursprünglichen Inhalte und Intentionen seiner von der Zensur verstümmelten Schriften unterrichtet) und den von Heine stets weidlich genutzten Möglichkeiten zur Imagepflege – u. a. die Absicht, zu decouvrieren.

Die Auseinandersetzung Heines mit seinem Verleger, den er in seiner Haltung gegenüber der Zensur vorschnell und vordergründig als ausschließlich ökonomischem Kalkül unterworfen und damit in einer Front mit den staatlichen Machthabern sieht, spielt in den »Erörterungen« eine untergeordnete Rolle. In dem offenen Brief »Schriftstellernöten« an Campe (3.4.1839) wird dieser Konflikt aufbrechen.

*15/17 meinem Verleger*: Bei Julius Campe (s. o. Anm. zu S. 14) erschienen von 1826 bis zu Heines Tod 1856 nahezu alle deutschsprachigen Buchausgaben Heinescher Werke (Ausnahmen: »Vorrede zu H. Heines Französischen Zuständen«, »Zur Geschichte der neueren schönen Literatur in Deutschland« und die Einleitungen zu »Don Quixote« und »Shakespeares Mädchen und Frauen«).

*15/20 vor etwa sechs Wochen*: am 22. März 1836.
*15/31 das betrübsame Dekret*: der Bundesbeschluß vom 10. Dezember 1835 (s. S. 13), den Heine am 30. Januar 1836 mit einem Brief »An die Hohe Bundesversammlung« erwidert hatte.
*16/5 die Meinung der bedeutendsten Juristen*: nach Briegleb (Heine 5, S. 608) hat »die Berufung auf Auslegungsautoritäten« v. a. taktischen Charakter.
*16/5 Responsum*: schriftlicher Bescheid
*16/16 Denunziation eines Schriftstellers*: Wolfgang Menzel, dessen »Wally«-Kritik das Bundesverbot mit ausgelöst, es aber nicht bewirkt hatte.
*16/32 2te Teil des »Salon«*: »Zur Geschichte der Religion und Philosophie in Deutschland«, 1835.
*17/5 antideistischen*: als Deismus wird eine in Deutschland v. a. im 18. Jahrhundert verbreitete rationalistische Religionsauffassung bezeichnet, nach der nur Vernunftgründe und nicht die Autorität der Offenbarung zur Legitimation theologischer Rede zugelassen werden. Der Deismus lieferte entscheidende Anstöße zur Bibelkritik der deutschen Aufklärung, die in der religionsphilosophischen Thematik der literarischen Opposition der Vormärzzeit wieder aufgenommen und fortgeführt wurde. Eine antideistische Argumentation, wie Heine sie aus der Verstümmelung seines »Salon« Teil 2 herauslesen möchte, würde seine Religionsauffassung ins Gegenteil verkehrt haben.
*17/9 protestantischen Sinne*: Nach Heines Argumentation in den hier genannten Schriften ist das »protestantische Prinzip« ein wichtiger Anhaltspunkt für den Glauben an »Denkfreiheit« und d. h. auch Pressefreiheit. Heine konstruiert eine Parallele zwischen seiner Situation gegenüber dem Deutschen Bundestag und dem Auftritt Luthers vor dem Reichstag im Worms 1521 (vgl. dazu Heine 5, S. 600 f.).
*17/14 ultramontanen Schule*: Der Begriff »ultramontan« entwickelte sich in der ersten Hälfte des 19. Jahrhunderts zum Schlagwort, mit dem man – in abwertender Tendenz – eine katholisch-kirchen- und papsttreue Gesinnung kennzeichnete, die – entgegen der Neuerungsbewegung für religiöse Innerlichkeit und Nationalkirche – das politische Machtstreben von internationalem Kirchen- und Papsttum anerkannte. Die Entwicklung des »Ultramontanismus« hing zusammen mit dem Wiedererstarken religiöser Kräfte in der geistlichen Restaurationsbewegung, die einen offiziell geförderten und organisierten Kampf gegen jede aufklärerische und oppositionelle Tendenz in Deutschland führte. Als Zentrum des katholischen Anteils dieser geistlichen Restauration sah Heine das München Ludwigs I. (1825–1848). Er hatte mit seinem Re-

gierungsantritt begonnen, geistige Kräfte um sich zu sammeln, die der Propagierung und ideologischen Stärkung seiner konservativen Kulturpolitik dienlich sein konnten. So hatte er 1827 Schelling und Görres, die beide der romantischen Bewegung entstammten und sich einem teils militanten Katholizismus zugewandt hatten, als einflußreiche Professoren für Philosophie (Schelling) und Geschichte (Görres) nach München berufen, Heines gleichzeitige Bewerbung um eine Münchner Professur für Literaturgeschichte dagegen abgelehnt. Seit dieser Zurückweisung verfolgte Heine Ludwigs Kulturpolitik mit wachsendem Mißtrauen.

*17/22 vindizierte*: hier: behaupten, verteidigen.
*17/25 Kontumazialurteil*: Urteil in Abwesenheit des Angeklagten.
*17/27 gemütlich*: nach Briegleb (Heine 5, S. 609) in der alten Bedeutung »souverän in sich selbst ruhend« gebraucht.
*17/36 promulgiert*: verbreitet, realisiert.
*17/36 inkulpierten*: beschuldigten.
*18/4 Exploitation*: Ausbeutung.
*18/9 mehren Sendschreiben*: z. B. Briefen seines Onkels Henry Heine (25.3.1836) und Julius Campes zum Bundesbeschluß (12. und 18.1., 16.2.1836).
*18/24 neuere Polizeiverordnung*: vom 16. Februar 1836.
*18/25 Debit*: Verkauf.
*19/9 ich hätte mich ... eigenes Geld*: (Heine an Cotta, 29.3.1836; vgl. Heine 5, S. 610 f. u. o.).
*19/15 Antezedens*: Ursache, Grund.

## Ferdinand Freiligraths Gedichte »Die Freiheit! das Recht!« und »Trotz alledem!« 1843/44

Ferdinand Freiligrath (1810–1876) machte 1843 eine einschneidende politische Wandlung durch, die sich auch literarisch manifestierte. Seit seiner ersten Sammlung exotischer Gedichte (1838) war er als »Zeitdichter« gemäßigt liberaler Couleur zu Ansehen gelangt. Noch Anfang 1843 hatte er in einer seit 1842 schwelenden öffentlichen Auseinandersetzung mit Herwegh um Parteilichkeit und Überparteilichkeit des Schriftstellers auf seinem Plädoyer für eine »tendenzfreie« Poesie beharrt (vgl. das Gedicht »Aus Spanien« vom November 1841, das die Auseinandersetzung mit Herwegh ausgelöst hatte). Er zog damit einmal mehr die Gegnerschaft der literarischen und politischen Opposition auf sich, nachdem er bereits 1836 in der Kontroverse zwischen Heine und den Schriftstellern der »Schwäbischen

Schule« um die gleiche Thematik die Position der von Heine angegriffenen konservativen Literaten eingenommen hatte (vgl. Buchner I, S. 166). Da Freiligrath seit 1842 Empfänger einer königlich preußischen Staatspension von jährlich 300 Talern war, geriet er mit seiner staatsloyalen Position zudem in den Geruch der Bestechlichkeit.

Die politischen und v. a. die zensurpolitischen Ereignisse des Jahres 1843 aber – das Verbot der »Rheinischen Zeitung«, der »Deutschen Jahrbücher für Wissenschaft und Kunst« (s. S. 88) und der »Leipziger Allgemeinen Zeitung«, die Relegation des politischen Lyrikers und Breslauer Professors Hoffmann von Fallersleben (s. S. 164 f.), die Verschärfung der Zensurmaßnahmen in Preußen – führten auch bei Freiligrath zu einem Prozeß politischer Bewußtseinsbildung. Er setzte später ein und ging langsamer vor sich als bei anderen Vertretern der bürgerlichen Intelligenz, führte Freiligrath aber schließlich (wie vor ihm Börne, Heine, Herwegh und Marx) ins politische Exil (1844–1848) und zur publizistischen Zusammenarbeit mit Marx (1848 »Neue Rheinische Zeitung«). Nach 1870 allerdings kehrte er, wie viele Liberale, wieder zu einer dem Nationalismus des Zweiten Kaiserreichs verpflichteten Haltung zurück. Freiligrath selbst will diesen Prozeß der politischen Klärung und Radikalisierung begriffen wissen als Entwicklung und nicht als Konversion.

Die Stagnation seiner poetischen Produktivität, die diesem Politisierungsprozeß vorausgegangen war, bleibt aus seinen Erklärungsversionen ausgeschlossen, dürfte aber nicht ohne Bedeutung für diese Entwicklung gewesen sein; führte sie doch zu Freiligraths literarisch produktivster Phase.

Die beiden hier abgedruckten Gedichte vom Dezember 1843 markieren den Anfang dieser Entwicklung. Die im Februar 1844 getroffene Entscheidung, weitere königliche Pensionszahlungen abzulehnen, kam – als politischer Akt – einer Absage an die Regierungsform der konstitutionellen Monarchie, einem Bekenntnis zur revolutionären Demokratie gleich und wurde von Freiligrath auch so verstanden (vgl. Briefe an Schücking, 3. 2. 1844; an Buchner, 11. 2. 1844; an Geibel, 26. 2. 1844). Ein politischer Akt war auch die gleichzeitig eingereichte Beschwerde gegen das Veröffentlichungsverbot der beiden Gedichte in der »Kölnischen Zeitung« (s. S. 22).

Die Gründe, mit denen sich Freiligrath gegen das Verbot zur Wehr setzt, bleiben sehr allgemein. Er beruft sich pauschal auf das Recht auf Gedankenfreiheit und – im Fall der Burns-Nachdichtung »Trotz alledem!« – zusätzlich auf den geringen innovatorischen Wert des Gedichts, das bereits unbeanstandet in deutscher Übersetzung verbreitet sei (Briefe an Buchner, 3. 1. 1844 und Geibel, 26. 2. 1844). Damit verharmlost er seine literarische Aussage. Das Oberzensurgericht dagegen las und begründete genauer.

Die Grundgedanken der beiden Gedichte – die Forderung nach Freiheit, Recht und Gleichheit an sich – werden als berechtigt und auch in literarischer Form darstellenswert akzeptiert. Beanstandet werden »Wendung und Beziehung«, die »aufregende Weise«, in der diese Gedanken in Freiligraths Texten zur Sprache kommen – und d. h. letztlich, ihr mit Tendenz und Polemik arbeitender agitatorischer Impuls. Verhindert werden soll die politische Konkretisierung, die der Freiheits-, Rechts- und Gleichheitsgedanke in den beanstandeten Texten zweifellos erfährt.

So etwa, wenn in »Die Freiheit! das Recht!« auf die Zensurpraxis in Preußen angespielt wird, die ja nicht zuletzt Grund für Freiligraths politische Linkswende war; wenn konkrete Fälle und Formen der Verfolgung Oppositioneller benannt werden und – mit der Formulierung von der »einzelnen Schlappe« – Bezug auf einen aktuellen politischen Eklat in den preußischen Rheinprovinzen im Herbst 1843 genommen wird: die scharfe obrigkeitsstaatliche Reaktion Friedrich Wilhelms IV. auf die Beschlüsse des rheinischen Landtags, mit denen dieser einen Gesetzesentwurf zur Vereinheitlichung des Strafrechts abgelehnt und einen freiheitlicheren nach dem Vorbild des Code Napoleon gefordert hatte.

Die Art, in der Freiligrath die politische Situation Deutschlands mit der der unterdrückten Nationalstaaten im Freiheitskampf gleichsetzt (4. Strophe), kann allerdings als ein in der politischen Lyrik des Vormärz durchaus übliches, fast formelhaft verwendetes Versatzstück gelten. Mit der Bindung des Freiheitsbegriffs an den Rechtsbegriff aber, die in der Schlußformulierung »die Freiheit durchs Recht« kulminiert, wird die innerhalb der politischen Opposition durchaus gemäßigte Forderung nach einer liberalen Verfassung durch ihren Parolencharakter ins Agitatorische gewendet.

Den Charakter des kämpferischen Aufrufs nimmt auch Freiligraths Übertragung des Burns-Liedes »Song – For a' that and a' that« an. Die Veränderungen, die gegenüber dem Original und auch gegenüber der Übersetzung H. J. Heintzes in der Westermannschen Ausgabe von 1840 vorgenommen werden, weisen in diese Richtung.

Der von Freiligrath angestimmte Ton ist höher als der des Originals; pathetischer ist auch die Wort- und Bildwahl. Inhaltlich wird das Gedicht zum kämpferischen Aufruf, indem es zwei Motive der radikaleren, demokratischen Richtung politischer Lyrik verstärkt; die Arm-Reich-Thematik, die Freiligrath wesentlich kontrastreicher gestaltet als dies im Original vorgegeben ist und das Schlußmotiv von der »Bruderhand«, zu dem er Burns' Wunschbild von der weltweiten Verbrüderung der Menschen umformt und damit im Sinne der radikalen Demokraten und gegen den nationalen Liberalismus politisch umdeutet und konkretisiert.

»Die Freiheit! das Recht!«

*Satzvorlage:* Ferdinand Freiligrath: Ein Glaubensbekenntniß. Zeitgedichte: Mainz: Verlag von Victor von Zabern. 1844.

Das Gedicht entstand am Dezember 1843 und wurde im August 1844 in Freiligraths Gedichtsammlung »Ein Glaubensbekenntniß« (s. o.) publiziert. Zwei vorausgegangene Versuche zur Veröffentlichung in Zeitschriften schlugen fehl. Eduard Duller, dem es Freiligrath für die Zeitschrift »Das Vaterland« zugeschickt hatte, wies es bereits einen Tag später ab. Die Gründe sind unbekannt, dürften aber mit Dullers politischer Vorsicht, die 1835 schon zur Trennung von Gutzkow geführt hatte, zusammenhängen. Die Veröffentlichung in der »Kölnischen Zeitung«, die Freiligrath daraufhin anstrebte, wurde durch das Verbot des Kölner Zensors Wenzel verhindert. Der Kölner Verleger Joseph Du Mont-Schauberg, der auch die »Kölnische Zeitung« herausgab, ermöglichte dann unter Umgehung der Vorzensur mittels der 20 Bogen-Grenze das Erscheinen des Gedichtbandes in dem alteingesessenen Mainzer Verlag von Zabern.

*19/32 Nichtdelatoren*: In der römischen Kaiserzeit wurden als Delatoren die Denunzianten bezeichnet, die gewerbsmäßig mißliebige Personen besonders wegen Majestätsbeleidigung anklagten. Die Parallele zu den Spitzeln des Metternichschen Systems, den sog. Konfidenten, liegt auf der Hand.

*20/1 im Kerker die Adern zerschnitten*: Anspielung auf das Schicksal des Pfarrers und führenden Kopfes der Oppositionsbewegung in Oberhessen Karl Ludwig Weidig. Weidig war als Mitverfasser der von Georg Büchner initiierten Flugschrift »Der hessische Landbote« (1834) zusammen mit anderen Beteiligten Anfang April 1835 verhaftet worden, hatte sich 1837, durch die Unmenschlichkeit der Untersuchungshaft physisch und psychisch zerrüttet, die Adern geöffnet und war verblutet.

*20/19 Schon sprengten sie kühn des Leibeigenen Bande*: Hinweis auf die im Rahmen der preußischen Staatsreformen seit 1807 in Angriff genommene Bauernbefreiung.

»Trotz alledem!«

*Satzvorlage:* s. o. (»Die Freiheit! das Recht!«)

Das Gedicht entstand ebenfalls im Dezember 1843, nach dem Lied von Robert Burns »Song – For a' that and a' that« (1795), das der Melodie des schottischen Volksliedes »Though Geordie reigns in Jamie's stead« folgt

(vgl. James Kinsley (Hrsg.): The poems and Songs of Robert Burns. Vol. II, Oxford 1968, S. 762 f., Anm.).
Gedichte von Burns lagen in Deutschland 1843 in drei deutschen und vier englischen Ausgaben vor. Der »Song – For a' that and a' that« ist, entgegen Freiligraths Angaben, der von drei oder vier deutschen Übersetzungen des Textes spricht (Brief an Buchner, 3.1.1844) nur in der von H. J. Heintze übersetzten Ausgabe von 1840 nachweisbar.

Auch »Trotz alledem!« war zur Veröffentlichung im Feuilleton der »Kölnischen Zeitung« vorgesehen, von der Zensur dann gestrichen worden und erschien mit Hilfe DuMont – Schaubergs (s. o.) im August 1844 in Freiligrahts Gedichtband »Ein Glaubensbekenntniß«.

»Anmerkung des Autors« und »Erkenntniß des königlichen Ober-Censurgerichtes in Sachen der »Kölnischen Zeitung«

*Satzvorlage:* Ferdinand Freiligrath: Ein Glaubensbekenntniß. Zeitgedichte. Mainz: Verlag von Victor von Zabern. 1844.

Nach dem um Neujahr 1844 ausgesprochenen Veröffentlichungsverbot für die beiden Gedichte »Die Freiheit! das Recht!« und »Trotz alledem !« in der »Kölnischen Zeitung« durch den Kölner Zensor Wenzel hatte Freiligrath am 3. Januar 1844 Beschwerde beim Berliner Ober-Zensurgericht eingelegt. Diese wurde am 13. Februar mit dem oben abgedruckten Bescheid abgewiesen. Daraufhin veröffentlichte Freiligrath das abschlägige Urteil mit einer eigenen Anmerkung zur Sache im August 1844 in »Ein Glaubensbekenntniß«.

*22/17 Eins derselben ... nicht zum ersten Male veröffentlicht*: Eine Vorveröffentlichung ist nicht nachweisbar.
*22/23 der edle, ehrliche Burns...*: Burns' Gedicht »Song – For a' that and a' that«, das Freiligrath zitiert als »A man's a man for a' that«.
*23/21 Artikel IV. der Censur-Instruction*: Der Artikel IV der preußischen Censur-Instruction vom 31. Januar 1843 lautet:
»Die Druckerlaubniß ist ferner solchen Schriften zu versagen, welche die Würde, die innere und äußere Sicherheit, sowohl des preußischen Staats, als der übrigen deutschen Bundesstaaten verletzen, also:
Theorien entwickeln, welche auf Erschütterung der Verfassung der preußischen Monarchie oder der in den deutschen Bundesstaaten geltenden Verfassungen abzielen, oder dahin streben, im preußischen Staate oder in den deutschen Bundesstaaten Mißvergnügen zu erregen und gegen bestehende Verordnungen aufzureizen;

oder Versuche involviren, im Lande oder außerhalb desselben Partheien oder gesetzwidrige Verbindungen zu stiften, oder in irgend einem Lande bestehende Partheien, welche am Umsturz der Verfassung arbeiten, in einem günstigen Lichte darzustellen;

oder endlich Verunglimpfungen der mit dem preußischen Staate in freundschaftlicher Verbindung stehenden Regierungen und der sie constituirenden Personen enthalten.

Es ergiebt sich hieraus, was die Verhältnisse des Inlandes betrifft, schon im Allgemeinen, daß keine Aeußerung von der Censur gestattet werden darf, wodurch die Würde des Königs, des Königl. Hauses oder einzelner Mitglieder desselben, oder des Königthums überhaupt, angegriffen oder gefährdet, oder der Staat, dessen Einrichtungen und Organe herabgewürdigt waren. Um aber auch im Einzelnen zu beurtheilen, in wie weit, insbesondere in Bezug auf Zeitungen und Flugschriften, Aeußerungen über 1) die Verfassung, 2) die Gesetzgebung, 3) die Verwaltung des Staats vom Censor gestattet werden können, sind diese Gegenstände abgesondert in Betracht zu ziehen. [...] hat also der Censor bei der Frage, ob er Aeußerungen über den Staat, seine Einrichtungen, seine Gesetzgebung, seine Verwaltung oder deren Organe zum Druck verstatten dürfe? nicht blos auf den *Inhalt*, sondern auch auf *Ton* und *Tendenz* der Schriften zu achten. In leidenschaftlicher oder unanständiger Sprache geschriebene Aufsätze und Stellen sind unzulässig. Eine in wohlwollender Tendenz und in anständiger Form ausgesprochene Kritik, welche belehren, rathen und dadurch nützen und verbessern will, soll nicht gehindert werden. Nicht zu dulden sind dagegen Verspottung, oder Verunglimpfung gesetzlich bestehender Einrichtungen, oder anmaßender, geringschätzender Tadel derselben. Ebenso sind auch solche Artikel nicht zum Druck zu verstatten, welche dahin zielen, Zwiespalt zwischen den im Lande vorhandenen Ständen und Confessionen zu säen, und dieselben unter sich oder gegen die Regierung aufzuregen. In allen vorgedachten Beziehungen gilt es gleich, ob die feindselige Tendenz direct kund gegeben, oder hinter der Anführung von angeblichen Thatsachen oder von Gerüchten versteckt wird. Auch macht es keinen Unterschied, ob Aeußerungen, die nach allem Vorstehenden überhaupt unzulässig sind, bereits anderswärts gedruckt waren. In wie weit Aeußerungen über den deutschen Bund, die einzelnen Bundesstaaten, deren Regenten und Regierungen, so wie über andere fremde Staaten und Regierungen zum Druck geeignet sind oder nicht, ist in den oben aufgeführten Gesetzesstellen genügend bestimmt.« (nach: Hermann Th. Schletter: Handbuch der deutschen Preß-Gesetzgebung. Leipzig 1846, S. 195–196).

## [Johann Georg August Wirth:] Deutschlands Pflichten. 1832

*Satzvorlage:* Ruckhäberle, Frühproletarische Literatur, S. 63–68. – Erstveröffentlichung: »Deutschlands Pflichten« in: »Deutsche Tribüne« Nr. 29, hrsg. von J. G. A. Wirth, Homburg: 3. Februar 1832.

Der Aufruf wird nach der Erstveröffentlichung in den meisten liberalen Zeitungen Deutschlands nachgedruckt und auch als Flugschrift verbreitet, angeblich in 50 000 Exemplaren (Ruckhäberle, s. o., S. 68), einer – gemessen an den Auflagenhöhen der Zeit für Druckschriften jeglicher Art – ungewöhnlich großen Zahl.

Der Hauptautor, J. G. A. Wirth (1798–1848), ursprünglich Jurist in Bayreuth, wirkte seit 1831 hauptberuflich als Publizist für die Sache der Oppositionsbewegung in Bayern. Nachdem die »Deutsche Tribüne« im Juli 1831 von der altbayerischen Regierung verboten worden war, hatte er sein Wirkungsfeld von München nach Rheinbayern verlegt.

Diese linksrheinische Enklave Bayerns hatte sich, begünstigt durch die Nähe zu Frankreich und die Entfernung zum ungeliebten Mutterland, zu einem Zentrum politischen Widerstands entwickelt. Grundlage dafür waren die freiheitliche Tradition aus der Zeit der französischen Besatzung, das Fortbestehen der französischen Gerichtsverfassung mit Zuständigkeit der Schwurgerichte für politische Delikte, die Abneigung der Bevölkerung gegen das bayerische Verwaltungssystem und die bayrische Maut, die die Rheinpfalz steuerlich ausbeutete und sie zollpolitisch von ihrer Umgebung abschloß. Hier waren die Forderungen der politischen Opposition noch am ehesten realisiert – einschließlich einer weitgehenden Pressefreiheit. An der gesellschaftlichen Praxis Rheinbayerns sind die Forderungen der oppositionellen Bewegung insgesamt orientiert. Es bietet damit, auch seiner lebhaften Verbindungen nach Frankreich wegen, den bestmöglichen Standort für Wirths publizistische Vorhaben.

Wirths politische Position ist zunächst die des bayerischen Liberalismus, zu dessen exponiertesten Vertretern er gehört. Mit der Verschärfung der obrigkeitlichen Maßnahmen gegen die Opposition 1832 (s. S. 121 f.) radikalisiert sich sein Denken bis hin zu radikaldemokratischen Positionen im unmittelbaren Vorfeld der 48er Revolution.

An der Formulierung des Aufrufs mitbeteiligt sind die Zweibrücker Rechtsanwälte Friedrich Schüler und Joseph Savoye, beides führende Gestalten der oppositionellen Bewegung. Ihrer Aktivitäten für den »Preßverein« wegen waren sie gezwungen, ihre politische Arbeit nach dem Hambacher Fest lange Jahre im Untergrund des französischen Exils fortzusetzen.

Der mit Hilfe des Aufrufs »Deutschlands Pflichten« populär gemachte

»Deutsche Vaterlandsverein zur Unterstützung der freien Presse« war am 29.1.1832 auf einem Festbankett zu Ehren Friedrich Schülers in Zweibrücken gegründet worden. Er erreichte – den Berufsangaben in den Subskriptionslisten zufolge – relativ breite Bevölkerungsschichten. Zahlreiche Filialvereine bildeten sich. Der Verein kann als »ein erstes Beispiel für das Aufkommen einer vereinsmäßig organisierten politischen Partei in Deutschland« angesehen werden (Huber, Dokumente II, S.135). Die überregionale Leitung liegt bei einem provisorischen Zentralkomitee, das aus Schüler, Savoye und Ferdinand Geib, ebenfalls einem Zweibrücker Anwalt, besteht. Zwischen dem Zentralkomitee einerseits und Wirth und Siebenpfeiffer andererseits kommt es in der Folgezeit zu Differenzen über die Präzisierung des politischen Programms, das der Arbeit des Preßvereins zugrunde gelegt werden soll. Die finanzielle Basis des Vereins ist durch Mitgliederspenden bald soweit gesichert, daß der Plan der Herausgabe eigener Zeitungen und Flugschriften realisiert werden kann. Aktivster Filialverein ist der in Paris.

Verbotsmaßnahmen der altbayrischen Behörden bleiben wirkungslos. Sie stoßen auf deutliche Kritik in der liberalen Presse. Das königliche Appellationsgericht in Zweibrücken erkennt den Preßverein schließlich ausdrücklich als dem »Zeitgeist angemessen« an (Ruckhäberle, S.79). Die innenpolitische Entwicklung in Deutschland nach dem Hambacher Fest, dessen Urheber und Träger der Preßverein war, führt jedoch über Verhaftungen, Emigration und Verlagerung des Vereins nach Frankfurt am Main schließlich zu seinem Ende als öffentlich anerkannte und handelnde Institution.

Intention des Preßvereins ist die politische Wiedervereinigung Deutschlands auf dem Weg der friedlichen Reform, über eine geistige Wiedervereinigung der Nation mittels einer freien, meinungsbildenden Presse. Damit wird als selbstverständlich vorausgesetzt, was sonst von oppositioneller Seite vorerst meist nur als Forderung aufgestellt und was de facto in keinem Territorium des Deutschen Bundes annähernd realisiert war: die Existenz einer freien Presse. Im Preßverein ist verwirklicht, was Wirth als politische Möglichkeit der Presse formuliert hatte: »Die politische Presse wird unüberwindlich, wenn sie, der treue Widerhall der Gesinnung der Nation, im Volke eine feste Stütze findet« (Deutsche Tribüne 105, 15.10.1831). Der Preßverein bietet – noch in der Phase des Kampfs um diese Pressefreiheit – erstmals einen funktionsfähigen Organisationsapparat für deren praktische politische Anwendung. Die Verbindung von Publizität und »Volk« wird mit ihm erstmals institutionalisiert. Einer Institution mit dieser Zielsetzung aber war in Deutschland nach 1832, als die Opposition durch die Juni-Beschlüsse zur Radikalisierung und in die Illegalität getrieben wurde, die Handlungsbasis entzogen.

*23/29 einen Bund geschlossen*: die sogenannte »Heilige Allianz«; der mit der »Deklaration von Aachen« 5.11.1818) beschlossene Bund der fünf europäischen Großmächte England, Rußland, Preußen, Österreich und Frankreich mit dem Ziel der Wiederherstellung des alten, auf der Gleichgewichtsidee beruhenden Staatensystems unter Vorrangstellung der Großmächte.

*24/27 democratisch organisiertes Polen*: der polnische Aufstand von 1830/31, der ein seit Jahrhunderten unter Fremdherrschaft lebendes Volk mit großer historischer Tradition zur nationalen Wiedergeburt führen sollte, war – auch, wenn er scheiterte – für die europäischen Oppositionsbewegungen Fanal für die Entstehung einer liberalen Solidarität unter den Völkern – im kämpferischen Widerstand gegen die konservative Solidarität der »Heiligen Allianz« (s. o.).

*26/7 einige Gaue, wo die Presse frei ist*: Die hier für einige Länder des Deutschen Bundes behauptete Pressefreiheit stützt sich auf das in den Verfassungen der süddeutschen Staaten Bayern, Württemberg, Hessen und Baden garantierte Grundrecht der inneren und äußeren Meinungsfreiheit. Dieses war allerdings außer Kraft gesetzt zum einen durch die mit dem Pressegesetz der Karlsbader Beschlüsse (s. S. 8–11) legitimierte Oberaufsicht der Bundesbehörden, zum anderen durch die Ausführungsgesetze zu den einzelnen Ländergesetzen. Zur presserechtlichen Situation in den einzelnen süddeutschen Ländern vgl. Huber, Verfassungsgeschichte I, S. 358.

*26/15 Der Bundestag ... Unterdrückung der Presse*: Hinweis auf die von der Opposition offenbar bereits erwarteten gesetzlichen Maßnahmen gegen Presse und Volksbewegungen infolge der allgemeinen Unruhe, die die Julirevolution in Deutschland auslöste. Diese Maßnahmen traten dann mit den »Sechs Artikeln« des »Bundesbeschlusses über Maßregeln zur Aufrechterhaltung der gesetzlichen Ordnung und Ruhe in Deutschland« vom 28. Juni 1832 und den »Zehn Artikeln« vom 5. Juli 1832 auch ein.

*27/14 Subsistenz*: Unterhalt.

*28/14 Revenüen*: Ertrag.

## [Karl Marx:] Bemerkungen über die neueste preußische Zensurinstruktion. Von einem Rheinländer. 1842

*Satzvorlage:* Anekdota zur neuesten deutschen Philosophie und Publicistik. Bd. I, Zürich 1843. – Der Text wird in gekürzter Form wiedergegeben.

Der Aufsatz entstand zwischen dem 15. Januar und dem 10. Februar 1842. Mit ihm beginnt der junge Marx (1818–1883), der seit 1841 in Bonn lebt und mit den Junghegelianern Bruno Bauer und Ludwig Feuerbach eng zusammenarbeitet, seine kritische publizistische Tätigkeit als revolutionärer Demokrat. Der Artikel ist ursprünglich für die von Arnold Ruge herausgegebene junghegelianische Zeitschrift »Deutsche Jahrbücher für Wissenschaft und Kunst« bestimmt, kann aber aus Zensurgründen weder in den »Jahrbüchern« noch in einer anderen Publikation innerhalb des Machtbereichs des Deutschen Bundes veröffentlicht werden. Er erscheint ein Jahr später, im Februar 1843, im ersten Band von Ruges schweizer Zeitschrift »Anekdota zur neuesten deutschen Philosophie und Publicistik« (s.o.), in der der Herausgeber Artikel publiziert, deren Veröffentlichung in Deutschland aus politischen Gründen nicht möglich ist.

Den Anlaß zu Marx' »Bemerkungen ...« gab die Zensurinstruktion der preußischen Regierung vom 24. Dezember 1841. In ihr wurde die Beschränkung schriftstellerischer Tätigkeit durch die Zensur zwar verbal mißbilligt; de facto aber bedeuteten diese Ausführungsanweisungen eine weitere Verschärfung der ohnehin rigiden preußischen Zensurhandhabung. Marx erkennt sie als den Indikator einer Tendenz, die den Hoffnungen zuwiderläuft, die die politische Opposition in den Regierungsantritt Friedrich Wilhelms IV. gesetzt hatte. Von seiner Regentschaft erwartete man die endliche Erfüllung des Verfassungsversprechens und damit auch Pressefreiheit; Hoffnungen, die durch die Wiederbelebung der Verfassungsbewegung und liberale Wortbekenntnisse zunächst auch genährt wurden. Erst die zensurpolitischen Ereignisse des Jahres 1843 in Preußen und v.a. in Rheinpreußen (s. auch den Fall Freiligrath, S.80–82) werden einer breiteren politischen Öffentlichkeit deutlich machen, wie trügerisch diese Erwartungen waren. Daß Marx diesen »Scheinliberalismus« bereits Anfang 1842 entlarvt, macht die politische Brisanz seines Artikels aus.

*30/9 Timeo Danaos et dona ferentes*: Ich fürchte die Danaer, selbst wenn sie Geschenke bringen (Vergil, Äneis II, 49).
*30/32 derogieren*: außer Kraft setzen.
*31/29 argumentum ad hominem*: der überzeugende Beweis.
*32/1 der*: bei Marx: die.
*32/26 Verum index sui et fabri*: Die Wahrheit als Prüfstein gegen sich selbst und gegen die Unwahrheit (Spinoza, Ethik).
*32/36 Le style c'est l'homme*: Am Stil erkennt man den Menschen. 33/6 bonne mine à mauvais jeu: gute Miene zum bösen Spiel.
*33/8 Nur der Lump ist bescheiden*: »Nur die Lumpe sind bescheiden, Brave freuen sich der Tat« (Goethe, Rechenschaft).
*33/10 jene Bescheidenheit ... Schiller spricht*: Schiller: »Über naive und sentimentalische Dichtung«.

33/22 *Definition des Tristram Shandy*: vgl. Laurence Sternes Roman »Tristram Shandy's Leben und Meinungen«. Bd. I, Kap. XI.
34/24 *tous les genres ... ennuyeux*: Alle Gattungen von Menschen sind gut, mit Ausnahme der langweiligen. – Aus Voltaires Vorwort zu seiner Komödie »Der verlorene Sohn«.
34/26 *ennuyante Genre*: die langweilige Gattung.
35/23 *18. Artikel der Bundesakte*: s. S. 73
35/26 *quid pro quo*: Mißverständnis (eins für das andere).
37/35 *lettres de cachet*: Versiegelte Briefe; Geheimbefehle der französischen Könige vor der Revolution von 1789, durch die mißliebige Personen ohne gerichtliche Untersuchung und Verurteilung verhaftet oder ausgewiesen wurden.
41/8 *Insult*: Beleidigung.
44/25 *diesem Ziele*: bezieht sich auf die von Marx unmittelbar vorher angegriffene Forderung der Zensurinstruktion, daß die »politische Literatur und die Tagespresse [...] einen würdigeren Ton sich aneignen« und auf die Veröffentlichung fremder Korrespondenzen und Meldungen im Zweifelsfall verzichten solle.
47/1 *Panegyrik*: hier: feierliche öffentliche Lobrede auf eine Institution, hier die Zensur.
48/31 *voraussetzt, vollständig*: bei Marx: erfordert, vollkommen.
52/5 *Rara temporum*: O seltnes Glück der Zeiten, in denen du denken darfst, was du willst, und sagen kannst, was du denkst. (Tacitus)

## [Eduard von Bauernfeld:] Denkschrift über die gegenwärtigen Zustände der Zensur in Österreich. 1845 [Auszug]

*Satzvorlage:* Denkschrift über die gegenwärtigen Zustände der Zensur in Österreich. In: Eduard von Bauernfelds Gesammelte Aufsätze, hrsg. v. Stefan Hock. Wien 1905, S. 1–27. – Erstveröffentlichung: Adolph Wiesner: Denkwürdigkeiten der Oesterreichischen Zensur vom Zeitalter der Reformazion bis auf die Gegenwart. Stuttgart: Adolph Krabbe 1847, S. 409 ff.

Die von Eduard von Bauernfeld entworfene Petition wird am 20. Februar 1845 bei einer Versammlung österreichischer Schriftsteller bei dem Wiener Orientalisten Joseph von Hammer-Purgstall erstmals vorgetragen, diskutiert und einem Komitee zur Vorbereitung der endgültigen Fassung übergeben. Dieses Redaktionskomitee besteht aus dem Natur- und Sprachforscher Stephan L. Endlicher (1804–1849), dem Appellationsgerichtspräsidenten und Rechtsgelehrten Johann Ritter von Jenull (1773–

1853), dem Rechtsgelehrten Moritz Edler von Stubenrauch (1811–1865), dem Rechtsgelehrten und hohen Beamten im Justizministerium Anton Hye, Ritter von Gluneck und Eduard von Bauernfeld.

In einer zweiten Versammlung am 11. März 1845 wird die Petition angenommen und von den Versammelten unterzeichnet. Auf Rat des Ministers Kolowrat, eines liberalen Gegenspielers Metternichs, überreicht ein Komitee (Bauernfeld, Endlicher, Jenull) die »Denkschrift« den vermittelnden Erzherzögen Ludwig und Franz Karl. Metternich empfängt die Delegation nicht. Eine offizielle Reaktion, aus der hervorginge, daß das Dokument zur Kenntnis genommen worden ist, erfolgt nicht – deutliche Zeichen für die Wirkungslosigkeit, die der Petition von staatlicher Seite aus zugedacht ist.

Dabei ist die Forderung der Schriftsteller denkbar maßvoll und bleibt hinter dem politischen Anspruch vieler der Unterzeichner, wie etwa Grillparzers, Auerspergs, Hammer-Purgstalls und wohl auch Bauernfelds weit zurück. Sie ist zudem in einem äußerst maßvollen Ton gehalten und in die neutralisierende Form einer »Denkschrift« statt der ursprünglich geplanten einer »Petition« gekleidet. Dennoch bleibt sie erfolglos. Das in der »Denkschrift« vorgeschlagene »Oberste Zensurkollegium« als offen entscheidende und rekurspflichtige Instanz wird zwar formell institutionalisiert, bleibt aber funktionslos.

Zu einer von der Obrigkeit ungewollten Öffentlichkeit verhilft der Aktion der Schriftsteller eine wohl aus Regierungskreisen angeregte Gegenschrift von Klemens Freiherr von Hügel, dem Direktor des Geheimen Hausarchivs und journalistischen Vertrauensmann Metternichs. Sie entsteht unmittelbar nach der »Denkschrift« im Juli 1845, wird aber erst 1847 veröffentlicht. In ihr wird die mit der »Denkschrift« angeblich intendierte »Preßherrschaft« verurteilt; die österreichischen Schriftsteller werden, im Gegensatz zu ihrer Selbstdarstellung als effektiv Rechtlose, als Privilegierte innerhalb des Staates angegriffen. Ende Oktober 1847 erscheint Bauernfelds Gegenschrift mit dem beziehungsvollen Titel »Schreiben eines Privilegierten aus Österreich«; sie erlebt innerhalb weniger Wochen zwei Auflagen. Diese unbeabsichtigte Breitenwirkung suchen die Auftraggeber des Hügelschen Pamphlets einzudämmen, indem sie sich von dessen Schrift distanzieren und den Verfasser veranlassen, sie aus dem Handel zu ziehen.

Die »Denkschrift« ist die einzige offizielle Verlautbarung, mit der Österreichs Schriftsteller sich gemeinsam gegen die Literaturpolitik des Metternichschen Systems wenden, von der sie von allen deutschsprachigen Autoren am stärksten und unmittelbarsten betroffen sind. Erfolgreich war sie zumindest in der literarischen Öffentlichkeit; zu einem Zeitpunkt kurz vor Beginn der Revolution allerdings, an dem der Rückhalt der Opposition in der Öffentlichkeit ohnehin erstarkt war und die obrigkeitliche Strategie des Ignorierens und des Rückzugs nur noch einen schwachen Versuch zur Verteidigung eines bereits verloren gewußten Systems bedeutete.

Der Wiener Publizist und Theaterschriftsteller Eduard von Bauernfeld (1802–1890) war als Mitarbeiter verschiedener Zeitungen und Zeitschriften und als Autor von Flug- und Bittschriften maßgeblich am Kampf der österreichischen Autoren um Pressefreiheit beteiligt.

Der »Denkschrift« war 1842 seine anonym erschienene Broschüre »Pia desideria eines österreichischen Schriftstellers« vorausgegangen, die die in der Petition von 1845 vorgetragenen Gedanken und Forderungen bereits in ausführlicherer und stärker polemisierender Form enthält. Dem erwähnten »Schreiben eines Privilegierten …« von 1847, das ebenfalls anonym erscheint, folgt 1848, schon während der Märzunruhen in Wien, die zusammen mit Alexander Bach formulierte »Petition um Konstitution und Preßfreiheit«, die sofort bewilligt wird. Etwa gleichzeitig entsteht Bauernfelds Entwurf zu einem Straßenplakat, betitelt »Provisorische Regierung«, in dem er die Abdankung aller Staatsdiener des Metternichschen Systems fordert.

Die vergleichsweise radikale Formulierung dieser Forderung muß wohl der affektgeladenen revolutionären Situation zugeschrieben werden, in der sie aufgestellt wurde. Als Indikator für Bauernfelds politische Intention ist sie nicht zu werten. Die oppositionellen österreichischen Literaten im deutschen Exil kritisierten vielmehr die Unentschiedenheit von Bauernfelds politischer Haltung und öffentlicher Parteinahme im Kampf gegen die Zensur. Erst nach der Jahrhundertwende wird sein Verhalten als Flexibilität und Anpassungsfähigkeit interpretiert werden (Hock, S. VI f.). In der österreichischen Öffentlichkeit seiner Zeit trägt Bauernfeld sein Eintreten für die Pressefreiheit, so unentschieden es den Engagierten erschienen sein mag, insgesamt große Popularität und die Wahl ins Vorparlament zum Frankfurter Parlament ein, die er aus Gesundheitsgründen ablehnt.

Auch nach 1848, nach seiner Entlassung aus dem juristischen Staatsdienst, tritt Bauernfeld als Publizist weiter für den Standpunkt des Liberalismus ein – allerdings, wie viele Liberale, nun mit stark retrospektiver Tendenz.

Die »Denkschrift« wird hier im Auszug abgedruckt. Die Auslassungen betreffen zum einen nähere Angaben zu den im Text erwähnten Zensurgesetzen Österreichs und des Deutschen Bundes, zum anderen detaillierte Vorschläge zur Ausführung der geforderten »Maßregeln«.

*52 / 14 Vorschrift für die Leitung des Censur-Wesens*: die »Vorschrift für
   die Leitung des Censurwesens und für das Benehmen der Censoren, in
   Folge a. h. Entschließung vom 14. September 1810 erlaßen« (abgedruckt

bei Marx, Österreichische Zensur, S. 73 ff.) bildete zusammen mit der »Central-Zensur-Verordnung vom 22. Februar 1795« die Richtschnur, nach der Kaiser Franz II. (I.) (1792–1835) Literatur und Wissenschaft unter polizeiliche Gewalt stellte und damit Ansätze zur Bildung einer bürgerlichen Öffentlichkeit verhinderte. Beide Zensuredikte waren gedacht als internes Instrumentarium für die ausführenden Behörden und wurden nicht offiziell bekanntgemacht. Die »Vorschrift« von 1810 ist, wie das Eingangszitat in der »Denkschrift« zeigt, dennoch öffentlich bekannt geworden, und zwar durch einen Abdruck in der oppositionellen Zeitschrift »Grenzboten« und in Wiesners »Denkwürdigkeiten der Oesterreichischen Zensur .. .« (s. o.).

*52/19 die des § 8*: »Werke, in denen die Staatsverwaltung im ganzen oder einzelnen Zweigen gewürdigt, Fehler und Mißgriffe aufgedeckt, Verbesserungen angedeutet, Mittel und Wege zur Erringung eines Vortheils angezeigt, vergangene Ereignisse aufgehellet werden, u. s. w. sollen ohne hinlänglichen anderen Grund nicht verbothen werden, wären auch die Grundsätze und Ansichten des Autors nicht jene der Staatsverwaltung. Nur müßen Schriften der Art mit Würde und Bescheidenheit, und mit Vermeidung aller eigentlichen und anzüglichen Persönlichkeiten abgefaßt seyn, auch nichts sonst gegen Religion, Sitte und Staatsverderbliches enthalten« (nach Marx, Österreichische Zensur, S. 74).

*52/19 neue preußische Zensurinstruktion*: Gemeint ist wohl die preußische Zensurinstruktion vom 24. Dezember 1841, die auch K. Marx analysiert hat. – Vgl. S. 30 ff.

*52/30 Hofdekret*: Erlasse der obersten Zensurbehörde, die in ihrer Funktion etwa einem Polizeiministerium entsprach; sie boten ebenfalls intern gehandhabte Auslegungen zu den Zensuredikten.

*55/15 an jedermann ohne Unterschied*: Das österreichische Zensursystem war auf fünf Verbots- bzw. Erlaubnisgraden aufgebaut. Vgl. dazu S. 130.

*55/18 admittitur fürs Ausland*: Nach dem Hofkanzlei-Dekret vom 28. Juni 1798 und der Niederösterreichischen Regierungs-Verordnung vom 7. Juli 1798 war jede Druckschrift eines österreichischen Autors an die österreichische Zensur gebunden, auch wenn dieser im Ausland lebte und veröffentlichte, etwa im Exil in einem deutschen Bundesstaat (vgl. Wiesner, S. 286 ff.).

*55/29 imprimatur*: = admittitur (s. o.).

*56/40 Munifizenz*: Großmut.

*57/23 Rekurs*: Beschwerdemittel gegen Beschlüsse rechtsprechender Instanzen im österreichischen Rechtssystem.

## Denkschrift des Börsenvereins der deutschen Buchhändler über Zensur und Preßfreiheit. 1841 [Auszug]

*Satzvorlage:* Denkschrift über Censur und Preßfreiheit gemäß dem Beschlusse der Hauptversammlung des Börsenvereins der deutschen Buchhändler am 11. Mai 1841 berathen und abgefaßt von dem dazu statutenmäßig erwählten außerordentlichen Ausschusse. Als Manuscript für die Mitglieder des Börsenvereins. Jena, gedruckt bei Fr. Frommann. [1842].

Die »Denkschrift« ist die erste offizielle Stellungnahme des organisierten Buchhandels zur Zensurfrage. Der »Börsenverein der deutschen Buchhändler«, die seit 1825 bestehende offizielle Vertretung des Buchhandels, war bisher in seiner Haltung gegenüber der Zensur gespalten. In der Hauptversammlung vom 11. Mai 1841 nun ging aus einer der vielen Zensurdiskussionen, wie die Börsenblätter der Zeit sie dokumentieren, der von Dr. Veit, dem Inhaber der Berliner Buchhandlung Veit & Co gestellte Antrag hervor, eine Petition an die deutschen Regierungen zu richten. Mit der Ausarbeitung wurde ein Ausschuß beauftragt. Er bestand aus den renommierten Buchhändlern H. Brockhaus, J. F. Danckwerts, E. Enke, Th. Chr. Fr. Enslin, H. Erhard, Fr. Fleischer, Fr. J. Frommann, D. Härtel, E.Vieweg und Chr. Winter. Der Ausschuß ließ die »Denkschrift« von dem Braunschweiger Rechtsanwalt Steinacker formulieren, der als Verfasser ungenannt blieb. Sie wurde 1842 gedruckt.

Daß das Dokument letztlich ausschließlich an die sächsische Regierung gerichtet wurde, liegt daran, daß das Königreich Sachsen als einziger deutscher Staat den Börsenverein als offizielle Organisation und als Verhandlungspartner anerkannte. In Sachsen war man sich der überdurchschnittlichen wirtschaftlichen Bedeutung des Buchhandelszentrums Leipzig für die Landesfinanzen bewußt.

Die in Argumentation und Ton – verglichen mit anderen zeitgenössischen Stellungnahmen zur Zensurfrage – sehr maßvoll gehaltene Petition ist bemüht, sich aus der literaturpolitischen Kontroverse zwischen Obrigkeit und oppositioneller Gegenöffentlichkeit herauszuhalten. Sie beschränkt sich ausdrücklich auf die konkreten wirtschaftlichen Folgen der Zensur für den Buchhandel: »die weitgehende Lähmung eines geregelten Buchmarkts« (Wittmann, Börsenverein, S. 51). Ebenso maßvoll sind ihre Forderungen. Nahziel ist die in § 8 formulierte Aufhebung der Präventivzensur für Schriften über 20 Druckbogen (= 320 Seiten) Umfang, die im Pressegesetz der Karlsbader Beschlüsse (s. S.8) ohnehin zugesichert war. Die in Artikel 18 d der Bundesakte von 1815 versprochene vollkommene Pressefreiheit wird – ohne Konkretisationsvorschläge – nur pauschal als

Fernziel anvisiert. Diskret bleibt auch die Drohung, die als mögliche Folge für weitere wirtschaftliche Behinderungen des Buchhandels angedeutet wird, man werde sich gegebenenfalls gegen Zensurmaßnahmen zu wehren wissen.

Diese Drohung aber war es, die der »Denkschrift« ungewollt zu ihrer einzigen Wirkung verhalf. Eine Milderung der Zensurgesetze oder auch nur ihrer faktischen Handhabung nach dem Landesgesetz erreichte sie nicht, sondern hatte vielmehr stärkere Pressionen gegen den Leipziger Buchhandel, v. a. den Kommissionsbuchhandel zur Folge. (Vgl. S. 143)

Dies führte 1845 zu einer zweiten, von Fr. J. Frommann verfaßten Stellungnahme des Börsenvereins, der »Denkschrift über die Organisation des deutschen Buchhandels und die denselben bedrohenden Gefahren«. Hinter diesem harmlosen Titel wurde nun ein nachdrücklicher Protest gegen die angedrohte verschärfte Kontrolle des Kommissionshandels laut. Hier beginnt der Börsenverein, sich gegen Zensur nicht allein als gewerbliche Behinderung zu wehren, sondern auch als die geistig-politische Freiheitsbeschränkung, die sie war. Wie weit dieser deutlichere Protest und die Konsolidierung der Argumente mit denen der politischen und literarischen Opposition ihre Wirkung taten, wie weit die ab Mitte der 1840er Jahre generell nachlassenden Aktivitäten der Zensurbehörden, muß dahingestellt bleiben. Fest steht, daß die angedrohte Überwachung des Kommissionshandels nicht verwirklicht wurde.

Die »Denkschrift« wird hier auszugsweise veröffentlicht. Nicht wiedergegeben sind § 3 »Geschichte der Frage in neuer und neuester Zeit«, § 5 »Hinwegfallen der Gründe, denen die Zensur ihre Entstehung verdankt«, § 7 »Erfahrungsmäßige Beweise für den praktischen Nutzen der freien Presse« und die Beilage »Zusammenstellung der wichtigsten Aussprüche deutscher Fürsten und Ihrer Regierungen über den im deutschen Volke herrschenden guten Geist seit der provisorischen Gesetzgebung des Bundes über die Presse«. Die §§ 4 und 6 wurden geringfügig gekürzt.

*60/14 materielle Beeinträchtigungen aber ganz allein zu tragen*: Daß ein durch Zensur behinderter Literaturmarkt auch für den als freier Schriftsteller lebenden Autor eine existentielle Bedrohung darstellt, bleibt hier unberücksichtigt.

*61/1 Es kann nicht ... geltend machen könnten*: Diesen Standpunkt revidierte der Börsenverein in seiner zweiten »Denkschrift« von 1845 (s. o.).

*62/4 Princip der Prävention*: die Präventivzensur, die die Kontrolle aller Schriften unter 20 Bogen Umfang vor dem Druck fordert.

*62/12 summarisch alle ... ausgeschlossen worden sind*: Im Bundesbeschluß vom Dezember 1835 waren alle, auch die künftigen Veröffentlichungen Heines, Gutzkows, Wienbargs, Mundts und Laubes verboten und der Verlag Hoffmann und Campe wegen seiner literarischen Produktion ausdrücklich verwarnt worden; eine Maßnahme, die allerdings faktisch nicht durchführbar war – zumal sie schon im zeitgenössischen Rechtsdenken umstritten war (s. S.75).

*62/38 Joseph II.:* s. S.115.

*62/38 Friedrich dem Großen:* Friedrich II., der Große, König von Preußen (1740–1786). Über die Pressepolitik unter Friedrich II. sind Zeitgenossen und Forschung unterschiedlicher Meinung. Einerseits steht fest, daß Friedrich in seiner frühen Regierungszeit den Berliner Zeitungen (v. a. Haudes »Berlinische Nachrichten von Staats- und Gelehrten Sachen« und das »Journal de Berlin«) volle Freiheit in der Berichterstattung über preußische Angelegenheiten gab und sie von jeder Zensur entpflichtete, und auch, daß er in seiner Spätzeit offene politische Kritik zuließ – allerdings nach der von Kant folgendermaßen charakterisierten Tendenz: »Räsoniert, soviel ihr wollt und worüber ihr wollt; nur gehorcht« (nach Schneider, Pressefreiheit, S.132). Dem widerspricht jedoch die Haltung während der mittleren Regierungszeit, in der Friedrich die früh gewährten Freiheitsprivilegien durch immer schärfer werdende Zensuredikte (1743, 1749, 1755, 1762, 1772, 1774) rückgängig machte. Auch die Arkanpolitik des Hofes blieb dem bürgerlichen Raisonnement stets verschlossen. Diese Zeit war allerdings durch Kriege erschwert und taugt deshalb schlecht zum Gradmesser für freiheitliche Tendenzen. Nachweislich behindert wurde Friedrichs Pressepolitik zudem durch das geringe Verständnis des Hofs für seine freiheitlichen Maßnahmen und durch Beschwerden der Untertanen. Verglichen mit der Freiheitsauffassung und -handhabung anderer Höfe, v. a. der seines Nachfolgers Friedrich Wilhelm II., aber darf Friedrich II. wohl dennoch als der Repräsentant der Pressefreiheit gelten, als der er in seiner Zeit wirkte. Seine Freiheitsgewährungen blieben allerdings – im Gegensatz zu denen Josephs II. – immer Privilegien, ohne Verbriefung und ohne offizielle Fixierung in einem Gesetz. Gesetzlich manifestiert waren ausschließlich die Verbote.

*62/38 Moser:* Johann Jacob M. (1701–1785), Rechtsgelehrter. In seinem »Teutschen Staatsrecht« (1737–53) gibt Moser die erste vollständige Darstellung des de facto geltenden Staatsrechts in Deutschland. Er betont u. a. die Meinungs- und Gedankenfreiheit als Grundrecht des deutschen Staatsbürgers, setzt sie aber ausdrücklich gegen die Zügellosigkeit der englischen Pressefreiheit ab. Der Begriff »Freiheit der Presse« ist bei ihm für Deutschland erstmals nachweisbar (1772).

*62/39 Schlözer:* August Ludwig Sch. (1735–1809), Historiker und Publizist; Professor für Weltgeschichte und Staatenkunde (d. i. Statistik) in Göttingen von 1769 bis 1804. In seinen Zeitschriften (»Briefwechsel meist statistischen Inhalts«, 1774–74; »Briefwechsel meist historischen und politischen Inhalts« 1776–82; »Staatsanzeigen« 1783–95, dann verboten), die Schlözer zum Forum kritischen Raisonnements über die öffentlichen Verhältnisse im Deutschen Reich machte, fordert er u. a. ein juristisch fixiertes Presserecht. Die Ansätze Friedrichs II. und Josephs II., politische Kritik der Staatsbürger zuzulassen, nennt Schlözer zusammen mit der schwedischen und dänischen Pressegesetzgebung von 1766 bzw. 1770 für Europa eine größere Revolution als den Krieg zwischen England, Nordamerika und Frankreich (»Briefwechsel meist historischen und politischen Inhalts« 1781, 9.T.).

*63/9 in England*: Die Entwicklung politischer Öffentlichkeit in England mit der Wende zum 18. Jahrhundert gilt als europäischer Modellfall. 1695 schon wird die Vorzensur aufgehoben. Die englische Presse genießt von nun an trotz zahlreicher Einschränkungen ihrer Privilegien durch Krone und Parlament eine vor den übrigen europäischen Staaten einzigartige Freiheit.

*63/29 Für kein Land ... als für Deutschland*: Eine an sich richtige Behauptung erscheint hier falsch begründet. Die Bedeutung des Buchhandels für Deutschland resultiert nicht aus seinem Wert für die Kultur Europas, der hier – in der Nachfolge von Friedrich Perthes' Argumentation für den deutschen Buchhandel als »Bedingung des Daseins einer deutschen Literatur« (1816) – übersteigert dargestellt wird. Sie entsteht vielmehr aus seiner historisch gewachsenen Vielgliedrigkeit und Dezentralisation, die ein funktionierendes System von Literaturvermittlung zwischen einer Vielzahl von kulturellen Zentren unentbehrlich macht.

*63/37 Soll der Buchhändler ... Konjuncturen benutzen*: Erst in den 1830er Jahren wandelte sich die traditionelle Geschäftsauffassung des deutschen Buchhandels, nach der er den Bedarf einer schmalen, gleichbleibenden Minderheit zu decken gewohnt war. Er begann, mit hohen Auflagen, einem veränderten, aktualitätsbezogenen literarischen Angebot – und entsprechend vergrößertem Risiko – auf den Geschmack eines anonymen Massenpublikums zu spekulieren.

*65/12 die dem allgemeinen materiellen Verkehr ... aufgehoben werden*: Die liberalen Bestrebungen in Deutschland hatten auf wirtschaftlichem Gebiet ungleich größeren Erfolg als auf politischem. Mit der Gründung des Zollvereins 1834 war der handelspolitische Zusammenschluß der deutschen Bundesstaaten gelungen, mit dem Ziel, durch Abbau von Zöllen und Beseitigung anderer ökonomischer Hemmnisse eine stärkere wirtschaftliche Einigung herzustellen.

*67 / 5 unvaterländische Tendenzen verfolgt*: Der radikalere Teil der Oppositonsbewegung hatte sich spätestens seit dem Hambacher Fest (1832) öffentlich gegen eine ausschließlich deutschnationale Haltung gewandt, wie sie etwa von den Burschenschaften in der Nachfolge der Befreiungskriege propagiert wurde. Dieser Vorwurf ist auch eines der Hauptargumente Menzels gegen Gutzkow im Streit um das Erscheinen des Romans »Wally«.

*68 / 23 Bundesgesetzgebung von 1819 und 1824*: Die 1819 erlassenen und 1824 auf unbestimmte Zeit verlängerten Karlsbader Beschlüsse (s. S. 8–11).

*68 / 31 vorgängige Censur*: Vor- oder Präventivzensur.

## II. Darstellung

### Was ist Zensur?
### Über die Steuerungsmechanismen in den Anfängen der modernen Literaturgesellschaft

Das literarische System unterliegt ab etwa 1770 zwei Arten von Steuerungsmechanismen: der prohibitiven Steuerung durch Vor- und Nachzensur, Verbot, Privilegien- und Konzessionierungswesen[1] sowie der fördernden Lenkung durch Reglementierung der Lektürewahl und Regulierung des Lesevorgangs. Diese mit Machtmitteln versehene Kontrolle des literarischen Systems geht vor allem von Staat und Kirche aus. Beider Einflußbereiche lassen sich wegen der engen Verflechtung von kirchlicher und weltlicher Macht weder im absolutistischen noch im konstitutionellen Staat klar gegeneinander abgrenzen. Die Funktion der Literatur als ›Normvermittlungsinstitution‹[2] wird dazu benutzt, mit Hilfe rechtsförmiger und außerrechtlicher Sanktionen regulative Normen zum Schutz der bestehenden staatlichen und kirchlichen Ordnung, der inneren und äußeren Sicherheit, der Religion, der guten Sitten und der persönlichen Ehre durchzusetzen. Wichtigster Kontrollmechanismus ist in der Zeit, der diese Darstellung gilt, die Zensur – im engeren Sinne verstanden als der Komplex aller prohibitiven Steuerungsmaßnahmen. Die Kontrollpraxis liegt bis zum Inkrafttreten des ersten überregionalen Pressegesetzes 1874 im wesentlichen in der Machtbefugnis der einzelnen Territorien und zeigt deshalb phasenübergreifend starke regionale Unterschiede. Sie sind zum einen in der bekannten Tatsache des kulturellen Gefälles zwischen den einzelnen Ländern begründet, zum anderen in ihren oft divergierenden kulturpolitischen, fiskalischen, innen- und außenpolitischen Interessen.

---

[1] Die kaiserlichen oder landesherrlichen Bücherprivilegien zum Schutz gegen den Nachdruck sind in Deutschland vor allem im letzten Drittel des 18. Jh., aber noch bis zum Erlaß des ersten Urheberrechtsgesetzes, 1837, gebräuchlich. Konzessionszwang für das Buchhandels- und Buchdruckergewerbe, für Lesegesellschaften und Leihbibliotheken bestand im Territorium des Norddeutschen Bundes bis 1869, für das übrige Deutsche Reich bis 1872, in Österreich bis 1924.

[2] Schulte-Sasse, S. 84.

Durch selektive Empfehlungen und die tendenzielle Abriegelung bestimmter Kommunikationskreise versuchen außer Staat und Kirche auch politische, religiöse, berufsständische und ökonomische Interessengruppen und Parteien Einfluß auf das literarische System zu gewinnen. Faßbar und in ihrer Wirkung beschreibbar sind die Steuerungsmechanismen bisher allerdings nur in ihren institutionalisierten Formen.

Die Entwicklung der Literatursteuerung vollzieht sich im Zeitraum von 1770 bis zum Ende der Weimarer Republik, den diese Darstellung überblicksweise umfaßt, in drei großen Entwicklungsschüben. Sie werden unmittelbar durch politische Entwicklungen und Ereignisse ausgelöst: das Ende des Heiligen Römischen Reiches Deutscher Nation (1806) bzw. die napoleonische Herrschaft, die Revolution von 1848 und die Machtergreifung durch den Nationalsozialismus (1933).

*Die erste dieser Phasen* deckt sich weitgehend mit der Entstehungsphase einer »modernen Literaturgesellschaft« (1770–1806). In diesem Zeitraum verläuft die deutsche Zensurgeschichte wegen der komplexen Staats-, Macht- und Verfassungsverhältnisse des Deutschen Reiches äußerst kompliziert. Trotz der aktiven Bemühungen der kaiserlichen Zentralgewalt, trotz der Existenz des kaiserlichen »Bücherregals«, das vor allem vom Reichshofrat in Wien wahrgenommen wird, gelingt es nicht, eine einheitliche Zensurgesetzgebung zu etablieren. Die kaiserliche Exekutivgewalt findet ihre Grenzen im Macht- und Behauptungswillen der einzelnen Territorien. Alle Formen der prohibitiven Steuerung – Präventiv- und Repressivzensur, Konzessionierung und Privilegienwesen – existieren nebeneinander.

Im ersten Phasenabschnitt, den 1770er und 1780er Jahren, hat der aufgeklärte Absolutismus Friedrichs des Großen und Josephs II. eine Lockerung der Vorschriften und Zensurpraxis bewirkt. Gleichzeitig geht die Literaturkontrolle im aufklärerischen Einflußbereich tendenziell von geistlichen auf weltliche Aufsichtsbehörden über. Die Forderung nach Pressefreiheit wird im Zusammenhang der Entstehung des deutschen Liberalismus gedanklich entwickelt und literarisch formuliert. Als Schlagwort repräsentiert »Pressefreiheit« in der Folgezeit das Streben des Bürgertums nach Partizipation an der öffentlichen Meinungsbildung. Sobald die sich formierende literarische Öffentlichkeit als kritische Instanz gegenüber Staat und Kirche aufzutreten beginnt, verschärft sich die Zensurpolitik der großen deutschen Staaten erneut. Diese Tendenz zeichnet sich etwa 1790 ab, verstärkt sich im Zuge der französischen Revolutionsereignisse und nimmt bis 1815 weiter zu.

Die skizzierten Entwicklungen der Literaturlenkung zielen – soweit dies bisher bekannt ist – primär auf die Sphäre der Distribution und erst sekundär auf die der Produktion, und sie treffen in dieser ersten Phase nicht nur den

Buchhandel, sondern oft noch stärker die privaten, gesellschaftlichen und gewerblichen Leseinstitutionen, besonders die Leihbibliotheken. Von ihnen befürchtete man, daß sie durch ein den aufklärerischen Bildungskonzepten nicht konformes Lektüreangebot für breite Volksschichten bildungsmäßig und gesellschaftlich egalisierend wirken könnten. Die Überwachung dieser Einrichtungen geht deshalb (z. B. in Bayern und Österreich) teils über das von den offiziellen Zensurgesetzen vorgeschriebene Maß hinaus, allerdings ohne daß ihr der rechte Erfolg beschieden gewesen wäre. Die aufklärerische Volkspädagogik selbst propagiert und benutzt ästhetische Bildung als Instrument sozialer Disziplinierung. In der Lesedebatte, mit der die Volkspädagogik auf die Ausbreitung des konsumhaften Lesens von Unterhaltungsliteratur reagiert, werden die Möglichkeiten aktiv fördernder Literaturlenkung entwickelt und diskutiert, zu einer tiefergreifenden Steuerung des literarischen Systems jedoch noch nicht eingesetzt.

Alle Mechanismen der Literatursteuerung bleiben in dieser ersten Phase traditionell, ihre Wirkungen relativ oberflächlich. Sie entwickeln keine innovatorische Kraft für die Ausbildung der »modernen Literaturgesellschaft«.

Qualitativ verändernd wirkt erst der Entwicklungsschub, der von der napoleonischen Herrschaft ausgeht. In der damit eingeleiteten *zweiten Phase*[3] wird die Forderung nach Pressefreiheit zu einer politischen Tagesfrage; öffentliche Meinung ist nun ein Faktor politischer Strategie. Damit ändert sich auch die Bedeutung der literarischen Medien, als Trägern der öffentlichen Meinung, grundsätzlich. Unterstützt von der quantitativen Ausweitung des Buchmarkts zwischen 1825 und 1848 wird die Presse zum Organ der weltanschaulichen und politischen Opposition, die Literatur zur Plattform der Auseinandersetzung. Diese Phase in der Entwicklung der literarischen Steuerungsmechanismen steht deshalb im Mittelpunkt der Darstellung. Im ersten Phasenabschnitt, der die napoleonische Besatzungszeit, die Zeit der Befreiungskriege bis zu den Karlsbader Beschlüssen umfaßt, lernen die deutschen Territorialmächte am Vorbild französischer Gesetzgebung und Verwaltung, die Möglichkeiten aktiver Literatursteuerung in konkretes politisches Handeln umzusetzen. Den Befreiungsbewegungen

---

[3] Diese Phase wird im Folgenden als »Vormärz« bezeichnet. Die Entscheidung für den Vormärz-Begriff unter den für die Kennzeichnung der historischen und literarhistorischen Epoche von 1806 bzw. 1819 bis 1848 gebräuchlichen enthält zugleich eine Aussage über das erkenntnisleitende Interesse dieser Untersuchung. Einem Gegenstand wie der literarischen Zensur und dem Widerstand gegen sie, in dem sich der vorwärtsdrängende Charakter der Zeit vor der bürgerlichen Revolution besonders stark ausprägt, erscheint die Perspektive des Fortschritts angemessen. – Vgl. auch Stein, S. 5 f.

gelingt es zwar, das Justizsystem in der Diskussion um eine überregionale Pressegesetzgebung, die den Karlsbader Beschlüssen vorausging, als Alternative zum Polizeisystem zu etablieren; in der Gesetzeswirklichkeit aber siegt 1819 dann doch Metternichs neoabsolutistisches präventives Zensursystem. Seine prohibitiven Steuerungsmaßnahmen, vor allem Zensur, Verbot und Konzessionierung, bestimmen die Literaturgesellschaft der Restaurationszeit sowohl in der Produktions- als auch in der Distributions- und Rezeptionssphäre entscheidend mit.

Nach einer oberflächlich ruhigen Zeit, in der die gesellschaftliche Dynamik durch die neuen, konfessionell gemischten Partikularstaaten zunächst gehemmt ist, formieren sich um 1830 in der Kontroverse um die »Preßfrage« die Fronten: Die Kirchen stehen mit Höfen und Regierungen auf der Seite der Restauration; aus liberalen, nationalrevolutionären und radikaldemokratischen Kräften formt sich die oppositionelle Bewegung. Die Zentralisierung der Kontrollgewalten, mit der das staatliche Überwachungssystem effektiver gemacht wird, und die Flut ergänzender Zensurordnungen und Ausführungsbestimmungen, mit denen es verschärft werden soll, treiben die Opposition nach dem Hambacher Fest in die Radikalisierung.

In den 1830er und frühen 1840er Jahren kulminieren die Unterdrückungsmaßnahmen. Sie richten sich zunächst vorwiegend gegen die weltanschaulich-kritische Prosaliteratur, in den 1840er Jahren dann vor allem gegen die Tendenzlyrik und die theoretischen Schriften des Linkshegelianismus. Einen spektakulären Höhepunkt erreichen sie in dem von Preußen vorbereiteten bundesweiten Verbot des Jungen Deutschland (1835/36). Die unterschiedlichen Reaktionen der von der Zensur bedrohten Autoren – sei es Denunziation, wie bei Menzel, Assimilation, wie bei Gutzkow und Laube, oder die erkenntniskritische literarische Verarbeitung des erfahrenen Dissens, wie bei Heine – zeigen die Komplexität vormärzlicher Literatursteuerung. Sie wirkt zum einen in den direkten staatlichen Unterdrückungsmaßnahmen im Produktions- und Distributionsbereich (wobei die Kontrolle des Buchhandels nun effektiver zu sein scheint als die der gewerblichen Leseinstitute, deren Überwachung – außer in Österreich – keine nennenswerten Erfolge zu verzeichnen hat)[4]. Über die »literar-ästhetische Erziehung des Publikums«, die das liberale Standardbewußtsein bestimmt[5], aber greift sie – umfassender – auch in die Interaktion zwischen Autor und Leser ein. Sie verschärft die Konkurrenzsituation unter den durchweg als Berufsschriftsteller lebenden Autoren; und sie macht Buchhändler und Verleger, die nach außen als Verbündete des Autors im Kampf gegen die Zensur auftreten,

---

[4] Zur Zensur der Leihbibliotheken vgl. Ungern-Sternberg, Leihbibliothek, S. 255–310.
[5] Briegleb, Schriftstellernöte, S. 150.

intern zur zusätzlichen Kontrollinstanz, deren Maßstab, der Markterfolg, die obrigkeitlichen Unterdrückungskriterien impliziert.

Über die Zensurabhängigkeit des literarischen Handelns selbst ist noch wenig bekannt. Es scheint jedoch, als reagiere die oppositionelle Literatur, soweit sie sich der Internalisierung der Normen in der Selbstzensur, der wohl tiefgreifendsten Form der Literatursteuerung, widersetzen kann, mit einer neuen Literatur der »Bewegung«: Heine entwickelt sein Programm einer »operativen Unterhaltungsliteratur«[6]; die dynamische Schreibart der Polemik und Debatte wird favorisiert; kleine, zwischen den Gattungen Roman und Essay, zwischen Poesie und publizistischer Rhetorik angesiedelte literarische Formen entstehen; die religionskritische und politische Publizistik tarnt sich belletristisch, ohne deshalb die Thematisierung des Normendissens und die Absicht möglichst direkter gesellschaftlicher Wirkung aufzugeben. Diese »neue« Literatur erweist sich – unbeabsichtigter Nebeneffekt der Zensur – zumindest für ein intellektuelles »Insider-Publikum« als sehr attraktiv.

Um 1844 / 46 scheint der Zenit vormärzlicher Literaturverfolgung überschritten. Die Unterdrückungsaktionen lassen allmählich nach; es zeigen sich, ausgehend von einigen liberaleren Bundesstaaten, Ansätze zur Revision des Präventivsystems. Zugleich treten, z. B. mit der christlich-konservativen Kampfpresse, v. a. aber mit den Bemühungen um die literarische Volksbildung, Formen fördernder Literaturlenkung in den Vordergrund. Die Bildungskonzepte der sehr unterschiedlichen Volksbildungsorganisationen (kirchliche, staatliche oder parteilich beeinflußte Volksbildungsanstalten, gemeinnützige Bildungsvereine, freier Buchhandel, berufsständische Selbsthilfeorganisationen) sind, der weltanschaulichen und politischen Konkurrenz ihrer Träger entsprechend, nach deren jeweiligen Leitwerten ausgerichtet. Diese bewegen sich zwischen den Vorstellungen von umfassend allgemeiner Bildung, vertreten von Liberalen und Sozialisten, realistisch-technischer Erziehung und beruflicher Fortbildung, vermittelt in den Anfängen des öffentlichen Bibliothekswesens unter Preusker, christlich-standesmäßiger Bildung mit dem Ideal der persönlichen Nächstenliebe in den konfessionell ausgerichteten Organisationen und einem neuhumanistischen Bildungsideal. Das Lektüreangebot dieser Institutionen bleibt vielfach unattraktiv, weil es – ohne Rücksicht auf die Lesepräferenzen der Rezipienten, die die gewerblichen Leihbibliotheken in dieser Zeit so vorzüglich zu befriedigen verstehen – zu deutlich an den Wertnormen der Volkspädagogen orientiert ist. Diese Bildungsprogramme werden nach 1848 mit teils unveränderten, teils modifizierten Zielen fortgeführt.

[6] Ebd., S. 146.

# 1 Pressefreiheit und politische Öffentlichkeit zu Beginn des 19. Jahrhunderts

## 1.1 Pressefreiheit als innovatorischer Faktor des literarischen Systems

Die Bedeutung, welche die »Preßfrage« zu Beginn des 19. Jahrhunderts erlangte, bereitet sich in den sozio-ökonomischen, sozialen und ideengeschichtlichen Veränderungen vor, die sich im letzten Drittel des 18. Jahrhunderts in Deutschland vollzogen. Ideengeschichtlich koinzidieren diese Veränderungen in der Entstehung des Frühliberalismus[1], die identisch ist mit der Entstehung der bürgerlichen Intelligenz. Auf dieser Basis konstituiert sich in der Entstehungsphase der modernen Literaturgesellschaft bürgerliche Öffentlichkeit. Damit kann im Vormärz das Thema Pressefreiheit zum innovatorischen Faktor des literarischen Systems werden.

Die Presse – und das meinte vor 1800 zunächst noch vorwiegend die periodische Presse – war im letzten Drittel des 18. Jahrhunderts zu dem literarischen Medium geworden, über das sich Meinungen, Stimmungen und kritisches Räsonnement einer bürgerlichen Leserschaft erstmals wirkungsvoll artikulieren und verbreiten konnten. Über das neue Medium Presse organisierte sich dieses Lesepublikum zur literarischen Öffentlichkeit. Sie nutzte die politische Machtposition, die der Presse damit zufiel, nach 1806 zur Formulierung konkreter politischer Forderungen. Diese gipfeln in der Parole »Einheit und Freiheit«; ihr Herzstück ist die Pressefreiheit.

Der Kampf um Pressefreiheit – und Presse meint nun, und zunehmend nach 1819[2] im erweiterten Sinn alle Druckschriften, gleich welcher Veröffentlichungsform – erreicht eine neue gesellschaftliche Brisanz. Die Preßfrage gewinnt, wie die Öffentlichkeitsfrage überhaupt, zunehmend an Gewicht im tagespolitischen ebenso wie im literarischen Diskurs der Zeit. Jeder Form literarischer Verlautbarung wird eine bisher unbekannte Bedeutung für die politische Bewußtseinsbildung beigemessen. Dies schließt

---

[1] Unter Frühliberalismus soll hier – mit H. H. Gehrt – ein »historisch-soziologisch aufweisbarer Denkstil« verstanden werden, der erst in einer bestimmten Entwicklungsphase bürgerlichen Denkens entstand und nicht ein »Beispiel progressiven Sich-Verhaltens« (Gehrt, S. 16). – Der Liberalismus bedingt nach Epstein zugleich die Entstehung des deutschen Konservatismus (vgl. S. 184, Anm. 3).

[2] Nach dem Erlaß der Karlsbader Beschlüsse, von denen ja nicht nur die periodischen Blätter, sondern alle Druckschriften betroffen waren.

die Aufwertung der gesellschaftlichen Stellung des literarischen Autors mit ein, führt zu einer stärker gesellschaftsbezogenen Neuorientierung schriftstellerischen Selbstverständnisses und literarischer Programmatik und – in direktem Zusammenhang damit – zur allmählichen Inbesitznahme des neuen, nach dem Prinzip von Angebot und Nachfrage ausgerichteten Literaturmarkts durch den ›freien‹ Schriftsteller.

Dieser neue Literatentypus hatte sich schon gegen Ende des 18. Jahrhunderts herausgebildet. In einer Phase des Übergangs entfernte er sich vom überkommenen Ideal des »ständischen«, nur in den Mußestunden eines bürgerlichen Brotberufs schreibenden Autors, lernte, seine Rolle gegenüber Verleger und Publikum neu zu definieren und dabei vor allem urheberrechtliche und ökonomische Eigeninteressen wahrzunehmen. Als ›freier‹ Schriftsteller wird er dann dort erfolgreich, wo er sich zum »universalen Typus«[3] entwickeln kann, der in sich »das Amt des Dichters mit Funktionen des Tagesschriftstellers, Redakteurs, Herausgebers, Literaturwissenschaftlers und Dramaturgen«[4] zu verbinden versteht – so, wie es Börne, Gutzkow, Laube oder Heine tun. Der freie Schriftsteller schreibt in verschärfter Konkurrenz zu Kollegen, die, wie er selbst, in der Professionalisierung des Schriftsteller- und Journalistenstatus den Ausweg aus der sozial ungesicherten Position des stellungslosen Akademikers sehen. Die Brisanz dieser gesellschaftlichen Lage macht den Berufsschriftsteller im Vormärz zum Promotor der Veränderungen und zum prototypischen Vertreter der Problemlagen, von denen aus liberales Denken produktiv wird für das literarische System.

In der vormärzlichen Literaturgesellschaft – primär im Bereich der Produktion, aber auch in dem der Distribution und der Rezeption – versammeln sich die Wirkungskräfte gegen absolutistische Willkür, Adelsvorherrschaft und kirchlichen Machtmißbrauch. Hier werden die konkreten Forderungen nach ökonomischen und politischen Rechten für das aufstrebende Bürgertum und teils auch für die Unterschichten formuliert. Hier etabliert sich die Opposition als politische und ökonomische Kraft – getragen vom bürgerlich-intellektuellen Streben nach sozialem Aufstieg mit Hilfe eines fest kalkulierbaren literarischen Marktes und – darüber hinaus – von einem primär politisch motivierten Interesse an gesellschaftlicher Veränderung. Als deren Wirkungsinstrument soll Literatur nutzbar gemacht werden.

Die politische Aktualisierung von Zensur und Pressefreiheit wird zur Nahtstelle, an der der Kulturliberalismus der Intelligenz und der ökonomische Liberalismus der bürgerlichen Interessenten innerhalb des litera-

---

[3] Ungern-Sternberg, Schriftsteller, S. 166.
[4] Haferkorn, S. 526.

rischen Systems zusammenwachsen. Gleichzeitig beginnen diese oppositionellen Kräfte sich von der Bürokratie zu distanzieren, die nach den Befreiungskriegen allmählich von ihrer früheren gesellschaftskritischen Position abrückt und zum Handlanger der neoabsolutistischen Kräfte innerhalb des Deutschen Bundes wird. Diese Entwicklung führt zum Zerfall der homogenen literarischen Öffentlichkeit; ein gesteigertes Bewußtsein von der Bedeutung literarischer Medien für die Meinungsbildung ist die Folge. Die Möglichkeiten, Meinungsbildung mit Hilfe institutionalisierter Steuerungsmechanismen zu lenken, erreichen in der Argumentation und Strategie der Obrigkeit und gesellschaftlich relevanter Gruppen eine bis dahin unbekannte Bedeutung. Zum Vorbild dafür, wie Literatursteuerung in konkretem politischen Handeln wirksam werden kann, wird die französische Gesetzgebung und Verwaltung während der napoleonischen Besatzungszeit.

## 1.2 Pressefreiheit und Zensur unter napoleonischer Herrschaft

Die Eroberung Europas durch Napoleon geschah – trotz einschneidender technisch-militärischer und intentionaler Veränderungen – noch immer im Geist der Revolution von 1789; zumindest, was ihre Wirkung auf die Gegner betraf, die um Privilegien und Vormachtstellung bangenden aristokratischen Führungsschichten. Napoleons Ziel war die Neuordnung Europas zu einer Staatenföderation mit Frankreich als Zentrum. Sie sollte die Herrschaft des Kaiserreichs sichern. Für Deutschland war die Folge eine stufenweise territoriale Umgestaltung nie gekannten Ausmaßes. Deutschland wurde territorial und dynastisch an Frankreich angebunden und unter französisches Verwaltungssystem und französische Rechtsnorm eingeordnet. Der Code Napoleon machte »die freie Bewegung der Person und des Eigentums sowie die Gleichheit vor dem Gesetz zur Grundlage eines neuen und einheitlichen bürgerlichen Rechts«[5].

Der Grad der Beeinflussung durch die von oben verordneten Reformen war in den einzelnen deutschen Territorien unterschiedlich stark, was die künftige deutsche Zensurgesetzgebung und den Widerstand gegen sie mitbestimmen sollte. Die dem französischen Kaiserreich direkt angeschlossenen linksrheinischen Territorien unterstanden französischem Verwaltungssystem und französischer Rechtsnorm unmittelbar. Nicht zufällig wurden sie und die ihnen benachbarten Gebiete dann zu Zentren des Widerstands gegen Metternichs Literaturpolitik.

[5] Schnabel, S. 173.

Die neu gebildeten Rheinbundstaaten, die von Tirol bis zur Ostsee reichten und unter anderem Bayern, Baden, Württemberg, Sachsen und das Königreich Westfalen umfaßten, unterstanden zwar Frankreich nicht direkt, richteten sich jedoch zur Bewältigung der durch neue territoriale Zusammensetzung und neue Herrscherkompetenz aufgeworfenen Probleme weitgehend nach dem französischen Modell. Die Haltung dieser Staaten in den kommenden Auseinandersetzungen um Zensur und Pressefreiheit wird zeigen, wie sehr gerade die deutschen Mittelstaaten unwiderruflich in freiheitliche Entwicklungen hineingezogen wurden.

Österreich und Preußen, die führenden Kräfte des künftigen Deutschen Bundes, fungierten unter Napoleon zwar als dessen (zwangsweise) Verbündete, blieben aber außerhalb des französischen Verwaltungssystems. Doch auch hier schufen die napoleonischen Kriege, die Katastrophe von 1806 und die wirtschaftliche Ausbeutung durch Frankreich einschneidende Veränderungen. In Preußen begünstigten sie die Ausbildung eines Nationalbewußtseins und eines Patriotismus, die zur tragenden Kraft für die Befreiungskriege und zur Basis der liberalen Bewegung werden sollten; in Österreich wirkten sie vor allem auf Metternichs künftige Pressepolitik. Schon der Wiener Kongreß und die unmittelbare Nachkriegszeit zeigten, daß Österreich und Preußen die Erfahrungen, die sie unter Napoleon gemacht hatten, vornehmlich zur Wiederherstellung alter Machtsysteme zu nutzen gedachten. Von der Konzeption eines einheitlichen deutschen Nationalstaates, als dessen Voraussetzung und Garant zugleich die Pressefreiheit galt, waren die Hauptmächte des künftigen Deutschen Bundes – trotz der eigenständigen internen Reformbemühungen – weit entfernt. Wegen der Führungsposition beider Staaten im Deutschen Bund wird im Folgenden auf ihre Haltung in der Frage der Literatursteuerung als exemplarisch hinzuweisen sein.

Zensur als direkter prohibitiver Eingriff war in Frankreich bereits seit 1789 abgeschafft. Das nötigte den, der sich zum Herrscher über die öffentliche Meinung machen wollte, zu einer aktiven, lenkenden Pressepolitik. Diese neue Form literarischer Steuerungsmechanismen führte Napoleon während der Zeit seiner Herrschaft auch in Deutschland ein. Zunächst machte er sich die vorhandenen Zensurinstitutionen der deutschen Territorialmächte dienstbar; darüber hinaus aber nahm er Einfluß auf die Nachrichtenträger selbst, mit dem Ziel, das Pressewesen zu zentralisieren und zu monopolisieren. Dieses Vorgehen machte auch den deutschen Territorialmächten die Bedeutung der Presse als politisches Machtinstrument endgültig bewußt und lehrte sie, öffentliche Meinung als »Faktor politischer Strategie«[6] zu

---

[6] Schneider, Pressefreiheit, S. 177.

gebrauchen. Diese neue Form der Literatursteuerung trägt in ihrer Neigung zur Zentralisierung und Monopolisierung die Gefahr der Manipulation als Keim bereits in sich. In Deutschland wurde die Entwicklung, die damit eingeleitet ist, im Vormärz durch den Rückgriff auf direkte, prohibitive Steuerungsmechanismen noch einmal verzögert. Nach 1848 aber setzte sie sich, mit dem Wechsel vom Polizei- zum Justizsystem endgültig durch. Nach Phasen der Liberalisierung des Presserechts sollte sich im Faschismus schließlich zeigen, daß auch dieses Steuerungssystem Tendenzen totalitärer Literaturlenkung in erschreckendem Ausmaß enthält.

Die Möglichkeiten aktiver Literaturlenkung werden in Deutschland erstmals während der Befreiungskriege im antinapoleonischen Sinn realpolitisch eingesetzt. Das Ziel, die Nation aus der napoleonischen Herrschaft zu lösen, vereinigte vorübergehend den Wirkungswillen aller, besonders der von der bürgerlichen Intelligenz getragenen nationalen Kräfte. Die staatliche Obrigkeit nutzte – so etwa in Preußen – diese kurzfristige Übereinstimmung mit einer ihr antagonistischen Macht, der Presse, dazu, »Erregung und Beförderung patriotischer, preußischer, echt deutscher Gesinnungen«[7] offiziell zur Aufgabe der Presse zu erklären, sie also staatsdienlichen Zwecken nutzbar zu machen. Die Veränderungen, die deshalb im Pressewesen vorgenommen wurden, verstärkten den äußeren Anschein neuer Freiheit.

De facto aber wurde das Verhältnis von Staat und Presse in Preußen wie in ganz Deutschland auch während der Befreiungskriege durch Zensur und Verbot geregelt. Die traditionellen Institutionen der Literatursteuerung bestanden nach wie vor. Sie hatten die napoleonische Zeit, die Befreiungskriege und die staatliche Neuorganisation überdauert. In einer Zeit äußerster Bedrängnis von außen waren ihre Maximen – im Zuge der Konsolidierung obrigkeitlicher und liberaler Intentionen – zwar kurzfristig suspendiert worden. Sobald aber die unmittelbare Gefahr von außen gebannt war, restaurierten sich die alten Steuerungsmechanismen. Zum einen durch die personelle Tradition im preußischen Beamtentum, zum anderen, wohl schwerwiegenderen Teil durch die mit der Festigkeit ihrer Macht wieder zunehmende Unduldsamkeit deutscher Höfe gegen öffentliche Kritik. Es war nur noch eine Frage der Zeit, wann das alte System prohibitiver Literatursteuerung gesetzlich neu fixiert werden würde.

Diese Entwicklung aber lief den Erwartungen der bürgerlichen Öffentlichkeit zuwider, die die für die Befreiungskriege propagierten freiheitlichen und nationalen Tendenzen fortgeführt und ihre Forderung nach Pressefreiheit rechtsstaatlich gesichert wissen wollte.

[7] Ebd., S. 188.

## 1.3 Pressefreiheit als politische Forderung des Liberalismus

Die Formulierung dessen, was unter Pressefreiheit zu verstehen sei, welche gesellschaftliche Funktion sie zu erfüllen habe und was sie für die Literatur bewirken könne, war zu diesem Zeitpunkt längst geleistet.

Dem neuen Verständnis von Pressefreiheit lag ein gewandelter Freiheitsbegriff zugrunde. Seine Vorbilder sind außer in der Praxis napoleonischer Literaturpolitik v.a. im englischen Presserecht zu finden. Hier war das Justizsystem bereits seit 1695 eingeführt. England hatte bereits gegen Ende des 17. Jahrhunderts als presserechtlichen Status erreicht, was in Deutschland – als ideelle Forderung – an der Wende vom 18. zum 19. Jahrhundert und als politische Realität erst nach 1848 manifest wurde. Habermas bezeichnet diesen Status als »eine neue Stufe in der Entwicklung der Öffentlichkeit«[8]. Freiheit kann jetzt nicht mehr als Geschenk aus Fürstenhand akzeptiert werden. Sie wird – in der Weiterführung aufklärerischer Ideen – zum einen als Menschenrecht begriffen, zum anderen, in der stärker politisch argumentierenden Richtung des Liberalismus, zur politischen Forderung erhoben. Beide Argumentationslinien münden in die presserechtliche Forderung nach dem Justizsystem, das als die »große Alternative«[9] das bisher praktizierte präventive Polizeisystem ablösen soll. Das Justizsystem verzichtet auf eine präventive Zensur, die sog. »Vorzensur« und entläßt die Presse in die Verantwortung der Justiz, welche Verstöße nachträglich nach den allgemeinen Gesetzen zu verfolgen und zu bestrafen hat. Das Polizeisystem dagegen, so wie es aus der Zeit des ancien regime überliefert und bis 1806 reichsgesetzlich etabliert war[10], übt generell über jegliches Schrifttum eine obrigkeitliche Kontrolle durch Vorzensur, ergänzt durch zusätzliche nachträgliche Maßnahmen. Verschärft wird die Forderung nach dem Justizsystem durch die emotionalen Erfahrungen einer breiten Öffentlichkeit während der Befreiungskriege. Pressefreiheit war zum »Erlebnis der Zeit«, zum emotionsgeladenen, assoziativ gebrauchten Schlagwort geworden[11]. Sie wurde im unmittelbaren Zusammenhang mit der Befreiung von der Fremdherrschaft als nationales Ereignis erlebt. Die Tatsache, daß es sich dabei um eine obrigkeitlich gewährte Freiheit handelte, wurde in diesem emotionalen Kontext übersehen. Die Wieder-

---

[8] Habermas, S. 77.
[9] Schneider, Pressefreiheit, S. 205.
[10] Ebd., S. 206.
[11] Ebd., S. 210. – Durch spontane Zeitungsgründungen, das für diese Generation neue Phänomen der Flugschriftenliteratur, Bekenntnisse zur Pressefreiheit in den Zeitungen und – mehr noch – das öffentliche Aussprechen von politischen Tatsachen und Meinungen, die man zuvor kaum zu flüstern gewagt hatte.

einschränkung der Pressefreiheit galt folgerichtig als Verlust eines bereits errungen geglaubten Fortschritts, als Unrecht[12]. Eine Polarisierung der Positionen der liberalen Öffentlichkeit einerseits, der restaurativen Obrigkeit andererseits ist die Folge. Der Widerstand, der aus dieser Enttäuschung resultiert, treibt die Auseinandersetzung mit der Preßfrage auch auf staatlicher Seite voran.

[12] Ebd., S. 235 ff.

## 2. Theoretische Grundlagen der Zensur im Metternichschen System

Nach den Befreiungskriegen findet erstmals in der Geschichte des deutschen Staatsrechts eine systematische wissenschaftliche Auseinandersetzung mit den vorliegenden presserechtlichen Theorien und Systemen statt. Sie wird angeregt durch die Vorbereitung der Karlsbader Beschlüsse und dauert bis in die 1830er Jahre an. Beteiligt sind v. a. Juristen und Staatsmänner aus dem Umkreis der beiden Großmächte des Deutschen Bundes. Obwohl am Ausgangspunkt der Diskussion teilweise liberale Modelle stehen, gerät sie schließlich zur erkenntnistheoretisch gesicherten Legitimation der Zensur.

Folgende namhafte Autoren sind durch Gutachten, Entwürfe und Abhandlungen an der Auseinandersetzung beteiligt:

*D. S. Ascher:* Idee einer Preßfreiheit und Censurordnung. Den hohen Mitgliedern des Bundestages vorgelegt. 1818.
*v. Berg:* Vortrag vor der Bundesversammlung, 51. Sitzung vom 12.10.1818.
*v. Drais:* Materialien zur Gesetzgebung über die Preßfreiheit der Teutschen, besonders zur Grundbestimmung auf dem Bundestag; vorgelegt 1817.1819.
*J. v. Eichendorff:* Die konstitutionelle Pressegesetzgebung in Deutschland. [1831–1833].[1]
*ders.:* Allgemeine Grundsätze zum Entwurf eines Pressegesetzes. [1831–1833].
*ders.:* Entwurf eines Gesetzes über die Presse und ihre Erzeugnisse. [1831–1833].
*ders.:* Regulativ. [1831–1833].
*Fr. Gentz:* Preßfreyheit in England. 1818.
*G. W. F. Hegel:* Vorlesungen über die Philosophie der Rechtsgeschichte. 1818.
*ders.:* Grundlinien der Philosophie des Rechts. 1821.
*Hillebrand:* Abhandlung (handschriftlich eingereicht) o. J.[2]

---

[1]  Die genaue Entstehungszeit der Eichendorffschen Schriften ist nicht belegt. – Vgl. Frühwald, Chronik, S. 134 f.
[2]  Schneider, Pressefreiheit, S. 212.

*W. T. Krug:* Entwurf zur deutschen Darstellung der englischen Gesetzgebung über die Preßfreiheit. 1818.
*F. A. Löffler:* Über die Gesetzgebung der Presse. 1837.
*J. v. Sonnenfels:* Briefe über die wienerische Schaubühne. 1768.
*ders.:* Entwurf zu einer Privatvereinigung für Männer von Wissenschaften. 1784.

## 2.1 Hegel, Löffler und der preußische Reformkonservatismus

Die Zensurtheorien und -systematiken aus dem Umkreis des preußischen Reformkonservatismus[3] zeichnen den Weg nach, den das preußische Beamtentum von seinem reformerischen Ursprung in der Entstehungsphase des Frühliberalismus über die Zeit der Reorganisation des restaurativen Staatensystems und den Aufbau einer einheitlichen preußischen Verwaltung durch Hardenberg bis zum Regierungsantritt Friedrich Wilhelms IV. 1840 ging. Dies war der Zeitpunkt, »zu dem sich die Idee einer deutschen Kulturnation«, die vom Beamtentum ursprünglich mit getragen wurde, »zu einer reaktionären Ideologie zu entwickeln begann, zu dem also Geistes- und Gesellschaftsgeschichte in Deutschland gefährlich weit zu differieren begannen«.[4] Die ursprünglich liberale Denkweise, wie sie aus den Schriften Krugs und Bergs zur Presserechtsdiskussion anläßlich der Karlsbader Beschlüsse spricht, kann sich schon in der Aufbauphase des neuen Staates nicht gegen den von Gentz und Metternich vertretenen Geist des ancien régime durchsetzen. Zur Legitimation des Wegs in die Restauration, der hier beginnt, dient Hegels Staatslehre, so, wie er sie in den »Vorlesungen über die Philosophie der Rechtsgeschichte« (1818) und den »Grundlinien der Philosophie des Rechts« (1821) darlegt. Hegels Idee der Freiheit basiert

---

[3] Der Begriff wird hier – mit Frühwald, der ihn im Zusammenhang mit Eichendorffs Zugehörigkeit zum preußischen Beamtentum gebraucht (Regierungsrat, S. 44) – verstanden im Sinne Epsteins. Er sieht im Reformkonservatismus eine der drei Richtungen deutschen Konservatismus in dessen Ursprungsphase und charakterisiert ihn als »schrittweise Reform«, in der es »die Kontinuität in Institutionen und Ideen möglichst weitgehend zu sichern« gilt; als eine Haltung, für die – nach Burke – »die Neigung zum Bewahren zugleich mit dem Bedürfnis zu verbessern« kennzeichnend ist. (Epstein, S. 21). – Sowohl Krug, der Nachfolger Kants in Königsberg und seit 1809 Professor in Leipzig, als auch Hegel, der 1818 vom preußischen Kultusminister Altenstein an die Berliner Universität berufen wurde, sowohl Löffler als auch Eichendorff waren preußische Beamte.

[4] Frühwald, Regierungsrat, S. 53. – Frühwald präzisiert den Zeitpunkt der Trennung von Bürokratie und Kultur mit dem Abschied des westpreußischen Oberpräsidenten von Schön, des Hauptvertreters des Reformkonservatismus, aus dem Staatsdienst, 1845.

auf der Antinomie von Staat und individueller Subjektivität, einer Antinomie, die nicht als starrer Gegensatz bestehen bleibt, sondern die es aufzulösen gilt. Das ist notwendig, weil Kraft und Funktionsfähigkeit des Staates abhängig sind von der Übereinstimmung seines »allgemeinen Zweckes« mit dem »Privatinteresse der Bürger«. Dieses »ungetrübte Ganze« wird nur erreicht, wenn das Subjektive, der Wille des (oder der) Einzelnen, sich dem Staat unterwirft, wenn Freiheit und Notwendigkeit in eins verschmelzen. Hegels soziale Freiheit ist also eine »Freiheit zum Staat«[5] – im Gegensatz zu den in den Liberalismus eingegangenen naturrechtlichen Vorstellungen vom Menschen als von Natur aus freiem Wesen, das Teile dieser ursprünglichen Freiheit seiner gesellschaftlichen Existenz opfert.

In seinen Thesen zur öffentlichen Meinung spezifiziert Hegel die angenommene Antinomie von subjektiver und objektiver Freiheit weiter. Öffentliche Meinung stellt sich dar als »höchst ambivalentes Gebilde«[6], in dem die Begriffe des Allgemeinen und des Besonderen, die in der allgemeinen Freiheitslehre polarisiert worden waren, zu einer begrifflichen Synthese gebracht werden. Die öffentliche Meinung trägt deshalb Wahrheit, die »Prinzipien der Gerechtigkeit [...] in Form des gesunden Menschenverstands«, »die wahrhaftigen Bedürfnisse und richtigen Tendenzen der Wirklichkeit« ebenso in sich wie den Irrtum und das Zufällige, Willkürliche des »Meinens der Vielen«, das durch Quantität eine nur scheinbare Bedeutung erlangt.

Das Volk als Träger der »Meinung der Vielen« aber bleibt auf der Seite des Subjektiven, »Besonderen« und kann nach Hegel – wiederum im Gegensatz zu liberalen Auffassungen – nicht Träger der öffentlichen Meinung sein. Denn die vernünftige Meinung ist im wesentlichen gebunden an den Staat, an Souverän und Staatsverwaltung. Sie wird mit dem Ziel »staatsbürgerlicher Integration von oben«[7] zur öffentlichen Meinung »popularisiert«[8] und nicht, wie im Gedankengut des Liberalismus, als ein aus dem Volk von unten her zur Staatsspitze wirkendes Korrektiv entwickelt. Nach Hegel ist die öffentliche Meinung die von der staatlichen Obrigkeit artikulierte und von den vielen Einzelnen zum eigenen Wollen gemachte Staatsvernunft. Die Pressefreiheit, durch die die Volksmeinung als Gegengewicht zur Regierungsmeinung laut werden könnte, verliert mit dieser Definition ihre Funktion und Notwendigkeit, denn beide werden eins.

Die Staatsvernunft als Allgemeingut zu verbreiten, ist folgerichtig

---

[5] Schneider, Pressefreiheit, S. 277.
[6] Ebd.
[7] Ebd., S. 279.
[8] Habermas, S. 136.

staatsnotwendig. Die ihr widerstehende Freiheit öffentlicher Mitteilung von individuellen Meinungen dagegen muß verhindert werden. Hegel kennt dazu zwei Wege: Den indirekten Schutz durch die Kompetenz und Dominanz der Regierungsmeinung, die die Minderwertigkeit anderer Meinungen evident macht, d. h. den Weg über die Meinungsmanipulation; und den direkten Schutz durch die »teils verhindernden, teils bestrafenden polizeilichen und Rechtsgesetze(n) und Anordnungen«, d. h. durch präventive Steuerungsmechanismen, u. a. die Zensur.

Der Widerspruch zwischen dieser objektivierenden, auf dem Gleichklang von Gesetz und Freiheit beruhenden Freiheitsidee einerseits und den Freiheitstheorien des Liberalismus und der Freiheitsbewegungen nach 1813 andererseits ist eklatant. Daß in Hegels System die erkenntnistheoretische Legitimierung restaurativer preußischer Politik mit angelegt und von der Art ihrer Rezeption her gesehen auch wirksam geworden sei, wie Th. Schieder[9] betont, erkannten schon die Zeitgenossen und unmittelbaren Nachfahren. Kritisch die einen, wenn sie, wie in der Auseinandersetzung Hayms mit Rosenkranz 1857/58, Hegels Begriff der öffentlichen Meinungsfreiheit als »wissenschaftlich formulierte Rechtfertigung des Karlsbader Polizeisystems und der Demagogenverfolgung« anklagten, zustimmend die anderen, wenn sie, wie Löffler, die Hegelsche Freiheitslehre planvoll zur Grundlage einer an den Bedürfnissen einer restaurativen Pressepolitik orientierten Presse- und Staatstheorie machten.

Löfflers Werk »Über die Gesetzgebung der Presse« enthält den detaillierten Entwurf einer »Pressewissenschaft«, die der »Therapie des Verhältnisses von Staat und Publizistik«[10] dienen soll. Presse wird wahrgenommen v. a. in ihrer Öffentlichkeitsfunktion; sie gilt als »das ungleich wichtigste Moment sozialer Existenz«[11]. »Die höchstmögliche Rechtsverfassung der Sprache im Staate« und das meint konkret das lückenlose System einer Pressegesetzgebung zu entwerfen, ist Löfflers Ziel.

Aufbauend auf Hegels ambivalentem Begriff der öffentlichen Meinung trennt auch Löffler das »schlechthin vernünftige Urteil«, das »notwendige Urteil der Zeit von sich«[12] von der »durch und durch verbildeten privaten Meinung«[13] und ordnet der ersteren die »Staatspresse« als Forum der Staatsvernunft zu, der letzteren die »Volkspresse«, die er als negative Kraft, als »das aufzulösende Prinzip im Staate« anprangert. Die Volkspresse aber liege mit dem Staat in ständigem Kampf. Sie verfechte gegen die Staatsvernunft und

---

9 Schneider, Pressefreiheit, S. 281.
10 Ebd., S. 282.
11 Löffler, S. 2.
12 Ebd., S. 444 ff.
13 Ebd., S. 431.

die »im Staate geoffenbarte Universalität des Geistes«[14] Individualität und Subjektivität, vorwiegend ökonomisch motivierte Privatinteressen und – aus dem Anspruch heraus, das Volk zu repräsentieren – letztlich die Volkssouveränität. Diese Zielsetzung versteht Löffler als Gefahr, von der möglicherweise eine Dominanz der Volkspresse ausgehen könnte. Sie will er durch die totale Überwachung, durch totale Unterordnung unter die Staatspresse gebannt sehen, die ihrerseits gefördert werden soll. Das Reglement, das er für diese Überwachung entwirft, nimmt grotesk übersteigerte Formen an, die »um so absurder wirken, als für den gläubigen Hegelianer gerade im Walten der Staatsbürokratie die Vernunft des Weltgeistes spürbar werden sollte«[15]. Das Ende dieser gewaltsamen Reglementierung knüpft Löffler an den Erfolg der als erzieherisch gedachten Maßnahmen. Er tritt erst dann ein, wenn bewußte und überzeugte Unterordnung der Volkspresse den Zwang erübrigt, wenn die totale Unfreiheit freiwillig akzeptiert wird.

Löfflers Zensurtheorie war als politische Kampfschrift geschrieben, und als solche wirkte sie. Mit ihr wird »die präventive und die zusätzliche repressive Regierungsaufsicht [...] aus der Motivierung einer akzidentiellen politischen Zweckmäßigkeit gelöst und auf die Grundlage einer Staatstheorie gestellt«[16]. Damit hat sich die neoabsolutistische Richtung innerhalb der preußischen Verwaltung endgültig durchgesetzt. Die Anpassung an die österreichische Zensurpolitik ist – auf dem Höhepunkt der Konfrontation zwischen Restaurationsstaat und bürgerlicher Öffentlichkeit – vollzogen. Eine Abwendung vom präventiven Zensursystem und eine zensurpolitische Neuorientierung wird Preußen – sehr zögernd – erst im unmittelbaren Vorfeld der 1848er Revolution unternehmen.

## 2.2 Der österreichische Neoabsolutismus

Das spezifisch österreichische Verständnis dessen, was Zensur für die obrigkeitliche Literatursteuerung zu leisten habe, entstand in der Zeit der josefinischen Reformen. Im neuen josefinischen Beamtenstaat wurden aufklärerische Tendenzen, die Österreich um die Mitte des 18. Jahrhunderts erreicht hatten, integriert. Der »prinzipielle Gegensatz von ›privater Moral‹ und ›Staatsräson‹«, der seit der Aufklärung Staat und Öffentlichkeit in zwei getrennte Bereiche scheidet, wird hier unterlaufen; denn im jo-

---

[14] Ebd., S. 2.
[15] Schneider, Pressefreiheit, S. 284.
[16] Ebd., S. 286.

sefinischen Österreich sind die führenden Köpfe der neuen Philosophie als Beamte zugleich »der Staat selbst«[17]. Diese Struktur des Staatswesens bleibt unter Metternich erhalten, allerdings auf erschütterter Basis, denn die österreichische Beamtenschaft erfüllt ihre Doppelfunktion, die staatliche Öffentlichkeit zu repräsentieren und zugleich Träger kritischer bürgerlicher Öffentlichkeit zu sein, im 19. Jahrhundert nur noch »gezwungenermaßen, freilich mehr apathisch als widerstrebend«[18], wie sich an ihrer unentschiedenen, lauen Haltung in der Preßfrage zeigt«[19].

Das Zensurgesetz Josephs II. vom 11. Juni 1781, das Modellcharakter für die innerösterreichischen Auseinandersetzungen um die Zensur hat, garantierte zwar die Möglichkeit freier Meinungsäußerung und gestand sogar »eine gewisse Kritisierbarkeit« des Monarchen zu[20], Konzessionen, die jedoch letztlich folgenlos blieben. Gleichzeitig nämlich untersagte das Gesetz die Veröffentlichung von Äußerungen über den Staat und d.h. Kritik am Staat und schränkte die zugestandene freie Meinungsäußerung schichtenspezifisch ein. Die Zensur wurde durch die josefinische Reform also keineswegs aufgehoben, sondern standardisiert, systematisiert und zentralisiert[21]. Das josefinische Gesetz zielte nicht auf die Erweiterung des Öffentlichkeitsbereichs, sondern auf die »Förderung des Buchdrucks und Buchhandels als wirtschaftliche Machtfaktoren«[22]; es war also hauptsächlich ökonomisch motiviert.

Theoretisch legitimiert wird diese absolutistische Praxis im Bildungsprogramm Josef von Sonnenfels', des wohl einflußreichsten unter den josefinischen Aufklärern. Eine Mündigkeit des Bürgers ist auch ihm nur vorstellbar als »freiwillige und vollkommene Einordnung in den Staatszweck« – und d.h. in die Ständegesellschaft[23]. Ein prohibitives Literatursteuerungssystem wird bejaht; Sonnenfels wirkt mit an seiner Vervollkommnung. Die Mehrheit der bürgerlichen Öffentlichkeit bleibt in Österreich »von den neuen bürgerlichen Errungenschaften ausgeschlossen; unter Mitwirkung des Staates wird die tendenziell ›offene Republik‹ zur ›geschlossenen Aristokratie der Geister‹«[24].

---

[17] Nach Lechner, S. 33. – Auf Lechners Untersuchung über die Wiener »Jahrbücher der Literatur« stützen sich die folgenden Ausführungen.
[18] Ebd., S. 33.
[19] Vgl. S. 22–59.
[20] Lechner, S. 33.
[21] Ebd., S. 35.
[22] Sashegyi, S. 17 ff. nach Lechner, S. 35.
[23] Lechner, S. 40.
[24] Ebd., S. 36.

Damit ist theoretisch und praktisch die Ausgangsbasis für eine Literaturpolitik gegeben, deren Grundprinzipien Metternich noch 1838 folgendermaßen benennt:
»Ich unterscheide: Denken, Reden, Schreiben, Druckenlassen. Denken? Ja das ist frei. Der Mensch ist freigeboren. Reden? Da muß man wieder unterscheiden, ob man rede, um Gedanken auszutauschen oder um zu lehren. Im ersteren Falle muß unterschieden werden, ob man vor vielen rede, im letzten Falle muß der Staat aber immer genaue Kontrolle üben. Schreiben ist frei wie das Denken, es ist nur ein Festhalten der Gedanken. Aber anders und eine ganz eigne Sache ist es mit dem Druckenlassen. Da muß der Staat die engen Schranken ziehen, die wir Zensur nennen.«[25]

Der absolutistische Anspruch auf Kontrolle aller öffentlichen Äußerungen macht die Zensur unter Metternich zum vorrangigen Kampfmittel gegen die bürgerliche Intelligenz als die soziale Gruppe, die – im nachnapoleonischen ebenso wie im vornapoleonischen Österreich – das verordnete Schweigen zu durchbrechen versucht[26]. Begründet wird dieser Anspruch aus dem vorkantischen Postulat, daß Gut und Böse, Wahrheit und Irrtum vorgegebene, unterscheidbare Größen seien, ein Postulat, aus dem heraus sich die Freiheit der Meinungsäußerung auf »Wahrheit« beschränkt. Der Staat, als Inkarnation der Wahrheit, leitet daraus das sittliche Recht ab, den Irrtum zu unterdrücken und in regulativen Normen die anerkannten Maximen für Wissenschaft und Literatur vorzugeben. Mit der Ausweitung der Staatsinteressen auf das öffentliche Leben, wie sie mit Beginn des 19. Jahrhunderts zu beobachten ist, gewinnt dieses staatliche Kontrollsystem an Einfluß. Es wird zugleich zu dem schwerfälligen Mechanismus aufgebläht, der die österreichische Zensur vor allen anderen kennzeichnet. Die Zensur wird damit nicht nur unfunktionell; sie, die geschaffen war als »Stütze politischer Stabilität«, wird zum »erstrangigen Ferment der Gärung«[27].

Dennoch bleibt die grundsätzliche Berechtigung der Zensur im vormärzlichen Österreich selbst unter ihren Kritikern unbestritten[28], wie sich an der Petition der österreichischen Schriftsteller noch 1845 nachweisen läßt. Drei Jahre vor der Märzrevolution fordern die führenden unter den in Österreich lebenden, wie Grillparzer, Hammer-Purgstall, Bauernfeld, Stif-

---

[25] Metternich zu Anastasius Grün; nach Lechner, S. 21 f.
[26] Im fördernden, lenkenden Teil von Metternichs Literaturpolitik, der sich z. B. in einer Institution wie den »Jahrbüchern für Literatur« (1818–1849) manifestiert, sieht Lechner »nichts als eine für das Fortbestehen des Systems unabdingbar notwendig erachtete Minimalkonzession.« (S. 79)
[27] Schneider, Pressefreiheit, S. 301.
[28] Lechner, S. 82.

ter, nicht etwa die Abschaffung oder auch nur die Lockerung der Zensur, sondern ihre Standardisierung nach den Richtlinien von 1810. Der Glaube an die Reform des aufgeklärten Absolutismus erweist sich als ungebrochen. In einer Phase bürgerlicher Emanzipation glaubt in Österreich gerade die Schicht, die potentiell Freiheit erreichen könnte, nicht an die Mündigkeit des Individuums. Ja, das Bürgertum vollzieht selbst »die theoretische Fundierung des absoluten Staates« auf Kosten der »eigenen Selbstfindung als soziale Klasse«, »praktisch als Beamte und in der Zensur, theoretisch aber in der zeitgemäßen Übertragung und Uminterpretation des Wertesystems der Kirche auf die Dimensionen des Staates«[29].

Der liberalen Idee vom Nationalstaat ist diese Staatskonzeption diametral entgegengesetzt. Sie ist dennoch mehr als eine durch Staatsräson bestimmte »Polizeiherrschaft«[30], nämlich der Versuch, die alte europäische Staatsordnung zu sichern, indem man die unverzichtbaren Rechtsgrundsätze der Legitimität, Autorität und Stabilität wiederbelebt.

Die Zensurkriterien, die aus diesen Normen erwachsen, werden bestimmt zum einen von einem grundlegenden Rationalismus, der postuliert, daß die gegebene Ordnung durch Erfahrung und Beobachtung erkennbar sei; zum anderen von dem Konstrukt der »wahren, weil begrenzten Freiheit«[31], das Schutz bietet auch gegen die Emanzipationstendenzen eines von Liberalismus und Demokratismus affizierten Bürgertums.

---

[29] Ebd., S. 84.
[30] Huber, Verfassungsgeschichte I, S. 532.
[31] Lechner, S. 85.

# 3. Zensurgesetzgebung und Zensurpraxis 1819–1848

## 3.1 Das Pressegesetz der Karlsbader Beschlüsse und seine Vorgeschichte

Mit den in den Karlsbader Beschlüssen enthaltenen »provisorischen Bestimmungen hinsichtlich der Freiheit der Presse«[1] legt der neue Staat das erste Pressegesetz nach der Neuordnung Deutschlands im Deutschen Bund vor. Die Karlsbader Beschlüsse wurden am 20.9.1819 zum Abschluß der von Metternich einberufenen Ministerkonferenzen als Bundesgesetz erlassen. Sie galten zunächst fünf Jahre, wurden 1824 auf unbestimmte Zeit verlängert und blieben schließlich bis 1848 inkraft. Außer dem Pressegesetz enthalten die Beschlüsse ein Universitätsgesetz, ein Untersuchungsgesetz und eine neue Exekutionsordnung.

Die Preßfrage war zwar schon in der Bundesverfassung von 1815 aufgegriffen worden. Artikel 18 d[2] hatte in Aussicht gestellt, die Bundesversammlung werde sich bei ihrer ersten Zusammenkunft mit einer bundeseinheitlichen Regelung beschäftigen. Diese programmatische Aussage bedurfte, um realpolitisch wirksam zu werden, der Präzisierung und Legalisierung durch ein Bundesgesetz. Sie wurde jedoch bereits in dieser Form von allen Richtungen des liberalen Bürgertums als Versprechen für ein die Pressefreiheit manifestierendes Gesetz aufgefaßt und bildete während des Vormärz den Angelpunkt jeglicher entsprechenden Argumentation und Forderung. Das Karlsbader Pressegesetz enttäuschte diese Erwartungen aufs tiefste. Seine Vorgeschichte zeigt, wie es zu dieser die Versprechungen der Bundesakte düpierenden Kehrtwendung hat kommen können.

Zunächst schien es, als würde der Artikel 18 d der Bundesakte eine freiheitliche Entwicklung in der Preßfrage einleiten. Einige Länder des Deutschen Bundes, wie Sachsen-Weimar, Bayern, Baden und Württemberg, Länder, die ausnahmslos zu den Rheinbundstaaten gehört hatten und die die freiheitliche Tradition des französischen Rechtssystems nun für sich anwendeten, hatten Pressefreiheit eingeführt, und auch in Preußen war die Zensur eingeschränkt worden. Das hatte die Konsolidierung und Ausweitung des durch die Jahre der französischen Besatzung darnie-

---

[1] Siehe S. 8–11.
[2] Siehe S. 73.

derliegenden Buchmarkts begünstigt und – v. a. in den genannten Ländern – eine Blüte des Pressewesens bewirkt. Metternich beobachtete diese Entwicklung mit äußerstem Mißtrauen; denn Pressefreiheit galt ihm als die »Geißel der Welt«[3] und – neben den Freiheitsbewegungen – als größtes einer Restauration entgegenstehendes Übel. Da sich liberale Gruppierungen innerhalb und außerhalb der Länderregierungen zudem durch die Versprechungen, die der Artikel 18 d enthielt, ermutigt fühlten, auf eine schnelle Kodifizierung zu drängen[4], versuchte die Bundesversammlung zunächst, das Problem hinauszuschieben. Im März 1817 schließlich wurde der Gesandte von Berg mit einem Referat über den aktuellen Stand der Presserechtsdiskussion beauftragt, das nach weiterer anderthalbjähriger Verzögerung am 12.10.1818 endlich zum Vortrag kam. Es löste – ohne daß dies die Absicht von Bergs Empfehlungen gewesen wäre – eine Wende in der Strategie der Bundesversammlung aus. Sie gab ihre passiv-defensive Haltung auf und schritt offensiv in Richtung der späteren Karlsbader Beschlüsse.

Beim Aachener Kongreß vom November 1818, der sich vornehmlich mit den »revolutionären Umtrieben« an den Universitäten befaßte, waren die gesetzlichen Maßnahmen zur Eindämmung beider Gefahrenherde bereits vorbereitet. Noch aber bedurfte es eines spektakulären Ereignisses, um die Gefahr, die angeblich von den Freiheitsbewegungen auf den neuen Staat ausging, evident zu machen. Das Attentat des Burschenschaftlers Karl Sand auf den Schriftsteller und russischen Staatsrat Kotzebue (23.3.1819) schuf die Tatsachen, die Metternich brauchte, um seine prohibitive Literaturpolitik endgültig durchsetzen zu können.

Unter »staatsstreich«-artigen Umständen[5] wurden die Karlsbader Ministerkonferenzen einberufen und die Gesetze beschlossen. Mit ihrem

[3] Huber, Verfassungsgeschichte I, S. 743.
[4] Unter den Denkschriften und Anträgen, in denen liberale Modelle nach Realisierung drängten, ist außer den bereits erwähnten Abhandlungen (vgl. S. 101 f.) vor allem die Petition der deutschen Buchhändlerschaft auf dem Wiener Kongreß (vom 1. Nov. 1814) zu nennen. – Siehe dazu auch S. 127 und 142.
[5] Als »Staatsstreich« bezeichnet Huber (Verfassungsgeschichte I, S. 743) zum einen die Art und Weise, in der die Mitglieder der Konferenzen einberufen wurden, zum anderen die Form der Abstimmung und Verabschiedung der Gesetze selbst. Staatsstreichartig muß auch das Verfahren genannt werden, mit dem am 16. August 1824, kurz bevor das Karlsbader Pressegesetz außer Kraft trat, das Provisorium in ein Definitivgesetz verwandelt wurde. Unter der Regie Metternichs ließ man die Frist bis zur Prolongierung am 20.9. so knapp werden, daß sie zum Erlaß des versprochenen endgültigen Pressegesetzes nicht mehr ausreichte und die Ländervertretungen das alte Gesetz einstimmig und ohne zeitliche Begrenzung akzeptieren mußten.

Inkrafttreten war es den konservativen Mächten innerhalb des Bundes gelungen, die pressepolitische Entwicklung in die beabsichtigte neoabsolutistische Richtung zu lenken.

Der § 1 des Pressegesetzes führte mit der Vorzensur das alte Polizeisystem wieder ein. Der Vorzensur unterliegen nun alle Schriften mit weniger als 20 Druckbogen (320 Seiten) Umfang und damit der Großteil der Buch- und die gesamte Zeitungs- und Zeitschriftenproduktion. Die Differenzierung nach dem Umfang der Druckschriften läßt die Schwerpunkte des Kontrollsystems erkennen. Der eine liegt auf der Überwachung aktueller politischer Äußerungen, für die Schriften von geringem Umfang und v. a. Periodika besser geeignet waren, weil sie schnell und in hohen Auflagen hergestellt und verbreitet werden konnten; der andere auf der schichtenspezifischen Begrenzung des Buchmarkts. Der Gärungsstoff politischer Literatur soll durch die Rezeptionsbeschränkung auf die zahlungskräftigen und das heißt die traditionellen, sozial gehobenen Leserschichten, die allein sich teure, weil umfangreiche Schriften leisten können, um seine Wirkung dort gebracht werden, wo man zurecht das gesellschaftliche Veränderungspotential vermutet: in einer auf die unteren Mittel- oder gar Unterschichten erweiterten Leserschaft.

Für Schriften von mehr als 20 Bogen Umfang war zwar nur eine Nachzensur obligatorisch (der sich weniger umfangreiche Schriften zusätzlich zu unterziehen hatten). Das finanzielle Risiko aber, das mit dem Verlag dieser in der Herstellung kostspieligen Werke verbunden war, weil der Verleger die Gefahr entschädigungsloser Beschlagnahme einging, erwies sich als ausreichendes Regulativ.

Detailbestimmungen verstärken die neoabsolutistische Struktur des Gesetzes. So ist z. B. eine amtliche Begründung von Zensururteilen nicht vorgesehen, was die Erfolgsaussichten eines möglichen Einspruchs erheblich mindert. Entscheidender noch wirkt die Aufhebung der Pressehoheit der einzelnen Bundesstaaten (§§ 2 bis 6). Eine Tendenz zur Zentralisierung kündigt sich an, die in den nächsten Jahrzehnten zum wirksamsten Machtinstrument des Bundes gegen die freiheitlichen Pressegesetze einzelner Länder, wie z. B. Kurhessens, Sachsens oder Badens wird. Durch das Pressegesetz mehr noch als durch das Universitätsgesetz[6] wird Deutschland, wie der bayrische Minister von Lerchenfeld es formulierte, »aus einem Staatenbunde in einen Bundesstaat« verwandelt[7].

---

[6] Es war ebenfalls darauf angelegt, die Landeshoheit einzuschränken.
[7] Lerchenfeld an Wangenheim, 21. 10. 1819; nach Schneider, Pressefreiheit, S. 254.

## 3.2 Die Bundes- und Länderexekutive von den Karlsbader Beschlüssen bis zur Märzrevolution

Durch das neu installierte Zensursystem sieht sich die Literaturgesellschaft des Vormärz, soweit sie am Prozeß der Entstehung, apparativen Verbreitung und Vermittlung von Literatur beteiligt ist, einer dreifachen Gegnerschaft gegenüber: der Zensur des eigenen Landes, dem Einspruchsrecht jedes Mitgliedstaates des Deutschen Bundes und dem Einspruchsrecht der Bundesversammlung selbst durch ihre Pressekommission.

Die Bundesversammlung hatte sich ein kasuistisches Eingriffsrecht vorbehalten. Sie konnte tätig werden aus eigenem Ermessen oder aufgrund von (ihrerseits oft vom Bund selbst angeregten oder erzwungenen) Beschwerden der Länder. Diese Beschwerden gingen über das Präsidium der Bundesversammlung an das Fünfergremium ihrer Pressekommission, die ein Gutachten erstellte und den Fall zum Beschluß an die Bundesversammlung zurückgab. Von ihr ging die zwingende Weisung zur Ausführung an die Regierungen der betroffenen Länder. Die Kriterien, nach denen die Exekutive – häufig und v. a. in spektakulären Fällen mit demonstrativ-abschreckender Wirkung – eingriff[8], ließen einen breiten Ermessensspielraum. Zurückweisung oder Verbot drohten den Schriften, die – gemessen an obrigkeitlicher Norm – die Würde des Bundes verletzten, die Sicherheit der Einzelstaaten gefährdeten oder Ruhe und Frieden in Deutschland störten.

Als politisches Regulativ noch tiefer griff die gesetzgebende Gewalt der Bundesversammlung. Sie wurde – meist getarnt als Gegenaktion zu politischen Demonstrationsakten der Freiheitsbewegungen – für Steuerungsmaßnahmen genutzt, die weit über die durch die Karlsbader Beschlüsse gesetzte Norm hinausgingen.

Die erste dieser Maßnahmen, die »Maßregeln zur Herstellung und Erhaltung der Ruhe in Deutschland« vom 21.10.1830, mit der die Bundesversammlung unmittelbar auf die französische Julirevolution reagierte, hielt die Zensoren zu äußerster Vorsicht bei der »Zulassung von Nachrichten über stattgefundene aufrührerische Bewegungen« an, wie sie etwa in Börnes und Heines Berichten aus Paris enthalten sein würden[9]. Die »Sechs Artikel« vom 28.6.1832 und die »Zehn Artikel« vom 5.7.1832 wurden unmittelbar nach dem Hambacher Fest (27.–30.5.1832) erlas-

---

[8] In der Einschätzung der Bundesexekutive als eingriffsfreudig stimme ich überein mit Huber (Verfassungsgeschichte I, S. 745).
[9] Ludwig Börne: Briefe aus Paris. Bd. 1–6. 1832–1834. Heinrich Heine: Der Salon. T. 1. 1834.

sen[10]. Sie sicherten die Bundesverfassung gegen Verletzungen durch die nach 1830 neu erlassenen Landesverfassungen und die Landstände ab und schränkten die Presse-, Versammlungs- und Vereinsfreiheit weiter ein. Die freie, ungenehmigte Einfuhr und Verbreitung ausländischer Druckschriften von weniger als 20 Bogen Umfang war künftig verboten.

Mit der Gründung einer neuen Bundes-Zentraluntersuchungsbehörde in Frankfurt/Main am 30.6.1833[11] und den »Geheimen Wiener Beschlüssen« vom 12.6.1834[12] reagierte die Bundesversammlung auf die erste revolutionäre Aktion in Deutschland, den Frankfurter Wachensturm vom 3.4.1833. Diese Beschlüsse wurden nie öffentlich zugänglich gemacht und nie zum Gesetz erhoben. Dennoch waren die Regierungen verpflichtet, sich durch sie »ebenso für gebunden zu erachten, als wenn dieselben zu förmlichen Bundesbeschlüssen erhoben worden wären«[13].

Mit der Fülle dieser ergänzenden Einzelbestimmungen beabsichtigte die Zentralgewalt nicht die Veränderung des geltenden Pressegesetzes; sie waren vielmehr als Korrektiv für die Unzulänglichkeiten seines Vollzugs gedacht. Am Ende des Jahres 1834 war die inländische periodische Presse mit Hilfe des nun vorhandenen funktionstüchtigen Steuerungssystems unter obrigkeitliche Kontrolle gebracht.

Schwieriger gestaltete sich die Kontrolle der stärker literarisierten Schreib- und Veröffentlichungsformen. Sie hoffte man, nachdem das Gerüst der gesetzlichen Maßnahmen gesichert war, mit Hilfe einer Unterdrückungsaktion in den Griff zu bekommen, die sich gegen eine ganze literarische Richtung wandte: das »Junge Deutschland«[14], seine Autoren, Werke, Drucker und Verleger.

Diese Unterdrückungsaktion begann 1834 mit einer publizistischen Kampagne gegen oppositionelle Autoren, die von Preußen ausging, konzentrierte sich dann auf den spektakulären Fall, Gutzkows Roman »Wally, die Zweiflerin«, und kulminierte im Bundesbeschluß vom 10.12.1835. Er verbot alle

---

[10] Der demonstrative Charakter dieses Festes als »Akt der verfassungsoppositionellen Repräsentation« (Huber, Verfassungsgeschichte II, S. 134), die Urheber- und Trägerschaft des deutschen »Preßvereins«, die Größe dieses »ersten wahren Nationalfest(s) der Deutschen« (ebd., S. 140) und seine Folgen, die revolutionären Unruhen, die es in der Rheinpfalz auslöste, waren – so wie 1817 das Wartburgfest und 1819 Sands Attentat auf Kotzebue – Anlaß genug zum Gegenschlag.

[11] Die »Zentralbehörde für politische Untersuchungen« beschränkte sich zwar auf eine rein untersuchende Tätigkeit, leistete damit aber die Aufgabe eines »Bundesverfassungsschutzes«. Am 25.8.1842 stellte sie ihre Tätigkeit ein.

[12] Siehe S. 11–13.

[13] Zit. nach Huber, Verfassungsgeschichte II, S. 179.

[14] Siehe S. 75.

bereits veröffentlichten, aber auch alle zukünftigen Schriften von Wienbarg, Mundt, Laube, Gutzkow und Heine und verpflichtete sämtliche Mitgliedstaaten des Bundes, gegen alle an Entstehung, Herstellung und Vertrieb der Schriften des Jungen Deutschland beteiligten Personen »die Straf- und Polizeigesetze ihres Landes sowie die gegen den Mißbrauch der Presse bestehenden Vorschriften nach ihrer vollen Strenge in Anwendung zu bringen.«[15]

Obwohl das Edikt schon seinerzeit als juristisch außerordentlich fragwürdig galt, faktisch kaum angewendet und 1842 offiziell wieder aufgehoben wurde, war es nicht ohne Effizienz. Zum einen wirkte es abschreckend und demoralisierend. Außer Heine hielt keiner der verbotenen Autoren der harten Konfrontation mit dem obrigkeitlichen Machtwillen stand. Heine hatte es allerdings bereits 1831 vorgezogen, nach Paris zu emigrieren. Gutzkow, Wienbarg, Mundt und Laube, die »Häupter der Bewegung«, aber gaben klein bei, schwiegen künftig oder ließen sich vom politischen und gesellschaftlichen Establishment in Dienst nehmen, was durch gesellschaftliche Integration und bürgerliche Karriere belohnt wurde.

Zum anderen wirkte das Edikt als ideologisches Purgatorium. Ebenso, wie die gesetzlichen Maßnahmen zur Verschärfung der Zensur nach 1832 zur Radikalisierung des »harten Kerns« der politischen Opposition beigetragen hatten, beschleunigte der Bundesbeschluß von 1835 den Prozeß der ideologischen Klärung. Die Auseinandersetzungen mit der obrigkeitlichen Macht wurden schärfer, ihre literarischen Formen und die Formen der Veröffentlichung wandelten sich. Geführt werden mußte die Auseinandersetzung nach 1836 vorwiegend vom Ausland aus. In den späten 1830er und den frühen 1840er Jahren entstand und erschien der wirkungsmächtigere Teil oppositioneller Literatur im französischen, schweizerischen und belgischen Exil. Die Maßnahmen der Bundesexekutive konzentrierten sich in der letzten Phase vor 1848 deshalb auf die Kontrolle des aus dem Ausland importierten deutschsprachigen Schrifttums.

Trotz der starken Zentralisierungstendenzen lag die Praxis der Literatursteuerung im Vormärz weitgehend in der Machtbefugnis der einzelnen Territorien. Die Länder hatten den Zensuralltag zu bewältigen. Sie richteten die entsprechenden Behörden – lokale, je nach Größe in Fachgebiete unterteilte Zensurkommissionen und diesen vorgesetzte OberzensurBehörden – ein. Sie formten die Gesetze, Verordnungen, geheimen und öffentlichen Verfügungen des Bundes in eine Zensur-Realität um, die den untereinander stark differierenden politischen Möglichkeiten und Notwendigkeiten der einzelnen Gliedstaaten angemessen war. Ihnen oblag die routinemäßige

---

[15] Siehe S. 13 f.

Prozedur des Zensierens: sie hatten die Buchmanuskripte, Zeitungs- und Zeitschriftenartikel, die ihnen von Verlegern, Redakteuren und Druckern vorgelegt wurden, fristgerecht zu beurteilen, hatten das Imprimatur zu erteilen oder zu verweigern und Streichungen in den Manuskripten vorzunehmen. Sie mußten jeglichen Zensureingriff intern begründen, strittige Fälle an die vorgesetzte Behörde weitergeben und in den Fällen, in denen Zensurgesetze übertreten oder Werke bei der Nachzensur verboten oder konfisziert worden waren, strafrechtliche Maßnahmen einleiten.

Diese Maßnahmen richteten sich in erster Linie gegen das betroffene Werk; als Streichungen oder Verweigerung der Druckerlaubnis bei der Vorzensur, als Verbot, entschädigungslose Beschlagnahme oder Vernichtung bei der Nachzensur. Sie trafen aber auch die an der Entstehung, Herstellung und Verbreitung des Werks Beteiligten. An erster Stelle wurden Autor oder Redakteur, an zweiter Verleger oder Herausgeber, an dritter Drucker und an letzter die Buchhändler verantwortlich gemacht. Die Verstöße wurden nach den jeweiligen Landesstrafgesetzen mit Geld- oder Haftstrafen oder bis zu fünfjährigem Berufsverbot für Redakteure oder Herausgeber geahndet. Zuständig war jeweils die Zensurbehörde des Druckorts.

Die Tätigkeit eines Zensors, ausgeübt meist von Fachleuten aus den betreffenden Sachgebieten, von Verwaltungsbeamten oder Juristen, war ein schlecht bezahlter, belastender Nebenberuf[16], der – trotz des Einsatzes Einzelner für Gerechtigkeit und staatsbürgerliche Loyalität – zudem als gesellschaftlich diskriminierend galt. Daran wirkten die betroffenen Autoren durch die gezielte Publikation gestrichener Textstellen, exemplarischer Prozeßdokumentationen und scharfer Zensursatiren bewußt mit. Die genialste dieser Satiren ist wohl Heines souveräne »Dokumentation« der Zensurlücken im »Buch Le Grand« der »Reisebilder«[17].

In den polemischen Zensurtexten der 1840er Jahre erscheint der Zensor als Sündenbock, mehr aber als Symbolfigur des Kontrollsystems, das er an exponierter Stelle vertritt. Der Autoritätsverlust der Zensoren, dem die Regierungen vergeblich entgegenzuwirken suchen[18], demonstriert zugleich den Autoritätsverlust eines Steuerungssystems, das den Höhepunkt seiner Effizienz bereits überschritten hat.

---

[16] Das durchschnittliche Jahreseinkommen eines sächsischen Zensors z. B. betrug 20 bis 30 Taler. – Vgl. Franke, S. 60.
[17] »Die deutschen Zensoren – Dummköpfe –« (Reisebilder. II. Teil. 1826; Heine 2, S. 283).
[18] Man erhöhte die Bezahlung, plante Zensorenarbeit zur hauptberuflichen Tätigkeit im Status eines höheren, unabhängigen Beamten zu machen, räumte Zensoren Möglichkeiten zu schnellerem beruflichen Aufstieg ein. – Vgl. Reisner, S. 79.

Im Bundesbeschluß vom 3. März 1848 gibt der Bundestag in Frankfurt den »Märzforderungen«, in denen sich das politische Programm der aufflammenden Revolution artikuliert, nach und räumt den Einzelstaaten das Recht ein, die Pressefreiheit einzuführen[19]. Die Präventivzensur wird abgeschafft, die Zensur aus der Polizeigewalt in den juristischen Bereich überantwortet.

## 3.3 Zur Kontrollpraxis einzelner Territorien

Die Zensurpraxis einzelner Gliedstaaten des Bundes ist – ungeachtet der Allgemeinverbindlichkeit der Karlsbader Beschlüsse – regional stark unterschiedlich. Den Vertretern der zentralistischen Linie stehen einige wenige Territorien mit einer eigenständigen, und das heißt meist auch liberaleren Pressepolitik gegenüber. Zu den ersteren zählen von der Gefolgschaft, die sich Preußen und Österreich 1819 zu sichern gewußt hatte, letztlich nur noch Hannover, Nassau und einige norddeutsche Kleinstaaten, was die Machtposition der Großmächte jedoch nicht gefährdet. Die süd- und mitteldeutschen Staaten dagegen, von denen einige, wie Baden, Bayern, Sachsen und Württemberg, in den Karlsbader Vorkonferenzen noch zuverlässig auf der Seite der Großmächte standen, wenden – ebenso wie etwa Hessen, Sachsen-Weimar und Sachsen-Altenburg – die Bundesbeschlüsse im eigenen Land nur sehr zurückhaltend an.

Ihre Zensurpraxis ist zum einen geprägt vom lokalen kulturellen Standard, der in Deutschland zwischen den einzelnen Ländern, zwischen Nord und Süd, Stadt und Land stark auseinanderklafft. Noch deutlicher aber ist die Orientierung an den divergierenden innen- und außenpolitischen, fiskalischen und kulturpolitischen Interessenlagen. Ein eigenständiges literaturpolitisches Handeln wird begünstigt z. B. von der freiheitlichen Rechts- und Verfassungstradition, wie sie v. a. die süddeutschen Staaten aus napoleonischer Zeit beibehalten hatten; des weiteren durch geographische Randlagen zu Nachbarstaaten wie England oder Frankreich, deren moderne Literatursteuerungssysteme die badische, hessische oder hamburgische Zensurpolitik maßgeblich beeinflußten. Eine in der Territorialgeschichte wurzelnde Tendenz zur Souveränität konnte, wie in Bayern, eigenständige Literaturpolitik ebenso stärken, wie die fiskalische Abhängigkeit einzelner Staaten vom Buch- und Druckgewerbe. Aus der Vielzahl einander teils widersprechender Motivationen erklärt sich die nicht immer konsequente Haltung einzelner Bundesstaaten in der Preßfrage.

[19] Siehe S. 14.

Wie schwer es für die kleinen und mittleren unter ihnen war, zensurpolitisch eigenständig zu handeln, zeigt das Beispiel der süd- und mitteldeutschen Staaten. Die Pressepolitik der konstitutionellen Monarchien Süddeutschlands gilt gemeinhin als die liberalste des Deutschen Bundes. Die Erfahrungen mit französischer Gesetzgebung und Verwaltung hatten hier – gemeinsam mit den erwähnten territorialen Souveränitätstraditionen – starke liberale Gruppierungen innerhalb der Landesregierungen und eine wirkungskräftige außerparlamentarische Opposition im Kampf um die Pressefreiheit entstehen lassen. Ein liberales Presserecht aber vermochte dieser organisierte Widerstand in keiner der süddeutschen Konstitutionen dauerhaft zu verankern. Sie blieben der Bundespressepolitik gegenüber letztlich ohnmächtig.

Die literaturpolitische Liberalität der mitteldeutschen Staaten, v. a. Sachsens und Sachsen-Altenburgs, leitet sich aus ihrer Bedeutung für das deutsche Buchgewerbe her, dessen Zentrum seit Jahrhunderten in Leipzig lag. Die sächsische Haltung in der Preßfrage ist deshalb überwiegend ökonomisch motiviert. In Sachsen hatte – als die Karlsbader Beschlüsse inkrafttraten – die Zensur als Institution bereits mehrere Regierungsformen überdauert. Schon seit 1630 bestand eine Bücherkommission, die sich als Fachkontrolle verstand und noch bis 1836 als solche fungierte[20]. Erst die Zentralisierungsmaßnahmen des Bundes beendeten diese, in ihrer letzten Phase vom konstitutionellen Geist des Innenministeriums Lindenau begünstigte Ära. Sachsen beantwortete diese Pression mit einer geheimen »Instruktion der Zensoren«[21], in der die von der Bundespressepolitik abweichenden Eigeninteressen besonders deutlich werden. Empfahl sie doch, die freien Entwicklungsmöglichkeiten des »öffentlichen und wissenschaftlichen Lebens« nicht zu behindern und den Leser in Überlegungen des Zensors mit einzubeziehen. In Sachsen sollte die Zensur der Bildung einer kritischen öffentlichen Meinung nicht im Wege stehen.

Diese Empfehlungen trugen den Bedürfnissen einer spezifisch literarischen Öffentlichkeit Rechnung, aus der sich in Sachsen stärker als anderswo nicht nur das geistige, sondern auch das wirtschaftliche und fiskalische Potential des Landes rekrutierte. Aus der Verbindung von handfesten ökonomischen Interessen und einem Selbstverständnis als Träger der öffentlichen Meinung zog diese literarische Öffentlichkeit auch die Kraft

---

[20] Das rigide Mandat von 1810, das auch in Sachsen kurzfristig eine starke Unterdrückung der Presse zur Folge hatte, war unter napoleonischem Druck zustande gekommen.

[21] »Verordnung über die Verwaltung der Preßpolizei« vom 13.10.1836. Akten des Ministeriums des Innern, Nr.307[h], Sächsisches Landeshauptarchiv Dresden. – Nach Ziegler, S. 33.

zum Protest gegen die Bundespressepolitik. Er äußerte sich schon 1814 in der vom Leipziger Buchhandel initiierten Deputation der deutschen Buchhändler auf dem Wiener Kongreß[22], und seit 1830 immer wieder in Denkschriften und Petitionen[23], die – noch zaghaft als Wunsch vorgetragen – die Auffassung artikulierten, Fragen der öffentlichen Meinungsäußerung seien nicht länger durch Polizeiverordnungen zu regeln, sondern durch ein Pressegesetz.

Die Proteste aus der Literaturgesellschaft blieben, ebenso wie die Versuche der sächsischen Regierung, mit den Großmächten des Bundes über eine zentrale Liberalisierung des Pressegesetzes zu verhandeln, erfolglos bis 1844, als unter dem Druck von Ständen und öffentlicher Meinung bundesweit eine spürbare Entschärfung eintrat. Dennoch bleibt es das Verdienst Sachsens, motiviert durch seine starken Eigeninteressen, diese späte Liberalisierung durch Öffentlichkeitsarbeit und diplomatische Missionen an führender Stelle mit vorbereitet zu haben.

Der Konflikt mit den Großmächten des Bundes war für diejenigen Territorien, deren literaturpolitische Eigeninteressen denen der Zentralgewalt zuwiderliefen, nahezu zwingend vorgegeben. Dennoch bot gerade die Unterschiedlichkeit der Kontrollpraxis Autoren, Buchhändlern und Verlegern immer wieder Möglichkeiten zur Veröffentlichung oppositioneller Literatur.

Der Hamburger Verleger Julius Campe z. B. fand im sächsischen Altenburg und Grimma, im hessischen Darmstadt und Gießen, im dänischen Altona, aber auch in Hamburg selbst vorübergehend Druckmöglichkeiten innerhalb und außerhalb der Zensurlegalität, bis die Bundesexekutive aufmerksam wurde und die lokalen Behörden zum Eingreifen zwang. Im Frankreich benachbarten Rheinbayern gelang es den aus Altbayern emigrierten Liberalen Wirth und Siebenpfeiffer, ein oppositionelles Pressezentrum aufzubauen, das von den rheinbayerischen Behörden – gegen den erklärten Willen des Stammlandes – toleriert wurde[24]. Zacharias Löwenthal nutzte das freiheitliche badische Pressegesetz, um in Mannheim einen der Literatur des Jungen Deutschland ausschließlich verpflichteten Verlag zu etablieren, der allerdings nach kurzer Zeit am Verbot durch die Bundesversammlung scheiterte. Städte wie Leipzig, Frankfurt/Main und Hamburg wurden zu Sammelpunkten für oppositionelle Autoren, die teils vor der rigiden Zensurpraxis ihrer Heimatländer geflüchtet waren, wie z. B. Anastasius Grün oder V. v. Andrian-Werburg aus Österreich, und sich von der Liberalität der Zensurbehörden im Exil bessere Berufschancen verspra-

---

[22] Vgl. dazu Goldfriedrich IV, S. 70 f.
[23] Siehe S. 59–69.
[24] Siehe S. 23–30 und S. 85 ff.

chen. – Das Orientierungsmuster auch für abweichendes Zensurverhalten aber blieb durch die Zensurgesetzgebung und Kontrollpraxis der Großmächte bestimmt. Sie wird deshalb im Folgenden näher erläutert.

## Österreich

In Österreich, dessen Politik seit 1809 von Metternich gelenkt wurde[25], war das restaurative Zensursystem als ein Hauptinstrument zur Sicherung der bestehenden Staatsordnung am reinsten und dauerhaftesten ausgeprägt. Hier gelang es, legitimiert durch die Karlsbader Beschlüsse, eine Literaturpolitik durchzusetzen, deren Intention das »Gebot des Schweigens« war[26]. Österreichs literarische Steuerungsmechanismen zielten in zwei Richtungen. Die Kontrolle des außerösterreichischen Gebiets des Deutschen Bundes sollte eine Popularisierung des von dorther eindringenden staatsgefährdenden Gedankengutes verhindern und die »grundlegende Skepsis gegenüber jeder sich verselbständigenden Idee«[27] erhalten. Das innerösterreichische Überwachungssystem dagegen intendierte die Kontrolle jeglicher öffentlichen Äußerung, sei es in Form von Schrift, Bild oder Ton.

Der monströse bürokratische Kontrollapparat umfaßte außer den Zensurinstitutionen eine zentrale polizeiliche Untersuchungsbehörde zur Überwachung oppositioneller Vereinigungen, einen geheimen Briefdienst und die Lenkung der öffentlichen Meinung durch eine offiziöse Presse[28]. Oberstes Organisationsprinzip war die Zentralisation. Die wichtigste Entscheidungsbehörde war die Polizei- und Zensurhofstelle in Wien, die von 1815 bis 1848 unter der Leitung des Grafen Josef Sedlnitzky stand. Die eigentliche Zensurarbeit leisteten die Revisionsämter der Provinzen und das Zentralrevisionsamt in Wien, unterstützt von Polizei, Post, Zoll- und Kreisbehörden.

Die Richtlinien des Handelns bestimmte das »Sonderreferat für Polizei, Zensur und Presse« in der Staatskanzlei, das heißt Metternich selbst und, mit ihm in der staatspolitischen Gesinnung übereinstimmend, Kaiser Franz. Er wurde lange Zeit fälschlicherweise als willenloses Werkzeug seines Kanzlers angesehen. Auf ein detailliertes Zensurreglement glaubte man in Österreich verzichten zu können. Keine der wenigen konkreten Verord-

---

[25] Zunächst als Außenminister, seit 1821 als Staatskanzler.
[26] Lechner, S. 79.
[27] Ebd. S. 88.
[28] Die Zentren dieses Kontrollapparats bildeten das »Mainzer Informations-Bureau«, das Wiener »Central-Informations-Comité« mit Unterabteilungen in Galizien, Ungarn und Siebenbürgen (ab 1833) und die Geheimdienst-Zentralen. – Vgl. Glossy, Mayr, Lechner.

nungen wurde während Metternichs Regierungszeit je offiziell bekannt gemacht. Diese Unklarheit der Kriterien komplizierte den Zensurprozeß, hielt die ausführenden Behörden vom Staatskanzler direkt abhängig und trug ihnen den Vorwurf der Willkür ein. Das Kontrollsystem wurde anfällig für die Komplexität, Differenziertheit und Menge der Kritik, der es sich zunehmend ausgesetzt sah und geriet – entgegen seiner ursprünglichen Aufgabe – langfristig zum »erstrangigen Ferment der Gärung«[29].

Die Zensurpraxis der auf so unsicherem Grund operierenden Behörden orientierte sich zum einen an der Unterscheidung zwischen inländischen und ausländischen Schriften, zum anderen an den 1810 festgelegten vier Bewertungskategorien für die Beurteilung von Manuskripten[30] und ging damit über das Pressegesetz der Karlsbader Beschlüsse weit hinaus. Die inländischen, d.h. alle von österreichischen Untertanen zur mündlichen oder schriftlichen Verbreitung im In- und Ausland bestimmten Schriften, mußten ausnahmslos der Vorzensur vorgelegt werden. Ausländische, das heißt Schriften nichtösterreichischer Autoren, die außerhalb Österreichs erschienen waren, unterlagen, sofern sie als gefährlich eingeschätzt wurden, einem Einfuhrverbot – oder sie wurden nach den Richtlinien von 1810 kontingentiert.

Diese Richtlinien sahen folgende fünf Bewertungsstufen vor:

*admittitur:* Unbeschränkte Druckerlaubnis für Schriften, die öffentlich verkauft und auch öffentlich angekündigt werden dürfen.
*transeat:* Beschränkte Druckerlaubnis für Schriften, die öffentlich verkauft, aber nicht in Zeitungen angekündigt und – als Verschärfung – nicht in Leihbibliotheken aufgenommen werden dürfen.
*erga schedam:* Beschränkte Erlaubnis ohne öffentliche Ankündigung und nur mit zensuramtlicher Bewilligung. (Scheda: polizeilicher Erlaubnisschein zum Buchbezug)
*damnatur:* Für verbotene Schriften, die nur mit Erlaubnis der Zensurhofstelle von Fachleuten gelesen werden dürfen. (damnatur nec erga schedam: totales Verbot)[31].

Diese Kategorien teilen die österreichische Öffentlichkeit in Mündige und Unmündige. Einer Elite aus Adel und Gelehrten, Wissenschaftlern und höheren Beamten steht die Masse des Lesepublikums aus dem »Bürger- und Gewerbestand« gegenüber. Der von Bildung und Sozialstatus her definierten Elite ist Information und Aufklärung erlaubt, wobei man davon

---

[29] Lechner, S. 81.
[30] § 15 der Zensurvorschrift von 1810.
[31] Vgl. auch J. Marx, Zensur, Vorwort.

ausgeht, daß ihr sozialer Status sie für das restaurative Staatssystem ungefährlich macht und daß sie – als quantitative Minderheit – kontrollierbar bleibt. Diese gewisse »Geistes-und Wissenschaftsfreundlichkeit«[32], die sich durch die Grenzen, die sie setzt, als aufklärerisch zu erkennen gibt, wird durch die Karlsbader Beschlüsse weiter reduziert. Erst 1819 beginnt in Österreich die Diffamierung der Intelligenz als »staatsgefährdende Demagogen«, die Unterscheidung zwischen einer »politischen« und das heißt nach Maßgabe der Restauration »falschen« und einer apolitischen und das heißt staatskonformen Gelehrsamkeit[33]. Auch deshalb dringt die geistige Elite Österreichs in ihren Forderungen nach Pressefreiheit zunächst stets auf die Wiederherstellung des pressepolitischen Zustands von 1810.

Die Auswirkungen dieser Zensurpraxis auf das literarische Leben Österreichs waren tiefgreifend. Sie führte zu Veränderungen im Rezeptionsverhalten der Leser, die die Zensurierung durch die Obrigkeit bereits mit einzukalkulieren begannen. Sie wirkte nach im ökonomischen Verhalten des Druckgewerbes, das den Nachdruck und heimlichen Vertrieb politisch aktueller Schriften aus dem Ausland, deren Einfuhr offiziell verboten war, als gewinnbringend erkannte und bis etwa 1830 als blühenden Erwerb betrieb. Und sie veränderte die Schreibweisen und Existenzformen der Autoren, die sie entweder zu rigider Selbstzensur, zum Rückzug und ins Schweigen trieb oder zur Auswanderung ins Exil.

### Preußen

Preußen war der einzige Staat des Bundes, der von seiner Größe, machtpolitischen Stellung und reformerischen Innenpolitik her dazu imstande gewesen wäre, als liberales Korrektiv zu den von Österreich ausgehenden neoabsolutistischen Tendenzen zu fungieren. Das aber verhinderte die Widersprüchlichkeit der preußischen Zensurpolitik. Im Zusammenhang mit den innerpreußischen Machtverhältnissen und den sie legitimierenden Theoremen über Zensur und Pressefreiheit wurde bereits dargestellt, worin diese Widersprüchlichkeit begründet liegt. In der Aufbauphase des neuen preußischen Staates stehen sich zwei divergierende politische Tendenzen gegenüber: die restaurative wird von der hauptstädtischen Ministerialbürokratie im unmittelbaren Umkreis des Herrschers vertreten, die reformerische von der Verwaltung um Hardenberg. Dieser konnte zwar vor 1819 die von Metternich propagierten Maßnahmen gegen die Universitäten noch verhindern; nach dem Attentat auf Kotzebue aber setzte sich die Richtung des konservativen Außenministers Bernstorff durch.

---

[32] Lechner, S. 98.
[33] Ebd., S. 99.

Die Zensurverordnung vom 18.10.1819 nahm die absolutistische Tendenz der vornapoleonischen Zeit wieder auf. Das Wöllnersche Edikt von 1788[34], das versucht hatte, Aufklärung und Religionsfreiheit in Preußen mit Hilfe staatskirchlichen und polizeilichen Drucks einzudämmen, wurde in dieser Verordnung restauriert. Der Begriff der öffentlichen Meinung wurde mit absolutistischer Selbstverständlichkeit für das amtlich Verordnete in Anspruch genommen, die Unterdrückung davon abweichender Meinungen aus gleichem Geist legitimiert. Mit der Verordnung von Vorzensur für alle Schriften ohne Unterschied ihres Umfangs ging das preußische Edikt über das im Karlsbader Pressegesetz geforderte Maß noch hinaus. Die hohen Strafen schließlich, mit denen man Drucker und Verleger zur Verantwortung zog[35], zeigten, daß man in Preußen sehr wohl erkannt hatte, wie wichtig für den Erfolg der Literaturkontrolle die Vermittlerinstanzen waren[36].

Die Organisation und Durchführung der Zensurarbeit leitete bis 1843 zentral das preußische Oberzensurkollegium in Berlin. Es stand einem weitverzweigten und unübersichtlichen Apparat von lokalen Zensur- und Polizeibehörden vor und war seinerseits – je nach Textthematik – dem Innen-, dem Außen- oder dem Kultusministerium verantwortlich. Vorsitzender des Oberzensurkollegiums war Karl Georg von Raumer, dessen teils parteiische, teils auch despotische Zensurpraxis zwar von Fall zu Fall scharf kontrolliert und gemaßregelt wurde, sich aber in ihrer restaurativen Richtung aufs Ganze gesehen durchsetzte.

Nach der französischen Julirevolution dehnte Preußen seinen Einflußbereich auf die Nachbarstaaten aus und griff mit Beschwerden besonders stark in die sächsische, hamburgische und dänische Kontrollpraxis ein. Dieses Vorgehen gipfelte 1835 in dem von Preußen ausgehenden Verbot des Jungen Deutschland. Am 8.12.1841 folgte das preußische Verbot des Verlags Hoffmann und Campe, das ebenfalls der literarischen Opposition galt. Beide Maßnahmen wurden zwar nach kurzer Zeit entschärft; das Verbot

---

[34] Das von dem preußischen Minister und ehemaligen Pfarrer Johann Christoph von Wöllner (1732–1800) entworfene und von Friedrich Wilhelm II. erlassene Religionsedikt vom 19.12.1788 erwies sich allerdings als undurchführbar.

[35] Art. 13 und 16 der preußischen Zensurverordnung von 1819.

[36] Außerdem wurde preußische Rezensur für alle außerhalb Preußens erschienenen Schriften, Ausdehnung der Zensur auf alles Gedruckte, auch das nicht zur Veröffentlichung bestimmte, verlangt, und damit Zensur nicht nur für alle bildlichen Darstellungen, sondern z.B. auch für Droschkenmarken und Wechselformulare, Visitenkarten und Hochzeitsgedichte. – Vgl. Goldfriedrich IV, S. 244. Auf seine Angaben stützt sich, da eine Spezialuntersuchung über die preußischen Zensurverhältnisse im Vormärz fehlt, die folgende Zusammenfassung.

des Jungen Deutschland durch die erläuternde Verfügung vom 16.12.1836, die die außerhalb Preußens erschienenen jungdeutschen Schriften zu verbreiten erlaubte, sofern sie die Nachzensur passiert hatten; das Verlagsverbot von 1841 durch einen Gnadenakt vom 6.6.1842 anläßlich des großen Hamburger Brandes. Bis 1843 blieben die Schriften des Jungen Deutschland dennoch unter der Aufsicht eines Spezialzensors, des Hofrats Dr. John.

Die Hoffnungen, die die Opposition auf die Thronbesteigung Friedrich Wilhelms IV. (1840) gesetzt hatte, erfüllten sich nicht. Zwar brachte die Beschränkung der Zensur auf das Karlsbader Maß zunächst Erleichterung. Die Zensurinstruktion vom 24.12.1841[37] aber erwies diese bald als Scheinfreiheit. Diesen »Scheinliberalismus« entlarvte der junge Marx in seinen »Bemerkungen über die neueste preußische Zensurinstruktion«[38].

Die wichtigste organisatorische Veränderung brachte die Verordnung vom 23.2.1843. Sie hob das Oberzensurkollegium auf und setzte an seine Stelle eine neue, von der Zensurverwaltung formal unabhängige juristische Instanz. Gleichzeitig wurde die zersplitterte Zensurverwaltung zentralisiert und vereinfacht. Sie wurde in Bezirksbehörden zusammengefaßt, die nur noch einer Instanz, dem Innenministerium, verantwortlich waren. Das neugeschaffene Oberzensurgericht hatte über alle in Preußen getroffenen Präventions- und Suppressionsmaßnahmen zu entscheiden; eine Berufung gegen seine Entscheidung gab es nicht. Die Bedeutung, die die neue Instanz für eine freiheitliche Lösung der Zensurfrage hätte gewinnen können, wurde in der Praxis gemindert durch die Bindung an Zensurgesetze, interne Ausführungsbestimmungen und eine weitreichende Einschränkung des Kompetenzbereichs. Den literaturvermittelnden Instanzen stand kein Recht zu, ihre Belange unter juristischen Gesichtspunkten behandelt zu sehen. Dies machte sich als restaurative Sperre bemerkbar, als von Bornemann, der den Liberalen als »der letzte Nothanker der preußischen Presse«[39] gegolten hatte, aus dem Vorsitz des Oberzensurgerichts ausschied. Eine formelle Rechtsbürgschaft, wie sie durch das Oberzensurgericht garantiert schien, hatte geringere Bedeutung als die das Amt verwaltende Persönlichkeit.

Die Anfänge einer juristisch fundierten Zensur, mit denen sich in der zweiten Hälfte der 1840er Jahre ein Übergang der Preßfrage aus dem polizeilichen in den juristischen Bereich anzubahnen schien, wurden durch die politische Bürokratie sukzessive zersetzt. Dennoch war in Preußen – dank den oppositionellen Kräften in den Rheinlanden und an der Berliner Uni-

---

[37] »Circular an sämtliche Königliche Oberpräsidien«.
[38] Siehe S. 30–52.
[39] Goldfriedrich IV, S. 248.

versität sowie den Liberalen innerhalb der Staatsverwaltung – eine österreichische Form der Entwicklungs- und Bewegungslosigkeit unmöglich. Es war Preußen, dem es 1847 im unruhigen Klima der unmittelbar vorrevolutionären Zeit, nach Verhandlungen mit Sachsen und Württemberg, als erstem Bundesstaat in einer kleinen separatistischen Lösung gelang, die Präventivzensur zumindest für einige Einzelstaaten abzuschaffen und dies auch für den gesamten Bund vorzuschlagen. Die Tendenzwende aber kam zu zögernd und zu spät, als daß sie den Prozeß der Literatursteuerung noch entscheidend hätte beeinflussen können.

## 4. Literatur und Zensur: Der Kampf um Pressefreiheit in der vormärzlichen Literaturgesellschaft

### 4.1 Die Träger des Widerstands gegen die Zensur und seine Ziele

Der vormärzliche Kampf um Pressefreiheit ist ein »bürgerliches Phänomen«[1]. In der Konfrontation zwischen restaurativer Obrigkeit und den oppositionellen Kräften des literarischen Systems, die die bürgerliche Öffentlichkeit repräsentieren, manifestiert sich die Spannung zwischen Staat und Gesellschaft, die Conze als für die Zeit charakteristisch beschrieben hat. Die schriftliche Form politischer Opposition, auf die die Literatursteuerung vornehmlich zielt, geht aus von den Mittelschichten und wirkt v. a. auf sie zurück.

Wer die Träger der öffentlichen Meinung in der ersten Hälfte des 19. Jahrhunderts im einzelnen sind, ist kaum untersucht. Allgemein läßt sich über sie sagen, daß sie noch weitgehend identisch sind mit dem »räsonierenden Publikum«, das seit Habermas für das Deutschland des späten 18. Jahrhunderts beschrieben ist[2]. Erst seit der napoleonischen Zeit kann die Affinität dieser gesellschaftlichen Gruppe zur Literatur als Vorform politischen Handelns angesehen werden. Jetzt erst wird die literarische partiell auch zur politischen Öffentlichkeit, denn erst jetzt setzt der Kampf um die praktische politische Partizipation ein, ein Kampf, der vor allen anderen mit publizistischen und das heißt in einem erweiterten Sinn mit literarischen Mitteln geführt wird. Er wird getragen von jenem durch Bildung zusammengehörigen bürgerlichen Publikum, das durch Urteilsfähigkeit und Teilnahme am politischen und literarischen Diskurs als »richtende Instanz«[3], als meinungsbildender Teil der Öffentlichkeit ausgewiesen ist. Außerhalb dieses schmalen Potentials aus bürgerlicher Intelligenz und politisch aktivem Adel existiert im vormärzlichen Deutschland eine Identität von literarischer und politischer Öffentlichkeit nicht.

Unterschiedliche gesellschaftliche Instanzen und Gruppen betreiben die Ausweitung öffentlicher Meinungsbildung auf breitere soziale Schichten – sowohl im literarischen als auch übergreifend im gesamtgesellschaftlichen Bereich. Von staatlicher Seite z. B. wird während der Befreiungskriege das

---

[1] Conze, S. 207.
[2] Habermas, S. 67 ff.
[3] Ebd., S. 70.

Denken in nationalen und nationalstaatlichen Kategorien gefördert. Radikale oppositionelle Gruppen betreiben u.a. bewußtseinsbildende politische Aufklärungsarbeit[4]. In der neuen Literaturgesellschaft bewirkt die Ausweitungstendenz zum einen eine Umwertung innerhalb des literarischen Gattungskodex und einen Wandel der Veröffentlichungsformen[5]. Aber auch das Verhältnis zwischen Autor und Leser wird verändert.

Die ökonomische Abhängigkeit des Berufsschriftstellers vom Leser als potentiellem Buchkäufer auf einem durch wirtschaftliche Kriterien regulierten Literaturmarkt veranlaßt den Autor, um sein Publikum zu werben. Dies indizieren die sich differenzierenden Formen direkter Leseranrede und – mehr noch – der Wandel in literarischer Wirkungsabsicht und Programmatik; sie richten sich direkt auf gesellschaftliche Anliegen.

Ausschlaggebend für die Neubestimmung der ideologisch-ästhetischen Positionen ist die französische Julirevolution. Von ihr gehen die entscheidenden Anstöße für die theoretische Verallgemeinerung der gesellschaftlichen Veränderungen aus. Die weitreichendsten Literaturkonzeptionen entwerfen diejenigen unter den deutschen Schriftstellern, deren Erfahrungen mit den weiter entwickelten gesellschaftlichen Verhältnissen Frankreichs durch ihr Leben im revolutionären bzw. nachrevolutionären Paris oder Straßburg am intensivsten waren, nämlich Börne, Heine und Büchner.

Sie verbinden diese praktische Erfahrung mit den fortschrittlichsten unter den zeitgenössischen Geschichts- und Gesellschaftstheorien; Büchner beispielsweise mit Ideen des Präsozialismus, Heine mit denen Hegels und des Sensualismus. Das literarische Programm, das daraus entwickelt wird, geht – nach Heine – aus vom »Ende der Kunstperiode«, welches aus dem Tod Hegels (1831) und Goethes (1832) diagnostiziert wird, und mündet

---

[4] Metternich empfiehlt – noch zu Zeiten seiner Tätigkeit als Außenminister, nach französischem Beispiel – die Aufwertung und Indienstnahme der öffentlichen Meinung auch für das heimische Österreich, allerdings nicht aus veränderter, antiabsolutistischer Überzeugung, sondern als politische Strategie. Die öffentliche Meinung zu mißachten, sei politisch zu gefährlich (an Graf Stadion, 23.6.1808, nach Metternich-Winneburg II, S.192). – Bei den preußischen Reformern wird die Aufwertung der öffentlichen Meinung, ohne daß Klarheit oder Einigkeit darüber bestanden hätte, was darunter zu verstehen sei, zur Überwindung der napoleonischen Herrschaft eingesetzt (vgl. Flad, S.85). – Auch die Opposition nutzt die von den politischen Machthabern für tauglich befundenen Mittel zur Meinungsbeeinflussung, nämlich die von Stein genannten »Druck- und Flugschriften, Reden, Feierlichkeiten jeder Art« (Stein, 29.7.1809 an Gentz und Stadion; nach Schneider, Pressefreiheit, S.178). – Vgl. auch Ruckhäberle, Flugschriften und ders., Frühproletarische Literatur, passim.

[5] Siehe auch 4.4. *Zu den Auswirkungen der Zensur auf die Literatur*, S.169ff.

in die These von der Heraufkunft eines »neuen Prinzipes«[6], einer neuen Kunsttheorie. Der »Kunstperiode«, als Schein des Lebens, als Kunstwelt, gilt es, in dieser neuen Entwicklungsperiode »die höchsten Interessen des Lebens selbst« entgegenzusetzen. Diese neue Literatur macht keinen Unterschied mehr »zwischen Leben und Schreiben«; sie trennt »nimmermehr die Politik [...] von Wissenschaft, Kunst und Religion«[7].

Dem Schriftsteller kommt als neue Aufgabe zu, das Zeitgeschehen räsonierend und kommentierend zu begleiten, es aber darüber hinaus auch aktiv mitzubestimmen. Insgesamt jedoch bleibt Heines neues Literaturprogramm zu allgemein, bleiben die programmatischen Ansätze Büchners und Börnes zu bruchstückhaft, als daß sie Mittel und Wege, die zu der postulierten politischen Wirkung von Literatur führen könnten, genauer beschrieben oder die prinzipiellen Möglichkeiten politischer Agitation mit Hilfe von Literatur kritisch reflektierten.

Den Ansätzen zur Verbreiterung literarischer Wirkungsmöglichkeiten stehen – ebenfalls auf Autorenseite – elitäre Tendenzen entgegen. Gutzkow formuliert 1834 erstmals den programmatischen Verzicht auf die Lesermassen[8]. Die Veränderungen, denen Gutzkows schriftstellerisches Selbstverständnis im Zusammenhang des »Wally«-Prozesses und des Verbots des Jungen Deutschland unterworfen ist, stempeln dieses Programm allerdings, als er es 1836 wiederholt, zum ästhetischen Rückzugsmanöver[9]. Deutlicher als in solch literarischen Absichtserklärungen wird die elitäre Tendenz in der neuen, subjektiven Schreibpraxis, der literarischen »Verschlüsselungskunst« etwa eines Heine sichtbar. Sie setzt Bildung und Zugehörigkeit zur Literaturgesellschaft für die literarische Verständigung ganz selbstverständlich voraus.

Das Ziel einer Ausweitung des Lesepublikums wird in der ersten Jahrhunderthälfte nicht erreicht. Vom Kampf um die Pressefreiheit bleibt derjenige Teil der literarischen Öffentlichkeit, der die massenhaft verbreitete Literatur konsumiert und sich damit auf einen verbreiterten Markt zubewegt, weitgehend ausgeschlossen. Obrigkeitlichen Instanzen ist nach der staatlichen Konsolidierung im Deutschen Bund an weiterer Bewußtseinsbildung der Massen nicht mehr gelegen, denn es gilt, den politischen status quo aufrecht zu erhalten. Im literarischen Bereich läßt sich dies, wirksamer als durch die Zensur, mit Hilfe einer aktiven, lenkenden Literaturpolitik erreichen. Sie setzt auf eine fragwürdige Volksaufklärung mit befrieden-

---

[6] Heine, Romantische Schule; Heine 5, S. 395.
[7] Ebd., S. 468.
[8] Vorrede zu »Novellen« 1834.
[9] »Appellation an den gesunden Menschenverstand« 1838. – Siehe auch S. 157–163.

der Absicht und eine scheinbar apolitische, fiktive Massenliteratur ohne bewußtseins- und wissensbildenden Effekt. Die politische Volksaufklärung der Opposition, wie sie z. B. im Umkreis Büchners durch Flugschriften betrieben wird, konzentriert sich auf konkretere Anliegen als das der Freiheit und nationalen Einheit. Diese Kritik der politischen Verhältnisse, die die Interdependenz von geistlicher und weltlicher Macht durchleuchtet, die Diskrepanzen zwischen Arm und Reich thematisiert und zur Besinnung auf das Urchristentum aufruft[10], rührt direkt an die materielle Existenz der mittleren und unteren Schichten.

### Die »Preßfrage« in der bürgerlichen Bewegung

In der Preßfrage argumentiert die bürgerliche Bewegung in all ihren Entwicklungsstadien und Richtungen im Wesentlichen gleich; der gemäßigt reformerische badische Abgeordnete Theodor Welcker in seiner »ehrerbietigsten Petition« von 1830 und der Liberale Wirth in der Begründung seines »Preßvereins« von 1832 ebenso wie der politische Emigrant Heine in seinen öffentlichen Angriffen gegen die Kontrollpraxis des preußischen Staates und der junge Marx in seinen politisch-ökonomischen Zensuranalysen aus der unmittelbar vorrevolutionären Zeit[11]. Postuliert wird das Ende der Zensur und die Überantwortung der Presse in die Justizsphäre. »Das beste Preßgesetz« – heißt es bei Welcker, und schon bei ihm ist die Forderung nicht neu »... ist gar keins, oder ist doch nur Unterdrückung des Preßmißbrauchs«[12].

Pressefreiheit wird als ein verfassungsmäßig verankertes bürgerliches Recht auf Vertragsbasis begriffen. Aus ihm wird die sittliche Verwerflichkeit der Zensur abgeleitet. Ein Staatswesen, das Einheit, Freiheit und Gleichheit seiner Bürger vor dem Gesetz zwar nach außen hin vertritt, dieser Verfassung aber in der Praxis ein Zensurgesetz nach Maßgabe der Karlsbader Beschlüsse entgegenstellt, hat seine Glaubwürdigkeit eingebüßt.

Unterschiedlich sind die Mittel und Wege, mit denen die einzelnen Richtungen der Freiheitsbewegung Pressefreiheit erreichen wollen, und die Funktionen, die sie im politischen Kampf erfüllen soll. Die Vertreter des Liberalismus, gleich, ob sie dem gemäßigt reformerischen Flügel, den sogenannten »Konstitutionell-Liberalen« angehören, wie Welcker, oder den stärker am westlichen Rationalismus orientierten »Parlamentarisch-

---

[10] Ruckhäberle, Flugschriften, S. 207 ff.
[11] S. u.
[12] »Die vollkommene und ganze Preßfreiheit nach ihrer sittlichen, rechtlichen und politischen Nothwendigkeit.«, S. 157.

Liberalen«, wie Wirth zur Zeit der Preßvereinsgründung[13], propagieren den Weg der friedlichen Reform. Sie soll durch Aufklärung und Einsicht ohne Destruktion der bestehenden gesellschaftlichen Strukturen erreicht werden, wobei vorausgesetzt wird, daß es möglich sei, die Freiheit der Gesellschaft im Staat zu sichern, ohne eine »Herrschaft der Gesellschaft über den Staat« zu errichten[14].

Zumindest bis zum Hambacher Fest glauben die Liberalen, daß der Staat die geforderte Meinungsfreiheit freiwillig gewähren werde, sobald der Prozeß der öffentlichen Meinungsbildung entsprechend fortgeschritten sei. Deshalb entwickelt keine der Denkschriften, Petitionen und Aufrufe ein konkretes Programm zur Verwirklichung der friedlichen Reform[15]. Erst als die Verschärfung der obrigkeitlichen Kontrollmaßnahmen nach 1832 die Ohnmacht der bürgerlichen Öffentlichkeit unübersehbar macht, radikalisieren sich die Vorstellungen darüber, wie die Forderung nach Pressefreiheit zu verwirklichen sei. Dies läßt sich exemplarisch nachvollziehen am Wandel der politischen Meinungen und Handlungen Wirths.

Auch er ging von der liberalen Auffassung aus, daß Freiheit der Meinungsäußerung ein Urrecht der Völker sei. Die Bedeutung einer freien Presse als Vorbedingung und Instrument für öffentliche Meinungs- und Willensbildung, als Kontrollinstanz gegenüber der staatlichen Obrigkeit war Wirth früh bewußt. Mit einer öffentlich wirkenden politischen Institution wie dem »Deutschen Vaterlandsverein zur Unterstützung der freien Presse« glaubte er ein Mittel der Obrigkeitskontrolle geschaffen zu haben, mit dem Pressefreiheit auf reformerischem Weg zu erreichen sei. Die wachsende Einsicht in die Gegenläufigkeit der obrigkeitlichen Maßnahmen, die auch den »Preßverein« zur Auflösung und Abwanderung in die Illegalität zwangen, veranlaßte Wirth, den Weg der Reform aufzugeben und sich radikaldemokratischen Positionen zuzuwenden.

Das ursprüngliche Ziel der Radikaldemokraten, das später vielfältig programmatisch variiert und auf verschiedenen Entwicklungsstufen ideologisch modifiziert wurde, war der politische Umsturz. Erste Manifestationen des vormärzlichen Radikalismus finden sich bereits in der nationaldemokratischen Turnbewegung Jahns, in dem von Karl Follen geführten linken Flügel der Burschenschaften und ihren, Nachfolgern den unmittelbar nach 1819 entstandenen politischen Geheimbünden. Unzulänglichen ersten Versuchen direkter revolutionärer Aktion folgt nach 1832 eine Phase der Differenzierung. Ein organisatorisches System wird aufgebaut. In den

---

[13] Huber, Verfassungsgeschichte II, S. 374f.
[14] Ebd.
[15] Vgl. Wirth, Deutschlands Pflichten, S. 23–30.

ideologischen Positionen rückt das Ziel der geistigen Revolutionierung der bürgerlichen Gesellschaft, beeinflußt von den geistigen Strömungen aus Frankreich und dem Linkshegelianismus der 1840er Jahre, in den Vordergrund. Eine freie Presse gewinnt im Zusammenhang mit dieser Entwicklung als Agitationsinstrument an Bedeutung. Auch der Radikaldemokratismus aber bleibt im Vormärz Teil der bürgerlichen Opposition. Dem Bürgertum entstammen seine führenden Vertreter; das Bürgertum und nicht der vierte Stand soll Träger des politischen Umsturzes sein[16].

Zum Paradigma des sich radikalisierenden Widerstands gegen die Zensur werden – nicht zufällig für Verlauf und Charakter des Widerstandsprozesses – die öffentlichen Aussagen nicht etwa eines Politikers, sondern die engagierter »Zeitschriftsteller«, wie Börne und Heine. In der Auseinandersetzung mit den gesellschaftlichen Verhältnissen ihres Heimatlandes entwickeln sie eine Sensibilität der literarischen Reaktion auf die realhistorischen Ereignisse, eine sich ständig erweiternde Einsicht in die Mechanismen politischer und ökonomischer Unterdrückung und eine mit dem Stand ihrer Einsicht wachsende Präzision der Analysen zum Thema Pressefreiheit, die – über den individuellen Fall hinaus – die Stadien der oppositionellen Radikalisierung markieren.

Börne greift die Preßfrage bereits unmittelbar vor den Karlsbader Konferenzen, im April 1819 mit äußerster satirischer Schärfe auf[17]. Im größeren politischen Zusammenhang behandelt er sie wieder 1831 / 32 in den »Briefen aus Paris«, die unzensiert erschienen und sofort verboten wurden, und erneut 1836 / 37 in seiner polemischen Schrift »Menzel der Franzosenfresser«. Heine versteht die Auseinandersetzungen um seine Schreib- und Veröffentlichungsfreiheit als einen »Dreifrontenkampf«, in dem die staatliche Zensur neben Verlagsgeschehen und liberaler Ideologie nur einen Gegner ausmacht[18]. Die liberale These von der Pressefreiheit als Teil der Gewerbefreiheit ist auch für Heine Ausgangspunkt der Argumentation. Seit seiner Emigration, 1831, der Zensureingriffe und Verbote seiner Werke vorausgegangen waren, beginnt er den ökonomisch-moralischen Doppelcharakter der Zensur als Scheinlegitimation für die von der staatlichen Bürokratie

[16] Huber, Verfassungsgeschichte II, S. 402.
[17] Ludwig Börne: Denkwürdigkeiten der Frankfurter Zensur. In: Die Waage. Eine Zeitschrift für Bürgerleben, Wissenschaft und Kunst. Hg. v. Ludwig Börne. 6. Heft, April 1819. – ders.: Von den Vorzügen des Preßzwangs vor der Preßfreiheit, oder von der Erlösung der Freiheit von der Presse durch den Zwang. In: ebd. 7. Heft, April 1819.
[18] Briegleb hat diesen Erkenntnisprozeß anhand der literatur- und gesellschaftspolitischen Schriften Heines aus den Jahren 1832 bis 1840 eingehend analysiert. – Briegleb, Schriftstellernöte, passim und ders., Menzel, passim.

aufgestellten, aber selbst nicht befolgten Wertnormen zu begreifen. Damit beginnt seine Einsicht in die Komplexität der politisch-ökonomischen Zusammenhänge, die seine schriftstellerische Existenz bestimmen[19]. Am Ende dieses Lernprozesses wendet Heine sich dem Studium der frühkommunistischen Schriften zu und führt seine Auseinandersetzung mit den aufkommenden sozialistischen Ideen fort. Er geht ansatzweise den Weg derjenigen radikalen Oppositionellen, die sich, wie Weitling und Weerth, aber auch der Junghegelianer Ruge, nach den enttäuschenden Erfahrungen in der direkten aktionistischen Konfrontation mit obrigkeitlichen Instanzen, dem Ausbau der ideologischen Positionen verschrieben, ohne daß sie dadurch den Kontakt zur praktischen Widerstandsarbeit verloren hätten[20]. Wie sie, erkennt und formuliert auch Heine den Zusammenhang von politischer und sozialer Revolution, als deren Teil er Pressefreiheit nun versteht.

Er trifft sich darin mit dem jungen Marx der präsozialistischen Zeit, der seine kritische publizistische Tätigkeit 1842 mit einer grundlegenden Kritik der deutschen, speziell der preußischen Zensurverhältnisse beginnt[21]. Auch Marx setzt, wie die gesamte Opposition, eine freie Presse als Prämisse für die Bildung von Öffentlichkeit. Diese ist für ihn allerdings erst mit demokratischen Verhältnissen hergestellt. Auch er protestiert gegen ein Zensurgesetz als Unrecht und propagiert ein Pressegesetz als rechtlichen Zustand. Mit Heine verbindet ihn die Einsicht in die Problematik einer wirtschaftlichen Abhängigkeit der Presse, wie er sie im liberalen Verständnis der Pressefreiheit als Form der Gewerbefreiheit vorgebildet sieht. Dieser Aspekt wird im Vormärz wegen der vorwiegend politischen Aktualität der Preßfrage wenig beachtet.

Heines realitätsbezogenem Umgang mit dieser Problematik setzt Marx den idealistischen Anspruch entgegen, die erste Freiheit der Presse müsse darin bestehen, kein Gewerbe, die Freiheit des Schriftstellers darin, ohne materielle Eigeninteressen zu sein. Dies kann allerdings – auch für Marx – nur für die realhistorische Situation der Presse in der Übergangszeit des Kampfes um ihre formelle Freiheit gelten. Erst wenn Pressefreiheit hergestellt ist, gewinnt die Frage der ökonomischen Abhängigkeit des Schriftstellers für Marx Bedeutung. Die Entwicklung der Preßfrage nach 1848 sollte die Gefährlichkeit der Interdependenz von politischer und mit ihr untrennbar verquickter ökonomischer Kontrolle, wie Marx sie diagnostiziert, bestätigen.

[19] Vgl. Erörterungen, S. 15–19.
[20] Es ist nachgewiesen, daß Heine in Verbindung zu radikalen Pariser Untergrundorganisationen stand. – Vgl. Ruckhäberle, Frühproletarische Literatur, S. 13 ff.
[21] »Bemerkungen über die neueste preußische Censurinstruktion«, 1842; siehe S. 30–52.

## 4.2 Die Widerstandspraxis des Buchhandels

Der Buchhandel ist in der ersten Hälfte des 19. Jahrhunderts die zentrale Vermittlerinstanz zwischen der Literatur und ihren Lesern. Seine Haltung gegenüber der Zensur wird deshalb als prototypisch für die Widerstandspraxis innerhalb des Systems der Literaturvermittlung gesetzt[22]. Obwohl die Preßfrage lange Zeit eines der Hauptprobleme des Gewerbes war und für den Buchhandel ebenso zur Existenzfrage zu werden drohte wie für die Autoren, blieb seine Einstellung lange Zeit ambivalent. Uneinheitlich war sowohl die Position der einzelnen Verleger und Sortimenter, als auch die des 1825 gegründeten »Börsenvereins für den deutschen Buchhandel«, der sich innerhalb des Standes als gemeinsame Interessenvertretung und nach außen hin als offizielles Organ verstand. Die Voraussetzungen und Bedingungen für diese Uneinheitlichkeit liegen in den ökonomischen Veränderungen und der standespolitischen Entwicklung, die der Buchhandel zwischen Befreiungskriegen und Märzrevolution durchmachte.

Als Johann Friedrich Cotta, der Inhaber des Stuttgarter Klassikerverlags, und Karl Bertuch, der Sohn des Weimarer Großverlegers Friedrich Bertuch, zwei der angesehensten Persönlichkeiten ihres Standes, 1814 die Preßfrage vor dem Wiener Kongreß erstmals zur Sprache brachten, hatte der deutsche Buchhandel sich von den Folgen der napoleonischen Kriege noch nicht erholt. Auch, als der Börsenverein 1827 in einer seiner ersten Aktionen seine moralische Entrüstung über die angebliche Frivolität von Althings »Kleinen Erzählungen« durch eine Bücherverbrennung kundtat[23], stand das Gewerbe noch am Anfang seiner wirtschaftlichen Konsolidierung.

Die extrem gegensätzlichen Haltungen zur Frage der Pressefreiheit, die diese beiden Aktionen demonstrieren, spiegeln die Meinung einflußreicher Einzelner und verschiedener Gruppierungen innerhalb des Börsenvereins. Sie sind nicht als offizielle Stellungnahmen des Standes zu interpretieren. Das rigide Vorgehen gegen Althing vor allem ist mehr Ausdruck eines noch

---

[22] Die Bedeutung des Widerstands in anderen Bereichen des literarischen Vermittlungssystems, wie z.B. den gewerblichen Leihbibliotheken, ist – soweit dies bisher nachgewiesen ist – verglichen mit dem des Buchhandels – relativ gering. Die Überwachung der gewerblichen Leseinstitute war zwar zum Teil strenger als die des Buchhandels; diese Zensur- und Verbotsmaßnahmen aber wurden von den Leihbibliothekaren, die österreichischen ausgenommen, erfolgreich ignoriert. – Vgl. die Arbeiten von Ungern-Sternberg, Leihbibliothek, Georg Jäger, Leihbibliothek und Jäger / Schönert, Leihbibliothek.

[23] Vgl. dazu Wittmann, S. 50.

sehr traditionellen Standesbewußtseins als Zensur im Sinne der restaurativen Obrigkeit. Denn diese zielte schon gegen Ende der 1820er Jahre nicht auf die unmoralische Literatur, sondern auf das tagespolitisch engagierte Schrifttum. Die extreme Disparität der Standpunkte hat ihren Grund auch in den veränderten, nun stark konkurrenzbetonten Verhältnissen auf dem literarischen Markt, die im Gegensatz zu den tradierten Geschäftsusancen des Buchhandels stehen. Der Einbruch der neuen merkantilen Praktiken führt zwar zu Belebung und Expansion, bewirkt aber zugleich eine Spaltung innerhalb des Gewerbes. Er verhindert zunächst die Solidarisierung gegen die staatliche Literaturüberwachung, eine Solidarisierung, die zudem nicht notwendig erscheint, solange der Markt expandiert und das Geschäft blüht.

Als der Börsenverein 1842 in der »Denkschrift über Censur und Preßfreiheit«[24] erstmals offiziell Stellung nimmt, hat sich der Buchhandel zu einem gutorganisierten, florierenden Wirtschaftszweig entwickelt und ist sich der ökonomischen Machtstellung, die er aus seiner Kapitalstärke bezieht, auch bewußt geworden. Forderungen bzw. Empfehlungen des Buchhandels in der Preßfrage können von der Obrigkeit nicht mehr ohne weiteres ignoriert werden, vor allem nicht in den Territorien, in denen das Buchgewerbe einen wichtigen Bestandteil der heimischen Industrie ausmacht. Ein Indiz für diese Entwicklung gibt der Ausgang der Kontroverse zwischen Bundesversammlung und Buchhandel um die Kontrolle des Kommissionshandels.

Nach dem Bekanntwerden der »Denkschrift« drohen die Großmächte des Bundes, den Leipziger Kommissionshandel, über den Dreiviertel des gesamten deutschen Buchverkehrs abgewickelt wurden, stärker zu überwachen. Sie vermuten in Leipzig zurecht einen Umschlagplatz oppositioneller Literatur, der von der Zensurgesetzgebung bisher nicht erfaßt worden ist[25]. Wohl aufgrund der wirtschaftlichen Machtposition, die das Buchgewerbe gerade in Sachsen hatte, protestiert der Börsenverein 1845 in seiner zweiten »Denkschrift über die Organisation des deutschen Buchhandels und die denselben bedrohenden Gefahren«[26] nachdrücklich und erfolgreich gegen diesen Pressionsversuch. Die geplante Kontrolle wird nicht verwirklicht.

Andererseits aber bahnt sich im Buchhandel schon seit Ende der 1830er Jahre eine wirtschaftliche Krise an, die 1843, nach dem Thronwechsel in Preußen, im steten Absinken der jährlichen Titelproduktion manifest

---

[24] Siehe S. 59–69.
[25] Zum geplanten Vorgehen vgl. S. 94.
[26] Autor war der Buchhändler Fr. J. Frommann; siehe auch S. 93 f.

wird[27]. An diesem Punkt der Entwicklung ist für den Buchhandel nicht länger zu übersehen, daß die staatliche Literaturkontrolle zur massiven ökonomischen Behinderung und existentiellen Bedrohung geworden ist. Deshalb wird sie zum Gegenstand offizieller Stellungnahmen.

Das zensurpolitische Engagement des Börsenvereins steht mit der wirtschaftlichen Entwicklung in unmittelbarem Zusammenhang und beschränkt sich dementsprechend zunächst ausdrücklich auf ökonomische Aspekte. Das praktische Verhalten des Buchhandels in der Preßfrage beginnt von seinem erklärten Anspruch als »Mittler geistiger, politischer wie kultureller Werte für ein mündiges Publikum«[28] abzuweichen. Erst in der zweiten Denkschrift, die den buchhändlerischen Protest entschiedener formuliert, wird neben dem ökonomischen auch der ideologische und literaturpolitische Aspekt angesprochen. Der organisierte Buchhandel fängt an, sich mit den Autoren zu solidarisieren. Er unterstützt den ideologischen Kampf um Pressefreiheit mit seiner ökonomischen Macht, vertritt dabei eigene wirtschaftliche Interessen und löst zudem den selbsterhobenen literarisch-moralischen Vermittleranspruch ein.

Die Mittlerstellung zwischen Autoren und staatlicher Literaturkontrolle läßt den Buchhandel auch seinerseits zur Kontrollinstanz werden. Durch ihre selegierende Funktion im literarischen Vermittlungsprozeß treten Verleger und Sortimenter auf als Verfechter des literaturpolitischen Realitätsprinzips. In der Sicht der Autoren erscheinen sie deshalb oft als Opportunisten, als verlängerter Arm der Zensur. Dies ist an Heines »Dreifrontenkampf« gegen die Zensurinstanzen Staat, Wirtschaft und literarische Konkurrenz ebenso abzulesen wie an Freiligraths, Dingelstedts oder Herweghs permanenter Sorge um ihre Einkünfte aus schriftstellerischer Arbeit.

[27] Daß die vergeblichen Hoffnungen auf eine kulturpolitische Kursänderung in Preußen mit dieser Wirtschaftskrise zusammenhängen, legt eine Aussage Julius Campes gegenüber Hoffmann von Fallersleben anläßlich des Drucks der »Unpolitischen Lieder« nahe: »Wir wollen sehen, was der neue Hausvater thut; es ist das ein Probierstein ganz eigener Art, die Leute zu nivellieren.
Ihre Freunde haben nicht unrecht, wenn sie einige Bedenken hegen; ich gestehe Ihnen ganz ehrlich, daß ich sie ebenfalls gehabt habe, aber jetzt denke, daß der König ein gescheuter Mann ist, der selbst Witz und Humor in sich trägt und oft hat glänzen lassen – daher tolerant gegen andere seyn könnte.« (Brief vom 8.7.1840; nach Reisner, S. 37). – Das Absinken der Jahresproduktion belegt der »Codex nundinarius«. Nach seinen Angaben steigt die jährliche Titelproduktion des deutschen Buchhandels bis 1843 (4039 Titel) und fällt dann nachweislich bis 1846, wahrscheinlich aber darüber hinaus bis mindestens zur 1848er Revolution. – Vgl. Schulze, S. 126 und Reisner, S. 37.
[28] Wittmann, S. 49. – Diesen Anspruch erhebt erstmals Friedrich Perthes' Programmschrift »Der deutsche Buchhandel als Bedingung des Daseins einer deutschen Literatur«. Er wird vom Buchhandel für die erste Hälfte des 19. Jahrhunderts übernommen.

Sollten Verlag und Verbreitung zensurgefährdeter oder gar verbotener Literatur, Gewerbe, die mit hohen finanziellen und persönlichen Risiken verbunden sind, erfolgreich und das heißt wirksam sein, so mußten dafür mehrere sehr unterschiedliche, teils politisch-ökonomische, teils individuelle Voraussetzungen erfüllt sein. Notwendig waren zum einen eine gewisse Kapitalstärke, weite buchhändlerische Verbindungen, ein gut organisiertes Vertriebssystem und ein zensurpolitisch günstiger Standort; zum anderen verlegerisches Engagement und buchhandelspolitisches Geschick, ein Verlagsprogramm mit oppositioneller Tendenz und ein Selbstverständnis, das die Bereitschaft einschloß, sich politisch zu exponieren und die eigene wirtschaftliche Macht dem Kampf um Pressefreiheit dienstbar zu machen.

Wie verschieden nach Selbstverständnis, wirtschaftlichem Einsatz und Erfolg die mit der Vermittlung oppositionellen Schrifttums verbundene Kontrollfunktion ausgeübt werden konnte, zeigen exemplarisch vier so unterschiedliche Verleger wie Georg von Cotta, Julius Campe, Zacharias Löwenthal und Julius Fröbel[29].

### Der Verlag J. F. Cotta

Der Klassikerverlag, den Johann Friedrich Cotta ab etwa 1790 in Stuttgart aufgebaut hatte, hielt seine Monopolstellung für hochgewertete, und das hieß nach den verlagsinternen Kriterien am ästhetischen Kanon der Weimarer Klassik orientierte Literatur, während der ersten Hälfte des 19. Jahrhunderts unangefochten. Der jüngere Cotta, der den Verlag 1832, nach dem Tod seines Vaters übernahm, führte dessen verlegerischen Kurs auch in der Preßfrage traditionalistisch fort, ohne ihn weiterzuentwickeln und den veränderten literatur- und standespolitischen Gegebenheiten anzupassen.

Der ältere Cotta hatte sich in den wenigen Stellungnahmen zum Thema Pressefreiheit, die er nach seiner Intervention vor dem Wiener Kongreß noch gab, stets sehr indifferent geäußert und sich in seiner Verlagspolitik wenig für oppositionelle Literatur und ihre Anliegen eingesetzt. Literatur, die Konflikte mit den Zensurbehörden hätte nach sich ziehen können, duldete er allenfalls in den verlagseigenen Periodika, seinem Probierfeld zur Erkundung des Marktes. Und auch hier war Äußerungen, die der literaturpolitischen Linie des Hauses nicht entsprachen, in konsequenter interner Zensur durch Redaktion und Lektoren eine enge Grenze gesetzt. Diese literaturpolitische Linie basierte auf einem wirtschaftlich orientierten Li-

---

[29] Am Beispiel des jüngeren Cotta, Campes und Fröbels zeigt Reisner (S. 65 ff.), auf den ich mich im Folgenden beziehe, verlegerisches Verhalten im Einsatz speziell für die politische Lyrik der Zeit. Zu Campe vgl. auch Ziegler, passim.

beralismus. Sie begründete eine Verlagspolitik, die, auch wenn sie Konflikte mit den staatlichen Zensurbehörden in den großen überregionalen Blättern des Verlags mit einschloß[30], den Konsens mit der Obrigkeit, nicht zuletzt aus Gründen des wirtschaftlichen Erfolgs intendierte und auch erreichte – wie die engen Kontakte Cottas zum Metternich-Vertrauten Gentz zeigen.

Die unveränderte Fortführung dieser Verlagspolitik in Zeiten einer Polarisierung der politischen Kräfte nach 1830 mußte notwendig dazu führen, daß der Verlag konservativer wurde. Was dem gesellschaftlichen und buchhändlerischen Selbstverständnis des jüngeren Cotta auch entsprach. Er glaubte, jegliche verlegerische Konkurrenz mißachten zu können, war an der Fortentwicklung des Verlags nach den wirtschaftlichen Erfordernissen der Zeit nicht interessiert und beharrte auf den tradierten ästhetischen Normen. Die Ablehnung politisch engagierter Literatur wurde hier Programm.

Prototypisch sind die Beziehungen des Cotta-Verlags zu Autoren wie Dingelstedt und Heine. Letzterer, dessen Widerstand gegen die obrigkeitliche Literatursteuerung ungebrochen blieb, war dem Verlag zwar als Mitarbeiter der »Allgemeinen Zeitung«, des »Morgenblatts für gebildete Stände« oder der »Politischen Annalen« hochwillkommen und über viele Jahre verbunden, was scharfe redaktionelle Zensureingriffe in seine Berichte und entsprechende Auseinandersetzungen des Autors mit den verantwortlichen Redakteuren nicht ausschloß. Seine Versuche, in den Cottaschen Buchverlag vorzudringen, aber blieben erfolglos[31].

Ganz in diesem Sinn ist die Aufnahme Dingelstedts in die illustre Reihe der Cotta-Autoren als unmißverständliches Signal für seine Abkehr von den Zielen der Freiheitsbewegung und seinen Willen zur Reintegration in den Schoß der etablierten Restauration zu begreifen. Und so wurde das Erscheinen seiner Gedichte in Cottas Buchverlag 1845 von der vormärzlichen Literaturgesellschaft auch aufgefaßt und von seinen ehemaligen lyrischen Mitstreitern Herwegh, Prutz, Freiligrath und Hoffmann von Fallersleben explizit kritisiert[32]. Die »Lieder eines cosmopolitischen Nachtwächters«, mit denen Dingelstedt seinen Ruf als politischer Lyriker begründet hatte, fehlten in dieser Ausgabe.

Autoren und Publizisten der literarischen Opposition, die sich zu in-

---

[30] So 1823 mit der »Allgemeinen Zeitung«, 1832 mit der Zeitschrift »Inland«, die Cotta zusammen mit der bayrischen Regierung als ministerielles Blatt gegründet hatte. – Vgl. Schäffle, S. 182 f.
[31] Vgl. die Verhandlungen Heines mit Cotta wegen der Herausgabe einer ersten Gesamtausgabe bei Ziegler, S. 133.
[32] Vgl. dazu auch Reisner, S. 53 ff.

haltlichen Zugeständnissen nicht bereit fanden[33], war, da das literarische Renomme des Verlags – ebenso wie sein wirtschaftlicher Erfolg – zunächst unverändert groß blieb, eine der besten Veröffentlichungsmöglichkeiten verschlossen. Die literarischen Selektionskriterien des angesehensten deutschen Verlags kamen, auch, wenn sie apolitisch schienen, in ihrer Tendenz den Normen der staatlichen Zensur nahe.

### Der Verlag Hoffmann und Campe

In der Person und Tätigkeit des Hamburger Verlegers Julius Campe, der die Verlagsbuchhandlung Hoffmann und Campe von 1823 bis zu seinem Tod 1867 leitete, treffen alle die Voraussetzungen zusammen, die eingangs als notwendig für eine erfolgreiche verlegerische Widerstandspraxis gegen die Zensur genannt wurden. Campe verstand es, seinen zensurpolitisch günstigen Standort für eine legale oder zumindest halblegale Verbreitung oppositioneller Literatur zu nutzen. Seine geschäftlichen Verbindungen im gesamten deutschsprachigen Raum sicherten ihm den Anschluß an ein gut organisiertes Vertriebssystem. Finanzielle Stabilität erreichte er trotz geringen Startkapitals durch ein ausgewogenes, krisenfestes Verlagsprogramm, das – nach dem System der innerbetrieblichen Subvention – die hohen Risiken »neuer« Literatur durch außerliterarische buchhändlerische Alltagsware auszugleichen vermochte[34].

Campes Selbstverständnis war, im Gegensatz zu dem aristokratischen, rückwärtsgewandten des jüngeren Cotta, orientiert an der bürgerlichen Lebensrealität seiner Zeit. Sein politisches Bewußtsein war das des sich emanzipierenden liberalen Bürgers, der danach strebte, die erweiterten wirtschaftlichen Möglichkeiten, die sich seinem Stand nach der Neuordnung Deutschlands im Deutschen Bund boten, für sich zu nutzen und die noch ausstehenden politischen Rechte zu erkämpfen. Sein standespolitisches Bewußtsein war das des kapitalistischen Unternehmers, der bereit und fähig ist, Literatur unter den Bedingungen des freien Literaturmarkts, und das heißt verschärfter Konkurrenz, einem breiteren als nur dem traditionellen Publikum zu vermitteln.

In der oppositionellen Literatur sah Campe primär eine Ware, die trotz stark wechselnder Konjunktur und hohem Risiko Profit versprach; diese Literatur zu vermitteln, reizte ihn, weil es seine Kräfte und Fähigkeiten

---

[33] Zu der von Cotta geforderten politischen Enthaltsamkeit ihrer Schriften fanden sich außer Dingelstedt z.B. der österreichische Autor Alfred Meißner und später auch Freiligrath bereit. Heine versuchte (vergeblich), Cotta sein Versepos »Atta Troll« zu empfehlen, indem er es ausdrücklich von jeglicher »Tendenzpoesie« abgrenzte (Heine an Cotta, 17.10.1842; HSA 22, S. 33 – Vgl. auch Reisner, S. 68 f.).

[34] Zum Verlagsprogramm vgl. Ziegler, S. 82 ff.

forderte und seinen beruflichen Ehrgeiz befriedigte. Darüber hinaus solidarisierte sich Campe weitgehend mit den gesellschaftlichen Anliegen dieser Literatur. Seine ökonomischen Eigeninteressen verbanden sich mit dem Kampf um Pressefreiheit.

Nicht zuletzt durch persönliche Eigenschaften, die in dieser frühen »Gründerzeit« einen beruflichen und gesellschaftlichen Aufstieg ermöglichten, wie er einem mittellosen Neuling und Autodidakten vorher nicht offengestanden hätte, avancierte Campe zum bekanntesten und erfolgreichsten Verleger oppositioneller Literatur in Deutschland. Bei ihm erschienen die Werke Heines und Börnes, er veröffentlichte Texte von Gutzkow, Dingelstedt, Wienbarg, Hoffmann von Fallersleben, Glassbrenner, Weerth und Weitling und verlegte die österreichischen Emigranten Anastasius Grün und Andrian-Werburg.

Dieser verlegerische Erfolg hing eng zusammen mit Campes Flexibilität, Findigkeit und Unerschrockenheit im Umgang mit dem staatlichen Überwachungsapparat. Verbindungen zu Druckern in Territorien mit großzügigen Zensurbehörden und zu Betrieben, die, wie etwa die Pierersche Hofbuchdruckerei in Altenburg[35], bereit waren, ein Manuskript auch ohne Zensurerlaubnis zu drucken oder den Zensor durch Text- und Titelmanipulationen über die Brisanz des Inhalts hinwegzutäuschen, ebneten vor allem in den frühen 1830er Jahren manchem zensurgefährdeten Manuskript den Weg an die Öffentlichkeit.

Als die staatlichen Kontrollmaßnahmen sich verschärften, ging Campe dazu über, gefährdete Texte nur noch mit dem Imprimatur der Zensurbehörde zu veröffentlichen, auch wenn der Manuskriptumfang 20 Bogen überstieg und sie damit von der Vorzensur befreit waren. Das finanzielle Risiko eines nachträglichen Verbots oder einer Konfiszierung ließ sich so erheblich verringern. Daß die Grenzen der 20-Bogen-Freiheit enger waren als die Zensurgesetze vorgaben, hatte Campe oft genug erfahren, wenn er den Verlag nachträglich verbotener Veröffentlichungen mit Haftstrafen oder – was schwerer wog – mit geschäftlichen Verlusten bezahlte. Das gesetzlich vorgesehene Recht auf Einspruch und Wiedergutmachung wirtschaftlicher Nachteile erwies sich im buchhändlerischen Alltag kaum als praktizierbar.

Bekannt ist Campes partnerschaftliche Zusammenarbeit mit der heimischen Zensurbehörde, mit der er sich – noch bevor es zum Zensurakt kam – über die Grenzen dessen verständigte, was unter hamburgischen Verhältnissen zu publizieren war.

Entschloß sich der Verleger zu einer Veröffentlichung ohne Vorzensur,

---

[35] Vgl. Ziegler, S. 292 ff.

so setzte er auf die Strategien des politischen Untergrunds: auf Schnelligkeit, Heimlichkeit, Täuschung[36] und eine eigens entwickelte Distributionsstrategie, die auf die Übertölpelung des schwerfälligen amtlichen Kontrollapparats und den Absatz des jeweiligen Werks vor dem Verbotserlaß baute[37]. Verlagsverbote vermochten seine Verlagspolitik nicht zu verändern[38]. Dem staatlichen Machtanspruch setzte Campe das Bewußtsein seiner eigenen, aus dem Zensurrecht legitimierten Machtposition entgegen – und gewann.

Die Akzeptanz zensurpolitischer Realität, auf der dieses Widerstandshandeln weitgehend basierte, geriet allerdings mit dem Anspruch einiger seiner Autoren auf eine kompromißlose Publikationspolitik in Konflikt. Sie befürchteten – am meisten Heine – literaturpolitischen Opportunismus und Verrat an die literarische Konkurrenz. Dabei übersahen sie, daß gerade der Kurs hart an der Grenze des Machbaren Campe zu einer wichtigen Kontrollinstanz für die Publikationsmöglichkeiten auf dem offiziellen Literaturmarkt machte. Campes Kurs markierte die »Toleranzschwelle des systemadäquaten Bewußtseins der deutschen Öffentlichkeit«[39]. Er schützte den Autor vor Isolation, seine Schriften vor Unverkäuflichkeit und Wirkungslosigkeit.

### C. Löwenthals Verlagshandlung

Wie entscheidend dieses Realitätsprinzip für die Präsenz oppositioneller Literatur auf dem Markt und im Bewußtsein der literarischen Öffentlichkeit war, zeigt der singuläre Fall eines rein literarischen Verlags mit Tendenzprogramm für ausschließlich »neue« Literatur, Löwenthals Verlagshand-

---

[36] z. B. durch fingierte Titel und Impressi.
[37] Ziegler, S. 290–295.
[38] Das Edikt gegen das Junge Deutschland von 1835 schloß das Verbot der Hoffmann und Campeschen Verlagsproduktion ein; Preußen erließ 1841 ein Verbot gegen den gesamten Verlag, das am 6.6.1842 durch einen Gnadenakt wieder aufgehoben wurde. Gegenüber Heine kommentierte Campe seine Haltung zum preußischen Verbot folgendermaßen: »Kröche ich zu Kreuz, nähme den mir zugedachten Rüffel hin und machte einige Concessionen – dann wäre Alles gewünschte von der Seite in Erfüllung gegangen. Von mir ginge man zu Wigand, zu Krappe usw. und mit der freieren, als der ganz geknechteten deutschen Preße, wäre es aus. So lange ich Stand halte, wird man sich hüten mir Leidensgefährten zu geben – Also, aus Esprit de Corps, halte ich mich. So hoffe ich, das Ministerium zu nächst zu überzeugen: daß der Verlags Buchhandel nicht mit solcher plumpen ungeschickten Hand sich behandeln läßt, man wird künftig den Compas der Buchhändler und Drucker, das erzielte Imprimatur, respecieren lernen, das man bei mir mit Füßen getreten hat!« (20.2.1842; HSA 26, S. 20).
[39] Briegleb, Schriftstellernöte, S. 141.

lung. Zacharias (Carl) Löwenthal eröffnete seinen Verlag im zensurpolitisch ebenfalls günstig gelegenen Mannheim im August 1835 mit Gutzkows skandalträchtigem »Wally«-Roman und brachte innerhalb desselben Jahres fünf weitere Werke oppositioneller Autoren heraus. Mit der zentrierenden Kraft eines derartigen Unternehmens für die oppositionelle Bewegung wurde zugleich aber auch seine ökonomische Unhaltbarkeit offenbar. Der Verlag überlebte den Prozeß um »Wally« nicht, obwohl der mitangeklagte Verleger freigesprochen wurde, und machte Ende 1835 bankrott.

Zu diesem schnellen Ende trug der ungünstige Zeitpunkt der Verlagsgründung auf dem Höhepunkt der Verfolgung des Jungen Deutschland wesentlich bei. Dennoch ist die Tatsache, daß es dem staatlichen Machtapparat möglich war, ein Buchhandelsunternehmen auch ohne offizielle Sanktionen innerhalb so kurzer Zeit auszuschalten, Indiz dafür, daß ein rein literarischer Verlag ohne den finanziellen und legitimatorischen Rückhalt eines sachlich neutralen Zusatzprogramms im deutschen Vormärz nicht zu verwirklichen war. Die kurze Geschichte des Löwenthalschen Unternehmens, das keinen Nachfolger fand, widerlegt die schon von den Zeitgenossen aufgestellte und bis heute kolportierte Behauptung von der Lukrativität verbotener Schriften, die aus dem Reiz des Verbotenen resultiere, zumindest für politische Literatur[40]. Verbote, galten sie nun einzelnen Werken, Autoren, einem Verlag oder einer ganzen literarischen Richtung, erwiesen sich für den Verleger durchweg als existenzbedrohend – es sei denn, es handelte sich um erotische Literatur. Denn diese konnte in rein spekulativen Unternehmungen kurzfristig finanziell ertragreich gemacht werden.

### Emigrantenverlage

Politische Emigrantenverlage etablierten sich zu Beginn der 1840er Jahre bevorzugt in der deutschsprachigen Schweiz. Sie war von den politischen und sprachlichen Voraussetzungen her, ebenso wie von ihrer geographischen Randlage zum intendierten Absatzgebiet Deutschland, der bestmögliche Standort. Julius Fröbel eröffnete sein »Literarisches Comptoir« in Zürich und Winterthur, der Belle-Vue-Verlag ließ sich in Kreuzlingen nieder, das »Literarische Institut« in Herisau und der Verlag Jenni Sohn in Bern[41]. Ihr Ziel war es, die politische Opposition durch Verlag und Vertrieb

---

[40] G. F. Rebmann berichtet schon 1796 von Fällen, »wo ein von dem Verleger als eine sehr mittelmäßige Spekulation betrachtetes Buch ein Vierteljahr nach dem Verbote eine neue Auflage erlebte; wo eine Schrift, von der in einer großen Stadt in 14 Tagen auch nicht zwei Exemplare verlangt wurden, am Tage nach dem Verbote in keiner Buchhandlung mehr zu haben war.« – Nach Reisner, S. 8.
[41] Vgl. Keller, Näf.

solcher Schriften zu unterstützen, deren Publikation in Deutschland aus Zensurgründen unmöglich war[42]. Schriften, die dort gefährdet, verstümmelt oder verboten waren, konnten hier ungekürzt und unverfälscht veröffentlicht werden; so z. B. Gedichtbände von Herwegh, Prutz, Hoffmann von Fallersleben, Schriften Ruges und der Junghegelianer.

Die Emigrantenverlage antizipierten einen für Deutschland zwar postulierten, aber noch utopischen Zustand von Pressefreiheit; darin lag ihre besondere Anziehungskraft[43]. Scheitern mußten sie aus ökonomischen Gründen. Auch hier erwies sich, daß ein mit verlegerischen Mitteln geführter ideologischer Kampf gegen den Machtapparat der deutschen Feudalstaaten – zumal, wenn er unter erschwerten Vertriebsbedingungen vom Ausland aus unternommen wurde, die ökonomischen Möglichkeiten der Emigrantenverlage überstieg. Durch gezielte Bespitzelung und entschädigungslose Konfiszierungen illegal nach Deutschland transferierter Verlagswerke machten die Regierungen des Deutschen Bundes die Publikation von Emigrantenliteratur zum nicht mehr tragbaren verlegerischen Risiko. Es gelang dem staatlichen Überwachungsapparat, die ökonomische Existenzgrundlage der Verlage zu erschüttern, noch bevor nach 1845 gezielt politische Gegenmaßnahmen ergriffen wurden[44]. Die Wirkungsmöglichkeit der Emigrantenverlage blieb deshalb auf die Zeit von 1840 bis 1845 beschränkt.

### 4.3 Schriftstellerische Widerstandspraxis

»Mit dem allgemeinen Grundsatz der Preßfreiheit kommt man nicht weit; es ist für die Entwicklung des Bewußtseins nöthig, daß der Kampf der Principien in Personen und faßliche Verhältnisse beispielsweise beschrieben werde.«[45]

Mit dieser Anleitung für eine Praxis des Zensurwiderstands begleitet Arnold Ruge 1847 eine Sammlung von Zensurdokumenten, in der er die staatlichen Eingriffe in seine Zeitschrift »Hallische« bzw. »Deutsche Jahrbücher« öffentlich bekannt macht. Die »Entwicklung des Bewußtseins« erscheint ihm als der wesentliche Beitrag, den – auch das geht aus Ruges Plädoyer hervor – speziell die Schriftsteller und Publizisten für die Vorbereitung des praktischen Widerstands leisten können[46]. Diese Widerstandsarbeit läßt die Autoren zum einen eine neue Schreibpraxis

---

[42] Nach den Plänen Fröbels; vgl. Näf, S. 12.
[43] Vgl. dazu auch Reisner, S. 80.
[44] Über die Finanzkrise des »Literarischen Comptoirs« 1843 z. B. berichtet Keller, S. 55. – Vgl. auch Reisner, S. 84.
[45] Ruge, Aktenstücke, S. 4.
[46] Ebd., S. 71 ff.

entwickeln, über die im Zusammenhang mit den Auswirkungen der Zensur auf die Texte selbst noch zu sprechen sein wird; zum anderen entfalten sich in der Auseinandersetzung mit den Kontrollinstanzen, sei es der normbildenden und normsetzenden Zensurbürokratie, der ökonomisch determinierten Literaturvermittlung oder auch der dem literarischen System immanenten literarischen Konkurrenz neue Formen des literarischen Verkehrs.

In offiziellen Stellungnahmen, Eingaben, Petitionen und Denkschriften, deren Thema die Pressefreiheit ist, melden sich erstmals schriftstellerische Standesorganisationen zu Wort. Die früheste dieser Verlautbarungen wagt der »Leipziger Literatenverein«, der erste deutsche Schriftstellerverband (seit 1841) mit seiner Petition vom Mai 1843 an die sächsische Landesregierung[47]. Von der noch ungefestigten, exponierten und singulären Position der jungen Vereinigung aus gesehen, mag diese Petition die »kühne Tat« gewesen sein, als die Johannes Hofmann, der Chronist des Leipziger Literatenvereins, sie bezeichnet[48]. Der Zeitpunkt ihres Entstehens, ihre Argumentation und ihre Wirkung aber lassen sie – verglichen mit anderen Artikulationen des Widerstands – durchaus konventionell erscheinen. Denn zur Zeit ihrer Übergabe an die sächsische Regierung, die zum Bundestag vermitteln sollte, war dieser bereits mit zwei Denkschriften von literaturgesellschaftlichen Organisationen und Gruppen konfrontiert worden: der »Denkschrift des Börsenvereins der deutschen Buchhändler über Censur und Preßfreiheit« von 1841[49] und der »Petition der Leipziger Buchhändler« vom Januar 1843. Die Zielvorstellungen derartiger Denkschriften und die Reaktion der Regierungen darauf waren bekannt, das Risiko, das man mit einer solchen Petition einging, abschätzbar.

In ihren presserechtlichen Forderungen unterscheidet sich die Bittschrift der Leipziger Literaten kaum von ihren Vorläufern. Auch sie gipfelt in der Bitte nach einem Presserecht, wobei sie Vorstellungen von partiellen, auch unter den gegenwärtigen Rechtsverhältnissen möglichen Veränderungen mehr als andere Denkschriften konkretisiert. Das spezifische Interesse einer schriftstellerischen Standesorganisation, die politisch-ökonomische Dimension der Preßfrage, bleibt jedoch unerwähnt.

Ihr eigentliches Ziel, die Aufhebung der Präventivzensur, erreichte keine der Petitionen. Ob sie die Reduktion des Landespressegesetzes auf

---

[47] Vgl. Zweiter Jahresbericht über die Wirksamkeit des Literatenvereins zu Leipzig. Vorgetragen den 19. Mai 1843, S. 9 ff. – Nach Hofmann, S. 34 f.
[48] Ebd. S. 35.
[49] Siehe S. 59–69.

das Karlsbader Maß, die den Petitionen der Leipziger Buchhändler und des Leipziger Literatenvereins unmittelbar folgte[50], bewirkten, bleibt fraglich. Sie kann ebenso gut als Reaktion auf die bundesweiten Liberalisierungsprozesse der unmittelbar vorrevolutionären Zeit verstanden werden. Die neue 20-Bogen-Freiheit erwies sich zudem bald als Scheinfreiheit, denn sie wurde in der Praxis durch regionale Zusatzbestimmungen und interne Ausführungsmaßregeln weitgehend wieder eingeschränkt[51].

Ebenso erfolglos, was die unmittelbare zensurpraktische Wirkung angeht, war die einzige vergleichbare Aktion der österreichischen Schriftsteller, die »Denkschrift über die gegenwärtigen Zustände der Zensur in Österreich« von 1845[52]. Sie war von keiner Standesorganisation initiiert, denn eine solche war unter den österreichischen Rechtsverhältnissen nicht zu verwirklichen. Die Gruppe, aus der das Gesuch hervorging, hatte sich eigens zusammengefunden, um gegen die unerträglich gewordene Metternichsche Zensurpolitik vorzugehen. Mitglieder waren die zu ihrer Zeit namhaftesten österreichischen Schriftsteller und Gelehrten, wie z. B. Grillparzer, Stifter, Bauernfeld, Auersperg, Frankl, Saphir und Hammer-Purgstall.

Ihre Vorschläge, auf die im Kommentar zur »Denkschrift« ausführlich eingegangen wird, waren in Form, Ton und Inhalt ausgesprochen maßvoll. Sie glichen sich nicht etwa dem liberalen Standard im außerösterreichischen Deutschen Bund an, sondern beschränkten sich darauf, die Restauration des pressepolitischen Zustands von 1810 und die Wiedereinführung eines Edikts zu verlangen, das schon seinerzeit als rückschrittlich gegenüber der Pressefreiheit unter Joseph II. gegolten hatte[53]. Österreichs Literaten traten mit ihren Vorschlägen zu einem Zeitpunkt an die Öffentlichkeit, als diese der Opposition auch innerhalb des Landes schon Rückhalt bot und die obrigkeitliche Strategie des Ignorierens und des Rückzugs bereits stark angeschlagen war. Die Wirkungsgeschichte dieser Denkschrift zeigt, daß, wie eingangs für die ideengeschichtliche Basis der gesamten österreichischen Literaturpolitik behauptet, die innovatorische Kraft des intellektuellen Bürgertums in Österreich gering war.

### Heines Strategie des literarischen Protests

Wirkungsvoller als die punktuellen Versuche kollektiven Protesthandelns war wohl der individuelle literarische Dauerkampf einzelner Autoren.

---

[50] Im Februar 1844.
[51] Von jeder zensurfreien Schrift mußte der Zensurbehörde 24 Stunden vor Auslieferung ein Exemplar zur Prüfung vorgelegt werden. – Nach Goldfriedrich IV, S. 246.
[52] Siehe S. 52–59.
[53] Vgl. auch S. 128–131.

Als für ihn paradigmatisch kann Heines Strategie des literarischen Protests gesetzt werden. Heines literarische Kampfmittel sind die »operative Unterhaltungsliteratur«[54], die Stilpolitik der Vorreden und die Briefdiplomatie.

Unterhaltung, die »zunächst nichts als leere Hülle, Tauschwert auf dem Buchmarkt« war, wird in der Programmatik der »neuen« Literatur zum ästhetischen Prinzip, das der Schriftsteller in emanzipativer Absicht nutzt. Er verkauft seine »lebendige Erkenntnis und Kritik ›in der Form‹ der Unterhaltung« und bringt sie so gesellschaftlich zur Wirkung[55]. Prototyp der in diesem Sinn operationalisierten weltanschaulich-kritischen Prosaliteratur, auf die sich die staatliche Literaturverfolgung in den 1830er Jahren denn auch konzentriert, sind Heines »Reisebilder« in ihrer Mischung aus lyrischen und prosaischen Formen, aber auch die Novellen Gutzkows und Mundts.

Dort, wo Heine seine literarische Freiheit, das heißt, seine Existenz als freier Schriftsteller thematisiert, setzt er stärker an der Gebrauchsliteratur orientierte, unmittelbar kommunikativ-intentionale Formen ein: den offenen Brief und die Vorrede. Zensur – im Heineschen Sinn verstanden als dreifache Gegnerschaft aus staatlichen Instanzen, Verlagskalkül und liberaler Ideologie – wird zu einem Hauptthema dieser Texte. Die gedankliche Auseinandersetzung, während der Heine in einem schmerzhaften Lernprozeß die neuen Produktions- und Verkaufsbedingungen für seine Texte begreift, wird in ihnen inhaltlich.

Ihre Aktualität und politische Brisanz macht es notwendig, Vorreden, wie die zu »Französische Zustände« und die Vorrede zur »Vorrede« (beide 1832), die »Über den Denunzianten« (1837) und »Der Schwabenspiegel« (1838) unzensiert zu veröffentlichen. Dies ist in der gegebenen literaturpolitischen Situation nur möglich, wenn sie von den Texten getrennt erscheinen, die sie ursprünglich begleiteten. Als Sonderdrucke sollten die Vorreden mit Hilfe loyaler Grossisten und Sortimenter unter dem Ladentisch kostenlos an die Käufer der zugehörigen Haupttexte verteilt werden. Auf diese Weise blieb das Risiko des finanziellen Verlusts, den ein Verbot nach sich ziehen würde, begrenzt und deshalb tragbar. Der Anstoß zu dieser Publikationsweise, die der von Flugschriften ähnelt, kam von Heine selbst. Es ist anzunehmen, daß er durch seine Kontakte zu den deutschen Handwerksgesellenvereinen in Paris mit dieser Praxis politischer Untergrundarbeit vertraut war. Sie wurde auch von Heines Verleger und dessen literarischen Beratern benutzt. Bei Heines eigenen

---

[54] Briegleb, Schriftstellernöte, S. 146.
[55] Ebd.

Schriften gelang sie allerdings nur in einem Fall, dem der Vorrede zu den »Französischen Zuständen«[56].

Die Vorreden sind das Forum, auf dem Heine die Auseinandersetzungen um seine »Schriftstellernöte« zu führen beabsichtigt. Als flankierende Maßnahmen treten offene Briefe und öffentliche Erklärungen hinzu, die für die großen deutschen Blätter, vor allem Cottas »Allgemeine Zeitung« bestimmt sind. Mit Hilfe dieser Zusatztexte unterstützt, pointiert und verschärft Heine die angesprochenen Konflikte, indem er die Absichten, die er mit den Vorreden verfolgt und ihre Zensurschicksale anspricht[57]. Die breiter angelegten dieser Texte, wie der Brief »An die Hohe Bundesversammlung«, die »Erörterungen« (beide 1836) und »Schriftstellernöte« (1839), verselbständigen sich über diese Hilfsfunktion hinaus zu gleichwertigen Trägern von Heines Botschaften.

Die Wirksamkeit dieser literarischen Kampfmittel liegt in der Unmittelbarkeit, mit der sie auf den Leser treffen. Das Medium – Broschüre, Zeitung bzw. Zeitschrift – garantiert Aktualität; der Einsatz spezifischer Schreibformen eine Direktheit der Aussagen, die in dieser Phase scharfer Selbstzensur in den Haupttexten nicht realisierbar ist. Die Formulierung, mit der Campe die Vorrede zu den »Französischen Zuständen« charakterisiert – mit ihr werde »die Vorrede zum Buch, und das Buch zur Vorrede« gemacht[58] – gilt für alle offenen Briefe und Vorreden Heines. Für die Begleittexte wählt er die unmittelbarste literarische Verkehrsform, die zwischen Autor und Leser möglich ist, die der direkten Anrede. Über den primären Adressaten hinaus – sei es die Deutsche Bundesversammlung, ein Redakteur der »Allgemeinen Zeitung« oder der Verleger Julius Campe – zielt Heine, seinem beruflichen Selbstverständnis als Volksschriftsteller entsprechend, auf das gesamte deutsche Publikum.

Zwei phasenspezifisch verwendete stildiplomatische Verfahrensweisen kennzeichnen die Begleittexte. In der ersten dieser Phasen, die unmit-

---

[56] Die »Vorrede« zu »Französische Zustände« erschien, nachdem sie mit dem Haupttext zusammen in von der Zensur verstümmelter Form veröffentlicht worden war, 1833 als Sonderdruck bei der Pariser Firma Heideloff und Campe. Die Broschüre, die Campe unabhängig von dieser Ausgabe hergestellt hatte, wurde – aus Angst des Verlegers vor den Folgen einer Veröffentlichung – vernichtet. – Zur komplizierten Veröffentlichungsgeschichte der »Vorrede« vgl. auch Heine 6, S. 749 ff. und Ziegler, S. 109 f.

[57] So etwa in der »Bitte« (erschienen am 11.1.1833), in der Heine gegen die Verstümmelung der »Vorrede« zu »Französische Zustände« protestiert; in den »Erörterungen« (1836), die gegen die Texteingriffe im dritten Band des »Salon« angehen, aber zu Heines Lebzeiten unveröffentlicht bleiben; in der »Erklärung« (erschienen am 5.2.1839) gegen die Texteingriffe im »Schwabenspiegel« und gegen die literarische Konkurrenz; vor allem aber in »Schriftstellernöten« (erschienen vom 18. bis 20.4.1839).

[58] Campe an Heine, 2.11.1832; HSA 24, S. 147 f.

telbar an die Emigration anschließt und bis zur Zeit des Berufsverbots durch die Deutsche Bundesversammlung reicht, wird der literarische Kampf gegen die staatliche Zensur mit offenem Visier geführt. Der Protest, der nicht ohne Pathos ist, richtet sich gegen die Texteingriffe durch die staatlichen Instanzen. Heines Glaube daran, daß die gesellschaftsverändernde Kraft seines Schreibens bei der deutschen, vor allem der preußischen Obrigkeit akzeptiert sei, ist in dieser Zeit noch ungebrochen. Er bleibt es bis 1836.

Im Brief »An die Hohe Bundesversammlung«, der unmittelbar nach dem Bundesverbot geschrieben ist, glaubt Heine, sich noch immer mit Erfolg als den kooperationsbereiten loyalen Bürger und »ungefährlichen Erzieher der höheren Gesellschaft«[59] darstellen zu können. Seiner erhöhten Einsicht in die politisch-ökonomischen Vorbedingungen der staatlichen Literaturkontrolle entsprechend, differenziert Heine jetzt Themen und Adressaten. Er setzt sich nicht mehr direkt mit den staatlichen Instanzen auseinander, sondern – anläßlich immer neuer Verstümmelungen seiner Texte – mit den Vertretern der liberalen Ideologie innerhalb des Literatursystems, die er für die Texteingriffe verantwortlich glaubt; mit Redakteuren, seinem Verleger und vor allem der literarischen Konkurrenz.

Heines Briefdiplomatie gipfelt in dem offenen Brief »Schriftstellernöte« (1839), der am Ende dieses Lern- und Entwicklungsprozesses steht. Hier kehrt er zu »seiner alten literarischen Fronde gegen die preußische Macht- und Ideologiepolitik«[60] zurück. Die Texteingriffe in den »Schwabenspiegel« und die öffentlich mit Campe geführte Fehde über deren Urheberschaft[61] bieten Anlaß, die Zensurgeschichte von Heines Werken noch einmal darzustellen und bei dieser Gelegenheit die Komplexität des Phänomens Zensur vor dem deutschen Lesepublikum noch einmal zu entfalten. Die Verständigung mit dem Leser über Zensur- und Vermittlungsvorgänge, vor allem aber über die ursprünglichen Textintentionen ist Heines eigentliches Ziel. Die Gefahr, daß »das Ansehen meines Wortes, und also auch jene heiligen Interessen, denen mein Wort gewidmet ist«[62], durch die Mechanismen der Literaturkontrolle beeinträchtigt werden könnten, ist es, die Heine zu seinem Kampf motiviert und ihn die Auseinandersetzung öffentlich austragen läßt.

[59] Briegleb, Schriftstellernöte, S. 158.
[60] Ebd.
[61] Den »Schriftstellernöten« war Heines »Erklärung« vom 21.1.1839 (gedruckt in der »Zeitung für die elegante Welt« vom 5.2.1839) und Campes Gegenerklärung vom 15.2.1839 im verlagseigenen »Telegraph für Deutschland« vom gleichen Tag vorausgegangen.
[62] Heine 9, S. 71.

Als das dieser Auseinandersetzung adäquate Stilmittel bezeichnet Heine in diesem Zusammenhang ausdrücklich die Polemik. Ihrer Schärfe, Personenbezogenheit und thematischen Aktualität wegen war sie bisher aus dem literarischen Streit verbannt. Heines neues Kunstprinzip, für das die ästhetischen Normen der »Kunstperiode« nicht mehr gelten, rechtfertigt nun den Einsatz polemischer Verkehrsformen in der Literatur. In der Auseinandersetzung mit der literarischen Konkurrenz, z. B. mit Platen und Menzel, realisiert Heine selbst sein Postulat einer Neuformung der literarischen Kritik im Sinne Börnes, der schon 1818 für die Belebung der Polemik plädiert und deren Leidenschaftlichkeit, den »heftigen Gedankenkrieg«, das »wilde Handgemenge« gegen die »anständigen Kunstwaffen« verteidigt hatte[63]. Mit der Polemik tritt – so Heine – die »Revolution in die Literatur«. Bei den Jungdeutschen, den eifrigsten Verfechtern des Heineschen Kunstprinzips, erlebt das neue Verfahren dann die »Hochkonjunktur«[64], die schon Börne hatte herbeiführen wollen.

### Der »literarische Bürgerkrieg« und der Fall »Wally«

Unter »literarischem Bürgerkrieg«[65] wird in diesem Zusammenhang die publizistische Auseinandersetzung verstanden, die anläßlich von Gutzkows 1835 erschienenem Roman »Wally, die Zweiflerin« zwischen der staatlichen Obrigkeit und Vertretern ihrer Literaturpolitik einerseits und der literarischen Opposition, speziell den Vertretern des Jungen Deutschland, andererseits auf einem ersten Höhepunkt verschärfter Metternichscher Zensurpolitik, 1835/36, geführt wurde. Diese Entwicklung hatte bereits mit der französischen Julirevolution von 1830 begonnen. Ziel war es, den staatlichen Widerstand gegen die neue Literatur effektiver zu organisieren, ein Unternehmen, dem die formalrechtliche Situation im föderativen Deutschen Bund nicht günstig war. Nach dem Hambacher Fest vom Mai 1832 war es Metternich gelungen, mit den »Sechs Artikeln« vom 28. Juni 1832 die Änderung des föderativen Grundgesetzes zum bundeszentralen Gesetz zu erreichen, die für ein bundeseinheitliches Vorgehen

---

[63] Börne 3, S. 676 und 678. – Die Bedeutung der Polemik für den literarischen Widerstand im Vormärz untersucht Oesterle, passim.
[64] Ebd., S. 154.
[65] Der Begriff ›Literarischer Bürgerkrieg‹ wurde von Oesterle (S. 151) analog zum zeitgenössischen Begriff ›Deutscher Bürgerkrieg‹ (nach Moses Heß: Das rechte und das linke junge Deutschland. In: Estermann II, S. 599) für die Auseinandersetzung zwischen Menzel auf der einen, Heine, Börne und den Jungdeutschen auf der anderen Seite geprägt. Ich verwende ihn in erweiterter Bedeutung für die gesamte Literaturfehde, die sich um den Fall »Wally« entspann, einschließlich seiner 84 Nachfolgeveröffentlichungen.

gegen öffentliche Unruhestiftung und Ordnungsbruch notwendig war. Nach dem Sturm auf die Frankfurter Hauptwache im April 1833 wurde dann mit den »Geheimen Wiener Beschlüssen« vom Juni 1834 der Grundstein zur legalen Unterdrückung der Rudimente von Pressefreiheit gelegt, die bisher noch gesetzlich garantiert gewesen waren.

Die Wiener Geheimbeschlüsse begründeten auch den Aufstieg des Jungen Deutschland zum »Gespenst eines revolutionären Vereins«[66] und leiteten – mit dem preußischen Auftragspamphlet »Heinrich Heine und Ein Blick auf unsere Zeit« (1834) – die direkte Verfolgung der liberalen Literaten ein. Mit dem Verbot des Jungen Deutschland im Dezember 1835 erreichte sie ihren Höhepunkt.

Zum öffentlichen Fall wurde diese Auseinandersetzung mit dem Erscheinen von Wolfgang Menzels Rezension zu Gutzkows Roman im September und Oktober 1835. Sie zog nicht nur den literarischen Skandal – Verbot und Konfiskation des Romans (und dessen restlosen Verkauf innerhalb weniger Wochen), Prozeß und Verurteilung des Autors – nach sich. Sie evozierte auch den »literarischen Bürgerkrieg« – und das durchaus im Sinn der Metternichschen und hier speziell der preußischen Zensurpolitik, auf deren Maßnahmen Menzels Reaktion zurückzuführen ist. Die literarische Opposition ist vertreten durch Gutzkow, Wienbarg, Mundt, Heine und Börne, die restaurative, nationalistische Kulturpolitik durch Wolfgang Menzel, Gustav Bacherer u.a.

Die Kontroverse, die hier aufbricht, ist allerdings nicht nur ideologisch bedingt. In ihr tritt auf beiden Seiten in aller Deutlichkeit zutage, wie stark ideologische Positionen seit der Expansion eines nachfrageorientierten Literaturmarkts nach den Befreiungskriegen in Deutschland verknüpft sind mit ökonomischen Faktoren, in diesem Fall mit der Konkurrenz der als Berufsschriftsteller und -Publizisten lebenden Autoren um den Markt.

Die folgende Tabelle gibt die Daten zum chronologischen Verlauf des Falles »Wally«.

| | |
|---|---|
| 27.–30.5.1832 | Hambacher Fest: Volksversammlung mit Proklamation national-liberaler und demokratischer Ideen. |
| 12.6.1834 | Geheime Wiener Schlußakte. |
| 1834 | Maximin. Jos. Stephani: Heinrich Heine und Ein Blick auf unsere Zeit. Halle 1834. |
| Juni/Juli 1835 | Entstehung von Karl Gutzkows Roman »Wally, die Zweiflerin« innerhalb von drei Wochen. |

---

[66] Briegleb, Menzel, S. 131.

| | |
|---|---|
| 12.8.1835 | »Wally, die Zweiflerin« erscheint im Verlag C. Löwenthal, Mannheim. |
| 11./14.9./ 19.10.1835 | Wolfgang Menzels Rezension zu »Wally« im »Literatur-Blatt« zum »Morgenblatt für gebildete Stände«, Stuttgart, in drei Teilen. |
| 19.9.1835 | Gutzkows »Erklärung gegen Dr. Menzel in Stuttgart« in: »Allgemeine Zeitung«, Augsburg 1835, Nr. 262, Außerordentliche Beil. Nr. 374/375. |
| 24.9.1835 | Menzels »Gegenerklärung« in: »Allgemeine Zeitung«, Augsburg 1835, Nr. 267, Außerordentliche Beil. Nr. 382. – Verbot des Romans in Preußen. |
| 16./17.10.1835 | Erste Konfiskationen in Würzburg und München. |
| 20.10.1835 | Verbot des Verlags C. Löwenthal, Mannheim. |
| 23.–26.10.1835 | Menzels »Unmoralische Literatur« in »Literatur-Blatt« zum »Morgenblatt für gebildete Stände«, Stuttgart 1835, Nr. 109/110. |
| 26.10.1835 | Gutzkow/Wienbarg: »Erklärung« in: »Allgemeine Zeitung«, Augsburg 1835, Nr. 299, Außerordentliche Beil. Nr. 430. |
| 1.11.1835 | Konfiskation des Romans in Kurhessen. |
| November 1835 | Gutzkows »Vertheidigung gegen Menzel und Berichtigung einiger Urtheile im Publikum«, Mannheim: C. Löwenthal 1835. |
| 13.11.1835 | Konfiskation des Romans und der »Vertheidigung« im Verlag C. Löwenthal, Mannheim. |
| 14.11.1835 | Menzels »Zweite und letzte Gegenerklärung« in: »Allgemeine Zeitung«, Augsburg 1835, Nr. 318, Außerordentliche Beil. Nr. 459/460. |
| 24.11.1835 | Verbot des Romans in Frankfurt/Main. |
| November 1835 | Gutzkows »Appellation an den gesunden Menschenverstand. Letztes Wort in einer literarischen Streitfrage«, Frankfurt/Main: Johann Philipp Streng 1835. |
| 27.11.1835 | Beginn der gerichtlichen Untersuchung gegen Gutzkow und Löwenthal. |
| 30.11.1835 | Verhör Gutzkows vor dem Stadtgericht Mannheim. Verhaftung. |
| 8.12.1835 | Verbot des Romans in Württemberg. |
| 10.12.1835 | Verbot der Schriften des Jungen Deutschland. Bundesbeschluß. |
| 8.1.1836 | Mündliche Verhandlung im Prozeß gegen Gutzkow und Löwenthal. |

13.1.1836 Urteilsverkündung: Vier Wochen Gefängnis und Übernahme eines Drittels der Gerichtskosten für Gutzkow, Freispruch für Löwenthal. Haftantritt Gutzkows.
10.2.1836 Entlassung Gutzkows und Ausweisung aus Baden.

Der Niederschrift des Romans waren berufliche Entscheidungen, literarische Arbeiten und philosophische Studien vorausgegangen, aus deren Zusammenhang die Vielschichtigkeit der Motivationen einsichtig wird, die sich für Gutzkow mit der Veröffentlichung der »Wally« verbanden.

Im Lauf des Jahres 1834 hatte sich der Autor, der bisher Mitarbeiter und Schüler Menzels beim »Literatur-Blatt« des Cottaschen »Morgenblatts für gebildete Stände« gewesen war, von Menzel getrennt. Bemüht um seine Profilierung als freier Schriftsteller – was Überlegungen zur Existenzsicherung stets mit einschließen mußte – hatte er eine eigene Zeitschrift gegründet, den »Phönix. Frühlingszeitung für Deutschland«. Gleichzeitig war er, zusammen mit Wienbarg, mit dem Plan zu einem publizistischen Großunternehmen, der »Deutschen Revue«, an die Öffentlichkeit getreten. Die geplante Zeitschrift suchte den Anschluß der deutschen Literatur an die Weltliteratur und v. a. an Frankreich herzustellen. Sie mußte deshalb von Menzel als akute Gefährdung seiner singulären journalistischen Position aufgefaßt werden.

Anfang 1835 hatte Gutzkow sich auch mit den sozialphilosophischen Ideen befaßt, die seit Beginn der 1830er Jahre von Frankreich nach Deutschland vermittelt wurden und die traditionellen, von Staat und Kirche bestimmten Lehrmeinungen, Moralbegriffe und Lebensformen zu erschüttern begannen. Diese religionsphilosophischen und sozialpolitischen Fragen, ein der bewußtseinsgeschichtlichen Situation der Zeit adäquates Anliegen, bilden das Zentrum des Romans. Mit der Art ihrer Darstellung aber verbindet Gutzkow auch die Spekulation auf den literarischen Erfolg mit Hilfe des Skandals. Diese wirkungsästhetische Absicht erreicht in der zeitgenössischen Rezeption durch Publikum, literarische Kritik und Instanzen der Zensur den Vorrang vor seinen sozialkritischen und auch seinen poetischen Ambitionen.

Dabei legen die Zensurbehörden das Schwergewicht – ganz im Sinne von Gutzkows eigener, allerdings erst im nachhinein, 1852 so definierter Wirkungsabsicht – letztlich auf die polemische Religionskritik. Die offizielle Literaturkritik, allen voran Menzel, stellt dagegen die mit dem Roman angeblich propagierte »Emanzipation des Fleisches« in den Mittelpunkt, ein Vorwurf, den das Zensurgericht nicht bestätigt. Thema des Romans ist die »Zerrissenheit« als grundlegendes Lebensgefühl der Generation der um 1800 Geborenen, die um 1830 das geistige Klima in Deutschland prägt. Es wird dargestellt an der Gestalt Wallys, einer empfindsamen jungen Frau, ihren religiösen Zweifeln und den mit ihnen einsetzenden Versuchen zur religiösen und sexuellen Emanzipation, die – erfolglos – mit dem idealistischen Freitod der Heldin enden. Skandalon der zeitgenössischen Rezeption war die »Sigunenszene« des 2. Buches, in der Gutzkow seine Heldin sich ihrem Verehrer Cäsar in ihrer Hochzeitsnacht nackt zeigen läßt.

Auf Textauszüge und Dokumentation mußte hier verzichtet werden. Vgl. dazu die Studienausgabe des Romans, die auch die Dokumente des zeitgenössischen Literaturstreits (mit Ausnahme des Urteils der badischen Zensurbehörde) enthält (Karl Gutzkow, Wally, die Zweiflerin. Roman. Studienausgabe mit Dokumenten zum zeitgenössischen Literaturstreit, hrsg. v. Günter Heintz. RUB Nr. 9904. Stuttgart 1979).

In diesem »literarischen Bürgerkrieg« werden auf staatlicher Seite zwar massive juristische und andere machtpolitische Mittel eingesetzt; vorzugsweise aber kämpft man mit publizistischen Waffen, mit Hilfe der von Heine geforderten und rehabilitierten »polemischen Arbeiten«. Eine solche, das Pamphlet »Heinrich Heine und Ein Blick auf unsere Zeit«, in dem sich der konterrevolutionäre Kurs der preußischen Kabinettspolitik offenbart, eröffnet die Hetzkampagne gegen das Junge Deutschland. Mit einer Polemik reagiert Menzel, der die Sache der literarischen Opposition einst selbst vertreten hatte, auf das Erscheinen von Gutzkows Roman, das vom Autor als Provokation intendiert war. In seiner »Wally«-Rezension übernimmt Menzel die Tendenz des preußischen Pamphlets; er macht sich zum Werkzeug der Metternichschen Politik, zum Denunzianten. Seine literaturkritischen Normen legitimieren das vom Staat intendierte Verbot und die Konfiskation des Buches und evozieren mit dem von Gutzkow herausgeforderten Skandal den »literarischen Bürgerkrieg«. Erklärungen und Gegenerklärungen der unmittelbar Beteiligten weiten sich aus zur ideologischen Kontroverse, die mit großem publizistischem Aufwand erbittert geführt wird. 84 Publikationen in direktem Zusammenhang mit dem Fall »Wally« sind verzeichnet[67], darunter, typisch für die polemische Art der Auseinandersetzung, viele anonyme Beiträge, aber auch solche von namhaften Vertretern der Opposition und ihren konservativen Gegenspielern[68]. Beteiligt sind, neben Literaten

---

[67] 80 davon erschienen im Zeitraum von September 1835 bis Ende 1845; vier, die Kommentare von Gutzkow (1852), Gottschall (1855), Margraff (1862) und Julian Schmidt (1867), greifen den Fall in literarhistorischer Perspektive nach 1848 wieder auf. – Vgl. Heintz, S. 436–441. Heintz' Verzeichnis erhebt keinen Anspruch auf Vollständigkeit.

[68] Außer den öffentlichen Erklärungen Gutzkows von seiten der Opposition vor allem folgende Beiträge:
Ludwig Börne: Wally, la Sceptique. Roman par C. Gutzkow. In: La Balance. Paris: März 1836.

und Publizisten, auch Juristen und – dem Schwerpunkt der Kontroverse auf sittlich-moralischen Fragestellungen gemäß – Theologen, voran solche aus dem Lager des rationalistischen kirchlichen Protestantismus.

Der Ertrag dieser Auseinandersetzungen bleibt gering, sieht man von den Beiträgen der literarischen und literaturpolitischen Größen ab, deren Positionen und Argumente dieses Anlasses zur Artikulation wiederum nicht bedurft hätten. Eine ideologische Differenzierung, ein Klärungsprozeß werden nicht in Gang gebracht.

Wenn die Auseinandersetzung dennoch interpretierbar ist »als ein Streit um die Konsequenzen der Literatur aus dem Ende der Kunstperiode«[69], so vor allem durch die Rolle, die die Polemik darin spielt. Die Gattung selbst, der Diskurs um ihre Rechtmäßigkeit als literarische Waffe wird zum Thema des »literarischen Bürgerkriegs«. Erstmals treffen hier Literatur und Parteilichkeit auf breiter Ebene und mit großer Schärfe aufeinander. Die Trennung zwischen sachlichen und persönlichen Zusammenhängen wird aufgehoben. Persönliche Verhältnisse werden in sachliche und sachliche in persönliche verwandelt. Polemische Kritik wird hier erstmals die

---

Ludwig Börne: Menzel der Franzosenfresser. Paris: Barrois fils, 1837.
Heinrich Heine: Über den Denunzianten. Eine Vorrede zum dritten Theile des Salons. Hamburg: Hoffmann und Campe, 1837.
[Ferdinand Gustav Kühne:] Gutzkows neueste Dichtungen. In: Zeitung für die elegante Welt. Leipzig 1835. Nr. 195 vom 5.10., S. 783 f. und Nr. 197 vom 6.10., S. 787 f.
Heinrich Laube: Die junge Literatur. [1835]. Unveröffentlichter Aufsatz für die »Mitternachtszeitung für gebildete Stände«].
[Theodor Mundt:] Wally, die Zweiflerin. Roman von Karl Gutzkow. In: Literarischer Zodiacus. Journal für Zeit und Leben, Wissenschaft und Kunst, Leipzig: Oktober 1835, S. 283–286.
Ludolf Wienbarg: Menzel und die junge Literatur. Programm zur deutschen Revue. Mannheim: C. Löwenthal, 1835.
Ludolf Wienbarg: Zur neusten Literatur. Mannheim: C. Löwenthal, 1835.
Karl Biedermann: Die junge Literatur und ihr Prinzip in der Reform des Geschlechtsverhältnisses. In: Hallische Jahrbücher. 1838. S. 172–182.
Karl Rosenkranz: Die Emancipation des Fleisches. In: Ders.: Neue Studien I. Leipzig: Koschny, 1875, S. 1– 10. [Verfaßt 1837] – Nach Heintz, S. 436–440.
Und von Seiten der Reaktion die Beiträge von
Gustav Bacherer: Die junge Literatur und der Roman Wally. Ein Vademecum für Herrn Carl Gutzkow. Dem deutschen Publikum zugeeignet. Stuttgart: Hallberger'sche Verlagsbuchhandlung, 1835.
[Ernst Wilhelm Hengstenberg:] Über die Rehabilitation des Fleisches. In: Evangelische Kirchenzeitung. Berlin 1835. Nr. 63, 64, 83, 84, 85, 92, 93, 94.
[Gustav Pfizer:] Votum über das Junge Deutschland. Stuttgart: S.G. Liesching, 1836. – Nach Heintz, S. 437 f.

[69] Oesterle, S. 152.

»Leidenschaft des Kopfes«, von der Marx spricht. Sie demonstriert ad hominem, um die Massen zu erreichen[70]. Durch den Zuwachs an Wissenschaftlichkeit und Theorie, der dazu über die polemischen Elemente hinaus notwendig ist, gewinnt die Polemik eine neue Dimension. Es wird allerdings auch einem Auswuchs der Polemik Nährstoff geboten, der Demagogie. In der »Denunziation fortschrittlicher Schriftsteller an die Reaktion«[71], wie Menzel sie erfolgreich betreibt, werden die Verfechter der neuen kritischen Form, Heine, Börne und die Jungdeutschen, mit diesen Auswüchsen konfrontiert.

Der Zusammenhang polemischen Schreibens mit dem Rivalitätsverhältnis, in dem die Berufsschriftsteller zueinander stehen, ist offenkundig. Polemik erscheint als adäquates literarisches Ausdrucksmittel in einer Konfliktsituation, in der die sich profilierenden Antagonismen schriftstellerischer Existenz in Erscheinung treten; die progressive Selbstbestimmung des Schriftstellers als Sprecher des politischen Widerstands einerseits, seine »Verleumdung als Volksverführer« durch reaktionäre Demagogen und der Versuch der »totalitären Vereinnahmung der Literatur [...] im Namen der Nation, Sitte und Religion«[72] andererseits.

Das Rivalitätsprinzip, das die polemische Schreibart impliziert, setzt sich im »literarischen Bürgerkrieg« gegen ihr politisches Widerstandspotential durch. Die Wirkungsabsicht Gutzkows, der Markterfolg, wird vom Großteil der Nachfolgepublikationen aufgenommen. Der Wunsch, an der Öffentlichkeit dieses Literaturstreits zu partizipieren und daraus Gewinn für die eigene literarische Karriere zu ziehen, überwiegt das gesellschaftspolitische Anliegen eines gemeinschaftlichen Widerstands gegen die Zensur.

### Die Zensurdokumentation

Der Typus der Zensurdokumentation als Form des literarischen Widerstands erscheint in zwei Ausprägungen: der sachlichen Dokumentation, wie etwa Ruges »Aktenstücken zur Censur, Philosophie und Publicistik aus dem Jahre 1842«, Struves »Actenstücken der Censur des Großherzoglich Badischen Regierungs-Raths von Uria-Sarachaga«[73] oder den »Zehn Aktenstükken über die Amtsenthebung des Professors Hoffmann von Fallersleben«[74] –

---

[70] MEW 1, S. 380; nach Oesterle, S. 155.
[71] Ebd.
[72] Ebd.
[73] Aktenstücke der Censur des Großherzoglich Badischen Regierungs-Raths von Uria-Sarachaga. Eine Recursschrift an das Publikum. Herausgegeben von Gustav von Struve. Mannheim 1843.
[74] Mannheim 1843.

und dem engagiert-erlebnishaften Bericht, wie Bernays' »Schandgeschichten zur Charakteristik des deutschen Censoren- und Redactorenpacks«[75], die den Typus der trivialen Abenteuergeschichte mit dem der Dokumentation kombinieren, um so breitere Leserschichten anzusprechen.

Dieses stilistische Verfahren kündigt Bernays folgendermaßen an: »Daß die Censur eine Gottesgeißel sei, die über den Deutschen geschwungen wird, weil diese Anno 1814 und seither unausgesetzt sich gar zu einfältig und albern aufgeführt, und gar nichts gelernt haben, daß sie die grausamste aller der vielen Mittel ist, deren sich unsere Fürsten und Dränger bedienen um den letzten Hauch von Selbstständigkeit aus den deutschen Völkern herauszumerzen, daß sie die Mörderin unseres Geistes, unserer Freiheit und jedweder selbständigen Bestrebungen ist – das hat man uns in Prosa und Versen viel hundertmal gesagt. Allein der gemeine Mann liest, wenn er auch weiß, daß der Schinderhannes bereits geköpft ist, doch von dessen Stückchen gern, sollte er nicht auch begierig sein von den Raub- und Gaunerzügen, von den Mord- und Schandtaten zu lesen, die Censoren jeden Tag ausführen ...«[76].

Diese sich an einfache volksliterarische Formen anlehnenden, in naiv-humoristischem Ton gehaltenen »Censurstücklein«[77] von der skrupellosen Borniertheit des Mannheimer Zensors Fuchs sind allerdings durchsetzt mit Proben der von ihm verstümmelten oder gestrichenen Texte, die auf diese Weise öffentlich bekannt gemacht werden.

Die gleiche Intention verfolgt – mit seriöseren Mitteln – der erstgenannte Dokumentationstypus, der auf die Verfolgung der theoretischen Schriften des Linkshegelianismus, aber auch der politischen Lyrik in den 1840er Jahren mit einem Gegenangriff reagiert. Die Form der Zensurdokumentation ist typisch für die unmittelbar vorrevolutionäre Zeit, das Jahrfünft, in dem die Regierungen der fortschrittlicheren Bundesländer ihrerseits Vorstöße zur Lockerung der Zensurgesetze unternehmen und in dem daher der Weg zu offener literarischer Opposition innerhalb des Bundes schon gebahnt ist.

Für die betroffenen Autoren endeten die jahrelangen Auseinandersetzungen mit Zensurbehörden und die Verbote, die diesem Schritt an die Öffentlichkeit vorausgegangen waren, oft genug mit Gefährdung, ja Ver-

---

[75] Schandgeschichten zur Charakteristik des deutschen Censoren- und Redactoren packs. Censor Fuchs aus Mannheim und die Führer der servilen Presse. Aktenstücke zur Geschichte des Tages gesammelt und commentirt von Ferdinand Cölestin Bernays. Straßburg 1845. – Der Autor ist in der bibliographischen Literatur nicht zu identifizieren. Sein Name ist auch als Pseudonym nicht nachweisbar.
[76] Bernays, S. 5 f.
[77] Ebd.

lust der Existenzgrundlage. Der von Bernays erwähnte Hoffmann von Fallersleben z. B., einer der seinerzeit bekanntesten politischen Lyriker, wurde wegen der Veröffentlichung des zweiten Teils seiner Gedichtsammlung »Unpolitische Lieder«[78] aus seiner Stellung als ordentlicher Professor für deutsche Sprache und Literatur an der Universität Breslau entschädigungslos entlassen[79]. Als »Germanist«, und das heißt in seiner Zeit als wissenschaftlicher Außenseiter, der sich, indem er altdeutsche Sprache und Literatur studierte, mit einem als »national« bewerteten Gegenstand befaßte, war er in den Anfängen der deutschen Literaturwissenschaft ohnehin politisch verdächtig. Hoffmanns außergewöhnlicher Markterfolg – von der Liedersammlung wurden innerhalb eines Jahres 20 000 Exemplare verkauft, was einer heutigen Bestseller-Auflage gleichkommt[80] – hatte endlich den Anlaß zur Repression geboten. Im Januar 1843 wurde Hoffmann nach einer Disziplinar-Untersuchung mit folgender Begründung fristlos entlassen: »Der Inhalt dieser Gedichte hat als ein durchaus verwerflicher erkannt werden müssen. Es werden in diesen Gedichten die öffentlichen und socialen Zustände in Deutschland, und respective in Preußen, vielfach mit bitterem Spotte angegriffen, verhöhnt und verächtlich gemacht; es werden Gesinnungen und Ansichten ausgedrückt, die bei den Lesern der Lieder, besonders von jugendlichem Alter, Mißvergnügen über die bestehende Ordnung der Dinge, Verachtung und Haß gegen Landesherrn und Obrigkeit hervorzurufen, und einen Geist zu erwecken geeignet sind, der zunächst für die Jugend, aber auch im Allgemeinen nur verderblich wirken kann«[81].

Noch im gleichen Jahr veröffentlichte Hoffmann den Hergang dieser Untersuchung, seinen Schriftwechsel mit der Untersuchungsbehörde und die Entlassungsbegründung mit dem Verzeichnis sämtlicher beanstandeter Textstellen. Über das politisch begründete Anliegen, das Vorgehen der preußischen Zensurbürokratie am populären Beispiel bekannt zu machen, hinaus gelang es ihm damit, seinen Fall ins rechte, öffentliche Licht zu rücken. Fortan zog er im Habitus des alternden Burschenschaftlers, der geistigen Tradition, der er entstammte, von oppositionellem Zirkel zu oppositionellem Zirkel und ließ sich – rezitations- und trinkfest – als Held, ja als Märtyrer des politischen Widerstands feiern und aushalten, bis ihm nach 1848 ein entschädigendes »Wartegeld« der preußischen Regierung von 300 Talern jährlich gezahlt wurde[82].

[78] August Hoffmann von Fallersleben: Unpolitische Lieder. T. 1. 2. Hamburg 1840/41.
[79] Hoffmann von Fallersleben hatte in Breslau seit 1830 als außerordentlicher, seit 1835 als ordentlicher Professor gelehrt.
[80] Campe an Heine, 3.4.1840 und 16.3.1841; HSA 25, S. 252 und 312.
[81] Hoffmann von Fallersleben, Amtsentsetzung, S. 17 f.
[82] Ab 1860 bezog Hoffmann dieselbe Summe als Herzoglich Ratiborscher Bibliothekar.

Der Dokumentation des junghegelianischen Publizisten Arnold Ruge war der existenzgefährdende Versuch vorausgegangen, im Deutschland der unmittelbar vorrevolutionären Zeit eine kritische philosophisch-politische Zeitschrift herauszugeben. Als »Hallische Jahrbücher für Wissenschaft und Kunst« (so benannt nach ihrem ersten Erscheinungsort Halle) hatte Ruge die Zeitschrift 1837 zusammen mit Theodor Echtermeyer gegründet. Ständige Zensurquerelen, die in einem Publikationsverbot für Preußen gipfelten, bewirkten 1842 den Umzug der Redaktion ins sächsische Dresden und die Umbenennung in »Deutsche Jahrbücher für Wissenschaft und Kunst«. Dieser strategische Schritt, der eine Zeitschriftenneugründung vortäuschen sollte, war wenig erfolgreich. Schon kurze Zeit später wurde er in einem Spitzelbericht an Metternich als Schritt in die politische Agitation entlarvt[83]. In der Neujahrsnummer 1843 thematisiert der Herausgeber selbst unter dem Titel »Eine Selbstkritik des Liberalismus« die Vergeblichkeit seiner Taktik. Ruges Blatt wird in einer der spektakulärsten Zensuraffären der Zeit, als erste Zeitschrift nach einer Karenzzeit von zehn Jahren, am 4.5.1843 bundesweit verboten.

Schon im Februar 1844 publizierte Ruge in einer neuen Zeitschrift unter dem irreführenden Titel »Anekdota zur neuesten deutschen Philosophie und Publicistik« Texte, deren Veröffentlichung in Deutschland aus Zensurgründen nicht möglich war. 1844 versuchte er vom Pariser Exil aus eine weitere Fortsetzung als »Deutsch-französische Jahrbücher«. Auch sie mußten nach dem Erscheinen des ersten Hefts aus zensorischen – und damit verbundenen finanziellen – Gründen aufgegeben werden.

1847, zehn Jahre nach der Gründung seiner Zeitschrift, veröffentlicht Ruge deren Publikations- bzw. Zensur- und Verbotsgeschichte in einer Dokumentation. Daß er damit nicht die persönlichen Vorteile eines Hoffmann von Fallersleben erstrebt und erreicht, sondern eine ausschließlich politische Zielsetzung verfolgt, zeigt die Konsequenz, mit der er die politischen Vorbedingungen seines Schreibens aufdeckt. Die analytischen Textteile

---

[83] »Seit Dr. Ruge seine »Deutschen Jahrbücher« hier herausgibt, zentriert sich der hiesige Liberalismus um ihn; doch ist der Dresdner Liberalismus wenig gefährlich, weil er sich schwerlich je über Sprechen und Schreiben versteigen wird. Darin aber ist er groß. Auf Ruges Veranlassung hat man hier seit Anfang dieses Monats ein sogenannten (sic!) ›literarisches Museum‹ gegründet, das heißt eine Lesegesellschaft für Journale usw. Man nahm weislich einige Leute zu den Stiftern, die nicht besonders liberal sind, obschon der Zweck war, im Ganzen nur dem Liberalismus zu dienen.« – Nach Glossy I, S. 343, Bericht vom 30.12.1842. – Der Bericht weist auf eine weitere Form praktischen Zensurwiderstands hin, die Gründung von privaten, nichtgewerblichen Leihbibliotheken, Lesegesellschaften und Lesekabinetten, hinter denen sich politische Klubs als ein Ersatz für politische Parteien verbargen.

dieser Dokumentation sind gekennzeichnet durch ihren Appellcharakter und ihre konstruktive Kraft. Ruge weist z. B. hin auf die gesellschaftlichen Wirkungsmöglichkeiten des Schriftstellers, die zugleich die politische Sprengkraft seiner Existenz ausmachen. Diesen Gedanken verbindet er appellativ mit einem Plädoyer für den Anspruch des Schriftstellers und Publizisten auf gesellschaftliche Anerkennung und angemessene Entlohnung, der aus ihrer sozialen Aufgabe resultiere. Und er schließt mit einem weiteren, auf seine eigene Sache zurückführenden Appell: dem leidenschaftlichen Aufruf an die staatlichen Machthaber um Pressefreiheit[84]. Zehn Jahre permanenter Einschränkung der eigenen publizistischen Tätigkeit, zehn Jahre eines letztlich vergeblichen Kampfs um die Existenz der »Jahrbücher« haben Ruges Einsatzbereitschaft für die Preßfrage, seinen Glauben an den endlichen Sieg der »guten Sache« nicht zerstören können.

### Die Emigration

»Will die Censur dem Geist nicht weichen, so muß der Geist der Censur zu entgehen suchen«[85] – in dieser kaum mehr verdeckten Formulierung empfiehlt der radikaldemokratische Publizist Karl Heinzen den aktiven literarischen Widerstand durch Emigration, eine Form des Protests, die die Existenz der Betroffenen – meist Schriftsteller und Publizisten, aber auch Verleger – wohl am einschneidendsten veränderte. Er empfiehlt sie zu einem fortgeschrittenen Zeitpunkt des Kampfs gegen die staatliche Literaturkontrolle, 1845.

Zwar hatte es die Auswanderung aus Deutschland als Akt politischer Opposition auch schon in den 1830er Jahren gegeben. Die bekanntesten literarischen Emigranten, Heine und Börne, verließen Deutschland bereits 1831 bzw. 1830. Ihnen folgten nach den Verschärfungen des staatlichen Kontrollsystems 1832 und 1834 Angehörige der frühproletarischen Bewegung, darunter Wilhelm Weitling und Georg Büchner[86]. Geographisches Ziel dieser frühen Emigrationsbewegung war Frankreich, vor allem Straßburg und Paris. Gleichzeitig führte eine zweite Bewegung, die oppositioneller österreichischer Schriftsteller, darunter Andrian-Werburg, Anastasius Grün, Moritz Hartmann, Nikolaus Lenau und Franz Schuselka, aus dem unmittelbaren Machtbereich Metternichs in liberale Territorien des Deutschen Bundes. Von liberalen Zentren aus[87] suchten die österreichi-

---

[84] Ruge, Aktenstücke, S. 74 f.
[85] Heinzen, S. III.
[86] Beide 1835.
[87] Wie z. B. Sachsen, Hamburg, Mannheim oder – vor 1833 – auch Frankfurt/Main.

schen Autoren effizientere Wirkungsmöglichkeiten für ihre gesellschaftskritischen Arbeiten zu gewinnen.

Eine dritte Emigrationswelle setzt in den 1840er Jahren ein. Ihr Auslöser ist wohl in der zensurpolitischen Entwicklung nach dem Thronwechsel in Preußen zu sehen, auf den sich die Hoffnungen vieler Oppositioneller gerichtet hatten. Ihre Vergeblichkeit führt zum Exodus vor allem von politischen Lyrikern, wie Freiligrath, Herwegh und Weerth und Publizisten aus dem Kreis der radikalen Opposition, wie Dronke, Fein, Heinzen, Marx, Engels, Ruge und Wirth. Sie gehen, außer nach Frankreich, nun auch nach Brüssel, London und in die Schweiz. Der Wanderbewegung innerhalb Deutschlands, dem Wechsel von der Provinz in die Großstadt, von der heimischen Region in die liberalen Territorien des Deutschen Bundes, der als typisch für die oppositionellen Literaten des Vormärz gilt[88], ist der Auszug aus ganz Deutschland gefolgt. Man verläßt die Heimat aus Protest gegen die Beschränkungen der Denk- und Publikationsfreiheit, die für viele der Betroffenen zur Gefährdung ihrer materiellen Existenz geworden sind. Man emigriert, um den Kampf gegen die Zensur von außen her, unter freiheitlicheren Existenz- und Produktionsbedingungen wirksamer fortsetzen zu können.

Adressat aller Emigranten aber bleibt die deutsche bzw. österreichische Öffentlichkeit[89]. Im Kommunikationsdefizit mit der Heimat liegt deshalb die Problematik der literarischen Emigration. Das Leben im Ausland bringt unvermeidlich die Entfremdung von den deutschen Verhältnissen und den Kompetenzverlust als politischer Schriftsteller mit sich. Julius Campe z. B. führt seinem Autor Heine die Konsequenzen für seine Position auf dem literarischen Markt Deutschlands immer wieder eindringlich vor Augen. »Ich wollte«, mahnt er 1838 zum wiederholten Mal, »Sie entschlößen sich und kämen nach Deutschland, wenn auch nur auf vier Wochen! Es giebt so manches das sich änderte; die Literatur Zustände sind nicht dieselben mehr. Sie würden der Nation sich beßer hingeben; mehr Freude geben und mehr empfangen, wie Sie so, nur französische Luft athmend und nichts als Zugvögel aus Deutschland erblickend, es im Stande sind [...] Ueberall wird gezerrt und versichert, mit Ihnen sey es aus. Sie schrieben, seit Sie für die Franzosen kochten, nicht mehr für den deutschen Magen. [...] Etwas muß geschehen! Wenn Sie nicht als ein abgedankter König mißhandelt seyn wollen«[90].

Dieser Gefahr, die die Entfremdung vom Leser mit einschließt, sind vor

---

[88] Vgl. Sengle I, S. 157.
[89] Mit Ausnahme Heines, der daneben auch auf dem französischen Markt publizierte.
[90] 29.9.1838; HSA 25, S. 173 f.

allem die Autoren ausgesetzt, die über lange Zeit in der Emigration leben und bemüht sind, sich auch im Ausland literarisch einzubürgern, wie es Börne tat und mehr noch Heine, der nie nach Deutschland zurückkehrte. Die Emigranten der 1840er Jahre, deren Existenz ganz auf den Kampf um die politische Veränderung ausgerichtet ist und die ihren Auszug stets nur als vorübergehend betrachten, sehen sich davon weniger betroffen.

Wie stark die literarische Emigrationsbewegung ist, zeigt eine Situationsbeschreibung des eingangs zitierten Karl Heinzen von 1846: »Deutschland ist, wie an Emigranten überhaupt, so auch an literarischen Emigranten das reichste Land der Erde geworden. In Frankreich, in der Schweiz, in Belgien, in England, in Amerika, kurz in der ganzen Welt, besonders aber in den freieren Ländern, zählt es eine Menge Vertreter seines Geistes und seiner Nationalität, die meistens unfreiwillig in ihre Lage gebracht worden sind. Das ausländische Deutschland erhält, auch ohne Kolonien, von Tag zu Tag mehr Wichtigkeit. Es kann dahin kommen, daß der bewegteste Teil unseres literarischen Lebens durch Ausgewanderte vertreten wird«[91].

## 4.4 Zu den Auswirkungen der Zensur auf die Literatur

Wie sich Zensur in den literarischen Texten selbst auswirkt, ist bisher kaum untersucht worden[92]; und dies nicht zufällig, denn die Frage ist schwer zu beantworten. Wirkungen, die großenteils auf der Internalisierung von Normen beruhen, sind in der Textgestalt kaum nachzuweisen, die Vermittlungsschritte zwischen den Normen und einer veränderten Schreibpraxis kaum nachzuvollziehen. Denn – »der größte Nachteil der Zensur besteht« – nach Diderot – »darin, daß ein Autor zum Schluß selbst nicht mehr weiß, was er denkt«. Dieser Forschungslage entsprechend, müssen die folgenden Überlegungen darauf beschränkt bleiben, die hauptsächlichen Probleme im Verhältnis von Zensur und Text aufzuzeigen und einige Ansätze für künftige Untersuchungen zu skizzieren. Als exemplarisch wird in diesem Zusammenhang immer wieder die Schreibpraxis Heines anzuführen sein.

Die externe Zensur, der vereinzelt und äußerlich bleibende Zensurakt durch die staatliche Kontrollinstanz hat vorwiegend prohibitiven Charakter. Seine Effizienz liegt in seiner Symbolkraft für das wesentlich tiefer grei-

---

[91] Nach Grab / Friesel, S. 216.
[92] Einzige Spezialuntersuchung ist die Reisners zur politischen Lyrik. Partiell berührt wird die Frage auch bei Weidl, S. 106 ff.

fende und umfassender wirkende System der Literaturlenkung durch Normeninternalisierung, die Selbstzensur der Betroffenen.

Die vom Restaurationsstaat aufgestellten und institutionalisierten Normen fordern eine Literatur ohne gesellschaftskritische Intention; sie fordern die Absenz jeglicher Kritik am Feudalstaat und seinen geistlichen und weltlichen Vertretern; und sie fordern den Konsens mit dem von den christlichen Kirchen gesetzten Moralkodex.

Auf diese Postulate und die mit ihnen verbundenen Sanktionen kann in literarischen Texten vielfältig reagiert werden. Die Literatur des Biedermeier leistet oft die geforderte Konformität, indem sie den Verzicht auf die Teilhabe an der politischen Öffentlichkeit durch den Rückzug in die scheinbare Apolitizität der Idylle sublimiert. Die Brüche, die diese Idyllen – sei es bei Stifter, bei Mörike oder Grillparzer – durchziehen, indizieren das Scheitern dieser Harmonisierungsversuche. Der prinzipielle Anspruch auf Meinungs- und Schreibfreiheit wird in Texten aufrechterhalten, die das Zensurproblem explizit thematisieren; ebenso in solchen, die den Konflikt mit der Entwicklung neuer literarischer Strategien und Verkehrsformen beantworten und in denen sich aus der Internalisierung der Repressionsnormen eine neue Schreibpraxis entwickelt.

Klare Grenzen zwischen den verschiedenen literarischen Reaktionsweisen sind nicht zu ziehen; selbst die zwischen Konformität und Widerstand bleiben verschwommen. Dies zeigt sich am deutlichsten dort, wo beide Haltungen sich in der extremen Verweigerung treffen. Das Verstummen nämlich kann sowohl äußerste Konsequenz des inneren Widerstands sein, als auch Resultat des aus der nicht bewältigten Anpassung resultierenden Konflikts[93].

Am unverhülltesten wird in literarischen Texten dort reagiert, wo sie sich mit der Zensur direkt auseinandersetzen, sie im Zensurgedicht, der Zensur-

---

[93] Grillparzer etwa zog sich der österreichischen Zensurverhältnisse wegen in den 1840er Jahren weitgehend aus dem literarischen Leben zurück. Er war schon 1819, beim Erscheinen seines religionskritischen Gedichts »Campo Vaccino« in Zensurschwierigkeiten geraten; 1823 war sein Trauerspiel »König Ottokars Glück und Ende« verboten worden. Zwischen 1839 und 1847 veröffentlichte Grillparzer keine größere literarische Arbeit. In den wenigen kleineren Texten beschäftigte er sich eingehend mit der Zensurproblematik (vgl. Rommel, S. 11). Und im ersten nach dieser Zeit des Rückzugs, unmittelbar vor der Märzrevolution erschienenen Werk, der Novelle »Der arme Spielmann« (1847), thematisierte er den Konflikt des Künstlers zwischen Innerlichkeit um den Preis des selbstgewählten Rückzugs einerseits und kritischer Teilnahme an Kommunikation und Öffentlichkeit um den Preis gesellschaftlicher Diffamierung und Isolation andererseits. – Die Angst davor, daß Zensur produktionshemmend wirken könnte, durchzieht als gängiges Motiv auch Heines Werk. – Vgl. auch die Briefe an Campe vom 7. und 20.12.1836; HSA 21, S. 162 f. und 172.

satire, Zensurpolemik und Zensurdokumentation »kalkulierend, überlistend, hassend oder anprangernd«[94] zu ihrem Thema machen. In den Gedichten eines Hoffmann von Fallersleben, Freiligrath, Gaudy oder Prutz etwa[95] wird

[94] Kienzle/Mende, S. 40.
[95] Als Beispiele die folgenden Gedichte:

*August Hoffmann von Fallersleben*
UNTER DES DURCHL. DEUTSCHEN BUNDES SCHÜTZENDEN PRIVILEGIEN
Siehe: 33. Sitz. von 1838, 6. und 23. von 1840 und 3. von 1841

Wo kann der Dichter froher sein
Und singen so von allerhand,
Von Tugend, Freundschaft, Lieb' und Wein,
Von König, Gott und Vaterland,
Als *uns* das Glück vergönnet,
Als *ich* und *ihr* es könnet
Unter des deutschen Bundes schützenden Privilegien?

Wo ist ein Land doch weit und breit,
Das so den Dichter liebt und ehrt,
Das so aus tiefer Dankbarkeit
Ihm Hab' und Gut und Ruhm vermehrt,
Als wir es sehn, o Wunder!
Als wir es sehn jetzunder
Unter des deutschen Bundes schützenden Privilegien?

In Luft und Wasser, Wald und Feld
Ist nirgend freier doch ein Thier,
Auch singt kein Vogel in der Welt
Doch jemals freier noch als wir!
Wie bin ich guter Dinge!
Ich trinke, spring' und singe
Unter des deutschen Bundes schützenden Privilegien.

*August Hoffmann von Fallersleben*
CREATIONSTHEORIEN
I.
Der Teufel schuf die Preßfreiheit,
Ein Engel die Censur:
Gottlob, es ist doch noch zur Zeit
Von jener wenig Spur.

Denn wer ein bös Gewissen hat,
Dem stehn die Engel bei;
Auch hindert es noch Kirch und Staat,
Daß man des Teufels sei.

2.
Ein Engel schuf die Preßfreiheit,
Ein Teufel die Censur:
Und leider ist drum auch zur Zeit
Von jener wenig Spur.

Denn wer ein bös Gewissen hat,
Dem steht der Teufel bei;
Der Teufel will in Kirch' und Staat,
Daß man des Teufels sei.

Aus: Unpolitische Lieder. 1840/41.

*Franz Freiherr Gaudy*
HAUSSUCHUNG

De par le roi! Man öffne mir
Die Tür! Zurück den Riegel!
Vollmacht bekundet dies Papier
Mit Unterschrift und Siegel.
Bei Ihrem Namen steht bereits
Im Schwarzen Buch ein Doppelkreuz,
Und zwar mit roter Tinte;
Drum fort mit jeder Finte.

›Fürwahr, ich staune‹ – Nicht gemuckt!
Wir wissen, was wir wissen.
Was für ein Zettel, eng bedruckt,
Wird hier so schnell zerrissen?
Verlegen scheint der Inkulpat,
Gleich wie ertappt auf böser Tat.
Ich les' auf dem Papiere,
Schweiz – Frankreich – ha! ich spüre.

Zwölf Röhren dort auf dem Gestell –
Sie gleichen Flintenläufen
Zu welchem Zweck? Man beichte schnell. –
›Diesmal sind's Tabakspfeifen.‹
Das wäre, Herr? Nein, das Gestell
ist sonder Zweifel das Modell
Für neue Höll'n-Maschinen.
Sie Fieschi*! Wehe Ihnen!

Der Stock, der dort im Winkel ruht,
Dient? – ›Zum Spazierengehen.‹ –

das Zensurmotiv als Agitationsmodell der politischen Lyrik eingesetzt und zwar meist stark veräußerlicht. Heine verwendet es zur Darstellung der Selbstzensur, als »Verschweigen«, »Zensurrücksicht« oder – wie im gleich-

So? Meinen Sie? Das klingt ganz gut;
Kann jedes Kind doch sehen,
Dies sei ein Stock wie Alibaud's**
Am Ende geht das Unding los –
Behutsam, Ihr Kollegen,
Ich wittre Flint' und Degen.

Dies Buch, hier steht es deutlich, seht!
Es handelt von zwei Polen.
Verdächtig! Nennt sie! Herr, gesteht
Es frei und unverhohlen.

›Südpol und Nordpol.‹ – Fürchterlich!
Um diese zwei dreht alles sich.
Hier steht's. Sieht doch der Blind' es,
Zwei Haupt-Rebeller sind es.

Und hier! Geschrieben steht ja groß
Und breit: ein Bundes-Hemde?
›Ein *buntes*, meint die Waschfrau bloß;
Rechtschreibung blieb ihr fremde.‹
Elende Ausflucht! Hochverrat!
Ein Bund mit Hemden! In der Tat,
Jetzt kommen wir dem Dinge
Doch endlich auf die Sprünge.

Was schreibt man jetzt? – » »Nen Brief.« – An wen?« –
»'Nem Freund.« – Den muß man lesen:
›Ich muß dir leider nur gestehn,
Daß ich mordfaul gewesen‹
Mordfaul! Gerechter Gott! Zum Mord
Nennt er sich faul! Gendarmen, fort!
Fort mit dem Bösewichte
Zum heimlichen Gerichte!

* Fieschi, ein Korse, verübte am 28. Juli 1835 mittels einer Höllenmaschine, die aus vierundzwanzig zusammengebundenen Flintenrohren bestand, ein Attentat auf Louis Philippe von Frankreich, wobei 16 Personen getötet wurden, der König aber unverletzt blieb. Fieschi wurde hingerichtet.
** Louis Alibaud versuchte am 25. Juni 1836, Louis Philippe mit einer selbst gefertigten stockähnlichen Flinte zu erschießen. Auch Alibaud wurde hingerichtet. – Nach Grab/Friesel, S. 148 f.

*Robert Prutz*
WAS WIR WOLLEN

Wir wollen Fürsten, habet acht!
Die gern dem Volk vertrauen,
Und die die Säulen ihrer Macht
Nur auf dem Recht erbauen;
Wir wollen Fürsten, die nicht gleich
Um ein paar Verse schmollen,
An Schmeichlern arm, an Liebe reich –
Das ist es, was wir wollen.

Wir wollen Völker, kühn und stark,
Von keinem Joch gebogen,
Genährt von ihrer Vorzeit Mark,
Zu Knechten nicht erzogen;
Wir wollen Völker, die nicht bloß
Stets müssen, und stets sollen.
Durch Krieg berühmt, durch Frieden groß –
Das ist es, was wir wollen.

Wir woll'n Gesetze, kurz und rund,
Die klar und deutlich sprechen,
Und die auch keines Königs Mund
Darf biegen oder brechen;
Wir woll'n Gesetze, die dem Born
Des Lebens frisch entquollen,
Der Bösen Zaum, der Guten Sporn
Das ist es, was wir wollen.

Wir woll'n Minister (merkt's, ihr Herrn!)
Mit oder ohne Ahnen,
Wenn sie nur dem Jahrhundert gern
Weit offne Straßen bahnen!
Doch wem des Volkes Liebe fehlt,
Der soll vom Amt sich trollen,
Und ob er sechzehn Ahnen zählt –
Das ist es, was wir wollen.

Wir wollen freie Wissenschaft,
Zu lernen und zu lehren,
Und niemand soll des Denkers Kraft
In ihrem Fluge wehren.
Wir wollen, daß man nicht den Geist,

namigen Gedicht – als »Geheimnis«[96]. Die Gestaltung des Motivs ist hier ausgesprochen planvoll. Sie erreicht einen »hohen Grad formaler Deutlichkeit«[97], der dem der Zensurmotivik in der politischen Lyrik nicht nachsteht. Das »Geheimnis«-Motiv ist – mehr oder weniger versteckt – in allen Schriften Heines präsent; es ist »ein Schlüssel zu ihrem Verständnis«[98].

Man kann davon ausgehen, daß dort, wo das Zensurmotiv häufig aufgegriffen wird, literarisches Profitdenken mit im Spiel ist. Denn so, wie die staatliche Literaturkontrolle die Konkurrenzsituation des Berufsschriftstellers ausnützt, um ihre eigenen Normen durchzusetzen, so benützen die oppositionellen Autoren ihrerseits die spektakuläre Zensur als Waffe im literarischen Konkurrenzkampf – ohne daß dies bisher im Einzelnen nachgewiesen wäre. Und wenn Zensur, wie erwähnt, auch nicht der Garant für finanziellen Profit war, für den sie vielfach gehalten wurde, so vermochte sie – zielgerecht eingesetzt – zumindest den literarischen Erfolg in einzelnen Fällen durchaus zu fördern. Denn sie versprach mit Hilfe des Skandals Publizität. Der Fall »Wally« belegt die bisher nur pauschal formulierte Hypothese, daß »der Skandal des Zensureingriffs [...] dem Schriftsteller / Künstler Wirkung und Identität als Oppositioneller oder Avantgardist« bestätigte[99]. Die literarische Entwicklung Gutzkows, aber auch Dingelstedts oder Laubes läßt vermuten, daß gerade diejenigen unter den Schriftstellern, die an der Wirkung und damit primär an der Wahrhaftigkeit ihres gesellschaftlichen Engagements zweifeln, »dem System der symbolischen Zensur enger verbunden sind, als sie wahrhaben wollen«[100]. Autoren wie sie vermö-

> den frischen, lebensvollen,
> Nur Holz und Wasser tragen heißt
> Das ist es, was wir wollen.
> Und dann mein ewig A und O,
> Daß ich es nicht vergesse!
> Denn ohne das wird niemand froh
> Das ist die freie Presse.
> Daß wir des Geistes Blüte nicht
> Bei der Zensur verzollen,
> Das dünkt uns Recht, das dünkt uns Pflicht –
> Das ist es, was wir wollen.
>
> Entstanden wohl 1843. – Nach Grab / Friesel, S. 204 f. – Vgl. auch die »Censorenlieder« von Sehring, 1843.

[96] Heine 8, S. 947 f. – Das Gedicht ist entweder in den frühen 1830er Jahren oder 1840 entstanden.
[97] Ebd.
[98] Ebd.
[99] Kienzle / Mende, S. 36.
[100] Ebd.

gen eine Interdependenz zwischen literarischer Opposition und staatlichem Repressionssystem nicht als dialektischen Prozeß zu begreifen und in ihr Werk zu integrieren. Ihre Widerstandshaltung schlägt, sobald sie keinen literarischen Profit mehr verspricht, schnell in Opportunismus um.

Nach Marx macht Zensur jeden von ihr betroffenen Text zu einem außerordentlichen, »materiell imposanten«[101]. Der Publizist und spätere Literaturtheoretiker des Realismus, Friedrich Theodor Vischer, bemerkt im gleichen Sinn schon 1843 über Herweghs Gedichte: »Wären sie besser, so wären sie verboten«[102]. Zensiert zu werden wird hier zum Qualitätsmerkmal. Es indiziert eine tiefe, symbiotisch erscheinende Verbindung zwischen der oppositionellen Literatur und ihrem schärfsten Gegner.

In diesem Zusammenhang ist zu fragen, inwieweit Zensur unter dem Aspekt des Erfolgszwangs auf einem konkurrenzbetonten Literaturmarkt zum Produktionsanreiz wird; etwa durch die Favorisierung zensurrelevanter Themen, wie Gotteslästerung, Fragen der Moral, Religions- und Gesellschaftskritik, durch eine entsprechend begründete Literaturtheorie oder durch die Ausbildung einer Schreibart, die imstande ist, diese Inhalte ihrer zensurpolitischen Brisanz zum Trotz zu präsentieren und zu vermitteln. Ob in diesem Fall nicht die Wirkungstheorie des Gegners übernommen und dadurch die tatsächliche Wirkungsmöglichkeit durch literarische Texte grotesk überschätzt wird[103], bleibt zu bedenken.

Der tiefste Eingriff von Zensur in den Text und zugleich der nach Vielfalt und Ausmaß am wenigsten bestimmbare ist die Selbstzensur. Begründet ist dieses prohibitive Verfahren vor allem in der »Angst vor dem eigenen Wort«, die wohl nicht nur Heine als »Zensur der schlimmsten Art« erschien[104]. Selbstzensur antizipiert den staatlichen Eingriff entweder aus dem »Prinzip des vorauseilenden Gehorsams« heraus, oder – wenn die literarische Realisation des sanktionierten gesellschaftskritischen Anliegens das Ziel bleibt – um dem Schreiber zumindest eine reduzierte Wirkungsmöglichkeit zu erhalten[105]. Gleichzeitig kann Selbstzensur auch als litera-

---

[101] Rheinische Zeitung vom 15.5.1842. – Nach Reisner, S. 8.
[102] Ebd., S. 88. – Reisner weist zurecht darauf hin, daß Herweghs »Gedichte eines Lebendigen«, auf die der Vorwurf des Kritikers zielt, zwar nicht in Württemberg, der Heimat Vischers, wohl aber in Preußen verboten waren.
[103] Auf diese Gefahr weist Christian Enzensberger hin in »Literatur und Interesse« Bd. I, S. 78; nach Kienzle / Mende, S. 36.
[104] Entwurf einer Vorrede zur zweiten Auflage der französischen Ausgabe der »Reisebilder« (wohl 1854); Heine 3, S. 682.
[105] So gab z. B. Heine Gustav Kolb, dem Redakteur der »Allgemeinen Zeitung«, 1843 eine pauschale Zensurerlaubnis, weil er den Schaden dieser Eingriffe für geringer hielt »als bey solchen Arbeiten die Zeit worauf sie berechnet sind ganz zu verfehlen« (Heine an Kolb, 22.6.1843; HSA 22, S. 63).

rische Strategie eingesetzt werden. Heine beispielsweise nutzt sie, wie im Zusammenhang mit den Formen schriftstellerischen Widerstands dargestellt wurde, als Teilstrategie seines »Dreifrontenkampfes«.

Im Rahmen der »Geheimnis«-Motivik spielt Heine mit der Möglichkeit eigenmächtiger Unterdrückungsakte als Strafe für eine an der obrigkeitlichen Wertordnung orientierte literarische Öffentlichkeit. Er treibt dieses Spiel stilistisch so weit, daß selbst das orthographische Zeichen, z. B. der Gedankenstrich als Persiflage des Zensurstrichs, zum Indikator des Selbstzensurakts wird. So etwa in folgender Textstelle aus den »Memoiren des Herren von Schnabelewopski« :

»Aber nein – die ganze Geschichte, die ich hier zu erzählen dachte, und wozu der fliegende Holländer nur als Rahmen dienen sollte, will ich jetzt unterdrücken. Ich räche mich dadurch an den Prüden, die dergleichen Geschichten mit Wonne einschlürfen und bis an den Nabel, ja noch tiefer, davon entzückt sind und nachher den Erzähler schelten und in Gesellschaft über ihn die Nase rümpfen und ihn als unmoralisch verschreien. Es ist eine gute Geschichte, köstlich wie eingemachte Ananas oder wie frischer Kaviar oder wie Trüffel in Burgunder, und wäre eine angenehme Lektüre nach der Betstunde; aber aus Rankküne, zur Strafe für frühere Unbill, will ich sie unterdrücken. Ich mache daher hier einen langen Gedankenstrich – Dieser Strich bedeutet ein schwarzes Sofa, und darauf passierte die Geschichte, die ich nicht erzähle.«[106]

Der Gedankenstrich fungiert hier als »Signal« für das Geheimnis[107]; im »Buch ›Le Grand‹«, wo seine amtliche Aufgabe als Anzeiger der Zensurlücke ironisierend umgekehrt wird, als direkter Bedeutungsträger[108].

Am wenigsten läßt sich der Vorgang der Selbstzensur dort nachvollziehen, wo er am tiefsten greift, bei der gedanklichen Konzeption eines Textes. Vielmals beschreibt Heine »die bittere Stimmung [...] worin mich die Notwendigkeit versetzt jeden Gedanken den ich denke im Kopfe gleich zu zensieren; zu schreiben, während das Censurschwert an einem Haare über meinem Kopfe hängt – das ist um wahnsinnig zu werden.«[109] Er setzt den Vorgang einem Mord gleich: »Ach! diese Geisteshenker machen uns selbst zu Verbrechern, und der Schriftsteller, der wie eine Gebärerin während des Schreibens gar bedenklich aufgeregt ist, begeht in diesem Zustande sehr oft einen Gedankenkindermord, eben aus wahnsinniger Angst vor dem Richtschwerte des Zensors. Ich selbst unterdrücke in diesem Augenblick einige neugeborene unschuldige Betrachtungen über die Geduld und Seelenruhe, womit meine lieben Landsleute schon seit so vielen Jahren ein Geistesmord-

---

[106] Heine 1; S. 531.
[107] Weidl, S. 16.
[108] Vgl. S. 124, Anm. 17.
[109] Heine an Campe, 20.12.1836; HSA 21, S. 172.

gesetz ertragen, das Polignac in Frankreich nur zu promulgieren brauchte, um eine Revolution hervorzubringen.«[110]

Selbstaussagen wie diese – seien es private oder, wesentlicher, ins literarische Werk integrierte – öffnen den Betroffenen einen Ausweg, indem sie die Thematisierung des Konflikts ermöglichen. Sie sind fester Bestandteil literarischer und biographischer Zeugnisse der Zeit.

Eine Untersuchung über Wirkungsweise und Wirkungsgrad der Selbstzensur wird, will sie nicht rein spekulativ bleiben, diese Selbstäußerungen zu analysieren haben. Im Weiteren wird eine solche Untersuchung Wirkungen dort aufsuchen müssen, wo sie in den Texten erkennbar sind, nämlich bei Änderungsvorgängen während der Niederschrift. Solche Eingriffe nahmen Autoren entweder aus eigenem Antrieb[111] oder aufgrund gezielten Drucks von außen vor. Direkte Eingriffe durch Dritte, etwa durch Verlag, Redaktion oder Schriftstellerkollegen, können, soweit sie innerhalb des literarischen Systems stattfinden, ebenfalls als selbstzensorisch begriffen werden.

Beispiele dafür, wie Selbstzensurvorgänge während verschiedener Entstehungsphasen eines Textes nachvollzogen werden können, bieten die »Xenien« im zweiten Band von Herweghs »Gedichten eines Lebendigen«[112] und wiederum Heine in »Deutschland. Ein Wintermärchen«[113]. Vorstudien des Autors zu Caput XIX belegen den Prozeß der »Gedankenzensur« schon während der Konzeption und der ersten Niederschrift[114], Briefaussagen selbstzensorische Eingriffe auf einer weiter entwickelten Textstufe[115]. Neuerliche Änderungen nach der Fertigstellung des Manuskripts, die auf den unmittelbaren Einfluß des Verlegers zurückgehen, sind in der Handschrift nachweisbar[116]. Durch diese Eingriffe wird der Text entkonkretisiert. Politische Reizworte werden getilgt, zu deutliche gesellschaftskritische oder erotische

---

[110] Einleitung zu: »Kahldorf über den Adel«; Heine 3, S. 659.
[111] Heine etwa in »Ludwig Marcus. Ein Denkwort« oder auch in »Deutschland. Ein Wintermärchen« (s. u.).
[112] Vgl. Reisner, S. 113.
[113] Zur Entstehungs- und Veröffentlichungsgeschichte des »Wintermärchens« vgl. Gössmann/Woesler und Heine 4, S. 1013 ff.
[114] Reisner, S. 108. – Wie weit die Selbstzensur in den literarischen Schaffensprozeß eingedrungen ist, belegen – ganz im Sinne der zitierten These Diderots – Heines widersprüchliche Aussagen über die erste Textkonzeption. Den mäßigenden Änderungen, die aus den Vorstudien ersichtlich sind, widerspricht Heines eigene Darstellung, nach der er bei der ursprünglichen Fassung des »Wintermärchens« »auf alle Censur verzichtet« habe (an Campe, 17.4.1844; HSA 22, S. 99).
[115] S. o. – Besonders Heines Briefe an Campe vom 17.4. und 3.5.1844; HSA 22, S. 99, 103 ff. und 107 ff.
[116] Das Werk erschien zudem gleichzeitig in zensierter und unzensierter Fassung. Über die Unterschiede der Ausgaben und Textfassungen vgl. Gössmann/Woesler, S. 76 ff.

Bezüge ins Anspielungshafte gewendet; das kämpferisch-militante Vokabular erscheint in abgeschwächter Form. Ironisierung und eine spezifisch politische Metaphorik verschlüsseln den Text stärker als in der ursprünglichen Fassung[117]. Daß eine solche Entkonkretisierung den Erwartungen der staatlichen Normenkontrolle entspricht, wurde anhand des Zensurgutachtens zu Freiligraths Gedichten[118] für einen weiteren Einzelfall nachgewiesen. Gradmesser des Tolerablen bleibt letztlich die Sensibilität, die sich der Autor im Umgang mit den Zensurinstanzen erworben hat. Unterstützt wird sie von der Erfahrung der als literarische Realitätskontrolle fungierenden Vermittler.

Dort, wo selbstzensorische Eingriffe punktuell nachweisbar bleiben, berühren sie tiefere, sinngebende Textschichten allerdings kaum. Die Tatsache, daß bewußt eingegriffen worden ist, setzt zudem die Distanz vom staatlich verordneten Normenkodex voraus, die notwendig ist, um derartige Zensurakte dem Autor selbst kontrollierbar zu halten. Wesen und Ausmaß der Veränderung, die die Internalisierung der gegnerischen Wertnormen am Text bewirken kann, ist in diesen äußeren Veränderungsvorgängen nicht mehr erkennbar.

Eine Untersuchung zur Selbstzensur wird Wirkungen deshalb von dem Wandel herzuleiten haben, den die Schreibpraxis oppositioneller Autoren unter der Zensur erfahren hat. Zu fragen wäre nach dem Kriterienwechsel, der Umwertung und der Qualitätsdifferenz in der Wahl der literarischen Stoffe, Gattungen und Formen. Für die Zeit des Vormärz auffällig ist die Bevorzugung kleinteiliger Erzählformen, die Annäherung an Typen der Gebrauchsliteratur und die Abwertung des Dramas und zeitweise auch der Lyrik zugunsten der Erzählprosa. Auffällig ist auch die Entwicklung neuer Veröffentlichungsformen. Die Zeitung und ein neuer trivialisierter Typ von Zeitschrift und Almanach, sowie kleinformatige Buchausgaben und Broschüren werden als günstiger Publikationsort für die »neue« Literatur entdeckt.

Diese Veränderungen hängen zum einen mit der Erweiterung des literarischen Markts zusammen, denn sie kommen den Leseinteressen und -fähigkeiten eines breiteren, literarisch noch ungeübten Publikums entgegen. Möglicherweise aber sind sie auch Indikatoren für eine Affinität zum Schreiben unter der Zensur. Zu untersuchen wäre, wie weit etwa die Normen der staatlichen Literaturkontrolle die Stoff- und die durch sie mitbedingte Gattungswahl indirekt beeinflußt haben.

Auf einen unmittelbaren Zusammenhang zwischen Zensur und Textform weist der mehrfach erwähnte Typus operativer Unterhaltungsliteratur hin, der in der »neuen« Literatur im Verlauf der Auseinandersetzung mit

---

[117] Reisner, S. 110 f.
[118] Siehe S. 19–22.

der staatlichen Literaturkontrolle ausgebildet worden ist. Dieser Texttypus umfaßt sowohl die »harmlosen Märchen«, das »stille Buch«[119] und die »reinen Phantasiearbeiten«[120], auf die Heine aus Zensurrücksicht glaubt ausweichen zu müssen, als auch den Reisebericht. Mit ihm tarnen die oppositionellen Literaten – Heine in den »Reisebildern«, Börne in den »Briefen aus Paris«, Laube in seinen Reisenovellen und im weiteren Sinn auch Pückler-Muskau – ihre Gesellschaftsanalysen und wirken so mit an der Renaissance einer literarischen Form. In die gleiche Richtung weist Gutzkows Wort vom »Schmuggelhandel der Freiheit: Wein verhüllt in Novellenstroh«[121]. Zeitkritischen Ideen soll durch die verharmlosende »Verpackung« in traditionelle literarische Formen zur Wirkung verholfen werden[122].

Auch zwischen der Umkehrung in der Rangfolge der literarischen Gattungen und ihrer Eignung für die Darstellung zeitkritischer Anliegen besteht nachweislich ein Zusammenhang. Es ist denkbar, daß die Umwertung der Gattungen darüber hinaus direkt bedingt ist durch die Notwendigkeit, Texte gefahrlos und schnell zu vermitteln – ein Kriterium, dessen Bedeutung für den literarischen Produktionsprozeß unter einer rigiden Literaturkontrolle zweifellos steigt. Es erhöht möglicherweise auch den Funktionswert der neuen Veröffentlichungsformen, die ja ebenfalls auf die Überlistung des Zensurapparates zielen.

Zu fragen ist nach den stilbildenden Konsequenzen der Zensur, wie Heine sie ihr nachträglich zuschreibt: »Nicht der gefährlichen Ideen wegen, welche das Junge Deutschland zu Markte brachte, sondern der popularen Form wegen, worin diese Ideen gekleidet waren, dekretierte man das berühmte Anathem über die böse Brut und namentlich über ihren Rädelsführer, den Meister der Sprache, in welchem man nicht eigentlich den Denker, sondern den Stilisten verfolgte. Nein, ich gestehe bescheiden, mein Verbrechen war nicht der Gedanke, sondern die Schreibart, der Stil.«[123]

[119] Heine an Campe, 8.3.1836; HSA 21, S.142.
[120] Heine an Campe, 7.10.1836; HSA 21, S.162f.
[121] An Büchner, 17.3.1835; Lehmann 2, S.476.
[122] Ähnlich verfährt wiederum Heine. Wie vor ihm Immermann in »Tulifäntchen« benutzt Heine während der Zeit schärfster Literaturverfolgung in »Deutschland. Ein Wintermärchen« und »Atta Troll« die im Biedermeier für idyllisch-zeitferne Stoffe beliebte Form des Versepos für seine gesellschaftskritischen Anliegen. Aus der Tatsache, daß diese im Kontrast zu den inhaltlichen Erwartungen stehen, die mit dieser Form traditionell verbunden werden, schlägt Heine zusätzlichen wirkungsästhetischen Gewinn.
[123] Variante zu »Die Götter im Exil«; Heine 12, S.123. – Diese Selbsteinschätzung korrespondiert mit der Beurteilung Heines durch seinen exponierten Gegenspieler, den Publizisten und Metternich-Vertrauten Friedrich Gentz, der über Heines Schreibart bewundernd notiert: »… welche Zensur könnte ihm beikommen; welcher Cato könnte ihn lesen, ohne sich einen Augenblick daran zu ergötzen …« (Gentz, Briefe V, S.177).

Zu fragen ist auch nach Art und Stringenz des Zusammenhangs zwischen der Literaturkontrolle und bestimmten Stilmerkmalen. Die Texte werden ironisiert und stärker kodiert. Die Aussagen werden mit Hilfe der Assoziation, des Witzes und eines Ichstils, der theoretische Inhalte auch im anekdotischen Detail zu vermitteln vermag, sublimiert oder auch soweit verallgemeinert, (wie es die zeitgenössische Kritik der Tendenzlyrik vorwarf[124]) daß sie der Zensur unfaßbar bleiben. Zu fragen bleibt schließlich, wie die Zensur mit der Ausbildung einer spezifisch politischen Metaphernsprache zusammenhängt, die zwar jakobinische Vorbilder hat[125], jedoch durchaus innovativ (z. B. in einer neu entwickelten Natur- und Kastrationsmetaphorik bei Wienbarg, Held[126] oder Mundt) auf die Situation direkter Beschneidung und Behinderung literarischer Produktivität zu reagieren vermag. Auch das Rivalitätsverhältnis der Berufsschriftsteller zueinander, das durch die staatliche Literaturkontrolle verstärkt wird, »affiziert« den Stil. Über ihn können – darauf hat schon Walter Benjamin hingewiesen – »besondere Vorkehrungen zur Verdrängung der mit ihnen konkurrierenden« Werke getroffen werden[127].

Sind Beobachtungen zur verändernden Kraft der Zensur zu verbinden mit der These, daß die Spannung, die im Vormärz zwischen dem Restaurationsstaat und den schreibenden Repräsentanten der bürgerlichen Öffentlichkeit besteht, durch Zensur und Verbot unproduktiv werde[128]? Bewirkt Zensur dort, wo sie Widerstand erregt, durch die Notwendigkeit, subtilere, nicht zensierbare Formen der literarischen Artikulation zu entwickeln, nicht vielmehr eine Entwicklung, die produktiv ist nicht nur »im Sinne der Macht«[129], sondern auch innerhalb des literarischen Systems, indem sie zu einem Wandel der ästhetischen Normen beiträgt?

Eine Antwort darauf wird aus den bisher aufgeworfenen Fragestellungen nur teilweise zu gewinnen sein. Sie ist weder von der Erfassung der sozioökonomischen und politischen Außenbedingungen des vormärzlichen Literatursystems zu erwarten noch von der der zensurrelevanten Elemente des literaturbezogenen Bereichs, wie etwa den Institutionen der Literaturvermittlung. Aussagekräftig für das Verständnis einer möglichen Zensurabhängigkeit literarischer Texte sind die erwähnten innerliterarischen Elemente – Selbstaussage, Schreibpraxis und Vergleich verschiedener

---

[124] So die Kritik Heines an den Tendenzdichtern Herwegh, Prutz, Dingelstedt und Hoffmann von Fallersleben. – Vgl. Reisner, S. 86.
[125] Vgl. Jäger, Metaphorik, passim.
[126] Held, Censuriana, 1844.
[127] Benjamin, S. 249.
[128] Lechner, S. 5.
[129] Kienzle/Mende, S. 231.

Textstufen und -fassungen – und darüber hinaus das Literaturprogramm, das zwischen den von der Zensur repräsentierten Normen und den Texten vermittelt.

Der Erkenntnisstand zu den Beziehungen zwischen den genannten Bereichen sowie den zensurrelevanten Vermittlungsprozessen im innerliterarischen Bereich ist noch wenig fortgeschritten. Es erscheint deshalb fraglich, ob zwischen verändertem literarischen Handeln einerseits und Zensureinwirkungen andererseits eine prinzipielle Kausalität herzustellen ist. Als Einzelproblem wird der Zusammenhang zwischen Zensur und literarischem Text zudem aus dem komplexen Bedingungsgeflecht des vormärzlichen Literatursystems nur schwer herauszulösen sein.

## 5. Tendenzen und Formen der Literatursteuerung von der Märzrevolution bis zur Weimarer Republik

### Ein Ausblick

Das Grundrecht der Meinungs- bzw. Pressefreiheit erweist sich als eine der wenigen freiheitlichen Errungenschaften, die nach 1848 trotz der gescheiterten Revolution unrevidierbar bleiben. Der präventive Preßzwang erscheint selbst der siegreichen Reaktion von jetzt an bedrohlicher als die neuetablierte »Freiheit«. Denn diese fordert zwar den Verzicht auf unmittelbare staatliche Lenkung der literarischen Produktion und der Literaturvermittlung, bedeutet aber keineswegs, daß der Anspruch auf Steuerung des literarischen Systems ganz aufgegeben worden ist.

Zum einen bleibt der staatliche Eingriff über Nachzensur und Verbot als Möglichkeit der Bedrohung nach wie vor erhalten und wird bei den als Tendenzschriftsteller des Vormärz etikettierten Autoren und bei mißliebigen Periodika auch weiterhin praktiziert. Zum anderen haben sich die Möglichkeiten der Literatursteuerung über die Mechanismen des Marktes verfeinert und intensiviert; etwa in Form des Postdebits[1], hoher Kautionszahlungen bei der Neugründung von Zeitungen und Zeitschriften und deren zusätzlicher Besteuerung, als ausgefeilte Praxis bei der Erteilung von Konzessionen für buchgewerbliche Betriebe, aber auch über die Bestrafung von Pressedelikten durch die Verwaltung unter Ausschluß des Rechtswegs. Maßnahmen fördernder Lenkung werden in dieser Phase gegenüber den Mechanismen der prohibitiven Steuerung neu entwickelt oder aufgewertet. Die Literatur wird von Staat und Kirche nun weniger verfolgt, als vielmehr – unterstützt von einer neuen, entpolitisierten Textkonzeption – in Dienst genommen.

So versucht Preußen unmittelbar nach 1848, eine offiziöse Presse zu installieren, hat damit aber erst ab 1860, nach der Übernahme der »Norddeutschen Allgemeinen Zeitung«, einen begrenzten Erfolg. Diese – napoleonische – Form der Lenkung öffentlicher Meinung erweist sich nicht mehr als wirkungsvoll[2]. Max II. von Bayern entwickelt in seinen literarischen Sym-

---

[1] D.h. des gesetzlichen Zwangs zur Versendung von Periodika ausschließlich auf dem Postweg. – Vgl. Helm, S. 48 ff. Zu weiteren Möglichkeiten indirekter Literaturlenkung vgl. ebd., S. 26 ff., 30 ff., 35 ff.
[2] Vgl. Overesch, passim.

posien (1854–1864), in die er unter anderem die Großschriftsteller Geibel und Heyse beruft, eine neue Institution der Literaturkontrolle. Das königliche Mäzenatentum enthebt die geförderten Autoren zwar der Schreib- und Erfolgszwänge des für den Markt produzierenden Publikumsschriftstellers, setzt aber seinerseits eine Anpassung an die Wertnormen des Mäzens voraus, die sich literarisch nicht nur in Weltanschauung und Stoffwahl, sondern bis in Gattungs- und Stilpräferenzen niederschlägt. Monarchische »Zensur« vereinigt sich hier unmittelbar mit künstlerischer Selbstzensur.

Die sehr unterschiedlichen Programme der Volks- und Erwachsenenbildung werden einerseits – im Sinn der traditionellen Volkspädagogik – von oben herab, durch staatlich oder parteilich geförderte Organisationen, vor allem aber die christlichen Kirchen propagiert. Andererseits entwickeln sie sich aus Institutionen der Arbeiterschaft selbst, z. B. den Arbeitervereinen des Vormärz oder den Arbeiterbildungsvereinen der 1860er Jahre. Die jeweiligen Bildungskonzepte bleiben bis zur Jahrhundertwende weitgehend konstant. Um 1900 erst, als die orthodoxen konfessionellen Bildungsbestrebungen als Sonderliteratur aufgegeben werden und die sozialdemokratische Bildungspolitik sich endgültig dem von staatlicher Seite begünstigten bürgerlichen ideal-nationalen Programm anschließt, verlieren diese Konzepte ihre bisherige Funktion.

Die nach 1850 einsetzende Debatte um Aufgabe und Inhalt der gewerblichen Leihbibliotheken[3] enthält keine Aspekte der Normensteuerung, sofern man die in den berufsständischen und ökonomischen Argumenten mit enthaltene Kritik an der Massenproduktion und -konsumption von Unterhaltungsliteratur nicht als mittelbare Lektürelenkungsversuche von seiten der Autoren und Verleger werten will.

Eine deutliche Zäsur in der Entwicklung der literarischen Steuerungsmechanismen setzt das Reichspressegesetz vom 7. Mai 1874, mit dem erstmals eine einheitliche reichsweite Ordnung des Presserechts geschaffen wird. Vorher bleibt das deutsche Presserecht in 28 Ländergesetze gespalten[4], ein Relikt partikularstaatlicher Tradition. In der Interimszeit zwischen der 1848er Revolution und dem Inkrafttreten der Ländergesetze (ab 1851) fungieren interne überregionale Polizeikommissionen als literarische Kontrollinstanzen. Das Reichspressegesetz von 1874 garantiert Pressefreiheit in »einer für seine Zeit her-

---

[3] Vgl. Martino, passim.
[4] Als vorbildlich für die Ländergesetze kann das preußische Pressegesetz vom 12. Mai 1851 gelten.
[5] Huber, Verfassungsgeschichte V, S. 141. – Das Reichspressegesetz verbietet den Entzug der Gewerbebefugnis im Bereich des Pressewesens sowohl auf administrativem

vorragenden Liberalität«[5]. Mit dem Wechsel der Zuständigkeit von der Polizei zur Justiz beginnt die Zeit der großen literarischen Prozesse[6] – in Deutschland allerdings weniger spektakulär als in Frankreich.

Das Reichspressegesetz ist die erste der gesetzlichen Maßnahmen, die in der Ära Bismarck zur Neuordnung des Verhältnisses zwischen den großen Kulturinstitutionen und Staat und Gesellschaft unternommen werden. Es tritt inkraft, noch bevor die politische Einheit des deutschen Nationalstaats erreicht ist. Die liberalisierende Wirkung wird allerdings bereits durch die Unterdrückungsmaßnahmen gegen die sozialdemokratische Presse mit Hilfe des sog. »Sozialistengesetzes«[7] drastisch wiedereingeschränkt. In der Zeit seiner schärfsten Anwendung (1878–1881) werden Verbote gegen 58 inländische und 27 ausländische Zeitungen, 184 Bücher und Flugschriften erlassen, darunter die Werke des wissenschaftlichen Sozialismus.

Gegen Ende des 19. Jahrhunderts besteht zwar eine kulturpolitisch interessierte Öffentlichkeit, in der die liberalen Traditionen noch soweit lebendig sind, daß sie – wie sich anläßlich der parlamentarischen Vorbereitung der »lex Heinze«[8] zeigt – ein presserechtlich folgenschweres Prinzip des Liberalismus gegen den Willen der konservativen Parlamentsmehrheit zu verteidigen und eine neuerliche Einschränkung der Pressefreiheit zu verhindern vermag. Die Zusammensetzung dieser Öffentlichkeit aus den Nationalliberalen, »Freisinnigen« und Sozialdemokraten der parlamentari-

>  als auch auf gerichtlichem Weg. Als einschränkende Ordnungsvorschriften setzt es fest: die Pflicht zur Angabe des Druckers und des Verlegers auf Druckschriften und des verantwortlichen Redakteurs in Periodika; die Pflicht zur unentgeltlichen Abgabe je eines Exemplars jeder periodischen Veröffentlichung bei der Ortspolizeibehörde; die Pflicht zur Berichtigung von Falschaussagen (§§ 6–11). Die Strafbarkeit von Pressedelikten wird ausschließlich nach den allgemeinen Strafgesetzen bemessen (§ 20). Eine Beschlagnahmung von Druckschriften ist nur bei richterlicher Anordnung statthaft (§§ 23 und 24).
> 
> [6] Z. B. die Prozesse gegen Flauberts »Madame Bovary« (1856) und Baudelaires »Fleurs du mal« (1857).
> 
> [7] Das »Sozialistengesetz« ist ein sog. »Maßnahmegesetz« zum Schutz der Verfassung »gegen die gemeingefährlichen Bestrebungen der Sozialdemokratie«. Es wurde am 21. 10. 1878 erlassen und blieb mit viermaliger Verlängerung bis zum 30. 9. 1890 inkraft. – Vgl. Huber, Verfassungsgeschichte IV, S. 1157 ff.
> 
> [8] Die Strafgesetznovelle vom 3. 2. 1899, nach dem anstoßgebenden Mordfall »lex Heinze« genannt, sah vor, im Zusammenhang mit den Strafbestimmungen gegen Sittlichkeitsdelikte auch den gegen Literatur und Kunst gerichteten § 184 (Strafbarkeit des Feilhaltens und Ausstellens unzüchtiger Schriften und Abbildungen) zu verschärfen. Der parlamentarischen Minderheit gelang es, allgemeine gesetzliche Strafandrohungen gegen Literatur, Theater und bildende Kunst abzuwehren und die neuen Maßnahmen auf den Jugendschutz zu beschränken. – Zur Geschichte der »lex Heinze« vgl. Huber, Verfassungsgeschichte IV, S. 283–285.

schen Opposition und einem Kulturbürgertum, das der eigens aus diesem Anlaß gegründete »Goethebund« repräsentiert, zeigt zugleich die politischen Grenzen dieses Engagements an. Es zielt, wie es im Programm des »Goethebunds« heißt, ausschließlich darauf, »Angriffe auf die freie Entwicklung des geistigen Lebens«[9] abzuwehren.

In der Weimarer Republik wird die Freiheit der Kunst – und das schließt die Meinungsfreiheit mit ein – erstmals verfassungsmäßig garantiert[10]. Der demokratische Auftrag, den die Verfassung zum Schutz und zur Erhaltung der Pressefreiheit enthält, wird jedoch im Verlauf der Entwicklung »nicht einmal als Norm ernstgenommen«[11]. Diese Diskrepanz zwischen Verfassung und Rechtsprechung ist durchaus als Folge der Revolution zu sehen[12].

[9] Ebd., S. 284.
[10] »Jeder Deutsche hat das Recht, innerhalb der Schranken der allgemeinen Gesetze seine Meinung durch Wort, Schrift, Druck, Bild oder in sonstiger Weise frei zu äußern. An diesem Recht darf ihn kein Arbeits- und Angestelltenverhältnis hindern, und niemand darf ihn benachteiligen, wenn er von diesem Recht Gebrauch macht.« Folgende gesetzliche Maßnahmen schränken die Pressefreiheit jedoch empfindlich ein:
– Art. 48 der Weimarer Verfassung, die sog. »Notverordnung«, die den Reichspräsidenten ermächtigt, »die in Artikeln 114, 115, 117, 118, 123, 124 und 153 festgesetzten Grundrechte ganz oder zum Teil außer Kraft [zu] setzen«, »wenn im Deutschen Reiche die öffentliche Sicherheit und Ordnung gestört oder gefährdet wird«. (Zit. nach Bracher, S. 52).
– die Lichtspielgesetze vom 12. 5. 1920.
– das »Gesetz zum Schutz der Republik«, das sog. »Notverordnungsrecht« vom 23. 7. 1922, das – ursprünglich erlassen zum Schutz gegen Rechts – die Handhabe zum Verbot periodischer Schriften gibt. Es hatte schon in der zweiten Jahreshälfte von 1922 52 Verbote zur Folge; bis 1927 gingen die Verbote dann kontinuierlich zurück bis auf vier, nach 1930 stiegen sie wieder an auf 229 (1931) und 294 (1932) Verbote. – Vgl. Weimarer Republik, S. 378.
– Das »Gesetz zur Bewahrung der Jugend vor Schund- und Schmutzschriften« vom 18. 12. 1926.
– Die Novellierung des »Gesetzes zum Schutz der Republik« vom 25. 3. 1930, das das Notverordnungsrecht zum Instrument des Kampfes gegen die Linke macht.
– Die erste Notverordnung »zur Bekämpfung politischer Ausschreitungen« nach Artikel 48 der Reichsverfassung, die auch die Beschlagnahmung von Druckschriften und das Verbot von Periodika bis zu acht Monaten Dauer durch die Behörden ermöglicht und dem Staat damit eine ökonomische Waffe gegen die unabhängige Presse in die Hand gibt.
– Die zweite Notverordnung »zur Bekämpfung politischer Ausschreitungen«, die sog. »Pressenotverordnung«, mit der die Polizei nun nach eigenem Gutdünken über Verbot von Zeitungen und Zeitschriften oder die Beschlagnahme von Büchern bestimmen kann, während dazu vorher eine richterliche Anordnung notwendig war.
[11] Ridder, S. 13 und S. 16. – Rosenberg, S. 477, bezeichnet das Ermächtigungsgesetz von 1923 und die Notstandsgesetze von 1930 als »Verfassungsbruch«.
[12] Rosenberg, S. 275.

Die demokratische Republik leidet von Anfang an daran, daß die wesentlichen Elemente des alten Obrigkeitsstaates in ihr fortbestehen: Die erste Regierung von 1918 bleibt die »alte Koalition der bürgerlichen Demokratie«[13]. Die Sozialdemokratie ist noch immer der liberalen Monarchie verpflichtet. Die Macht im Heere üben die ehemals kaiserlichen Offiziere aus, und – vor allem – die Rechtsprechung der jungen Republik übernimmt, ungeachtet des Rechtsgrundsatzes der richterlichen Unabhängigkeit, die aus altem obrigkeitlichen Geist judizierende kaiserliche Richterschaft[14]. Bereits in den frühen zwanziger Jahren des 20. Jahrhunderts sind die gegenrevolutionären Kräfte in Armee, Verwaltung und Justiz so stark, daß sie die Macht im Staat, der mittlerweile zusätzlich wirtschaftlich geschwächt ist, auch ohne Regierungsgewalt ausüben können.

Die zahlreichen literarisch-publizistischen Prozesse der Weimarer Zeit lassen erkennen, wie sehr sie – nach einem Wort von Georg Lukács – »Kampfperiode von Fortschritt und Reaktion« ist. Paradigmatisch sind nicht nur die Verbote literarischer Werke radikaldemokratischer, sozialistischer oder kommunistischer Provenienz und die »literarischen Hochverratsprozesse« gegen ihre Urheber, Prozesse, in die auch Drucker, Verleger und Buchhändler hineingezogen werden[15]. Paradigmatisch ist vor

---

[13] Ebd.
[14] Hannover, S. 238.
[15] Der Schriftsteller Johannes R. Becher, Kommunist und Mitglied der KPD z. B. wurde aufgrund amnestierter Schriften, vor allem wegen seines 1925 erschienenen Gedichtbands »Roter Marsch. – Der Leichnam auf dem Thron. – Die Bombenflieger.« in einem vom Berliner Polizeipräsidium veranlaßten Gerichtsverfahren des Hochverrats, der Teilnahme an einer staatsfeindlichen Verbindung, der öffentlichen Beschimpfung von Mitgliedern der Reichs- und Länderregierungen, der Gotteslästerung und des Vergehens und Verbrechens gegen das »Gesetz zum Schutz der Republik« angeklagt. Der Prozeß, der auch ein Prozeß gegen Drucker und Buchhändler war, bewirkte statt der beabsichtigten Diffamierung und Isolierung Bechers allerdings die Solidarisierung von Intellektuellen verschiedenster politischer Anschauungen, Proteste namhafter Autoren, darunter Alfred Kerr, Brecht, Brod, Döblin, Erich Engel, George Grosz, Walter von Molo, Alfons Paquet, Kurt Pinthus, Piscator, Wolfenstein, Zuckmayer und Arnold Zweig, sowie aller deutschen Schriftstellervereinigungen. Die demokratischen Kräfte im Staat erreichten 1928 schließlich die Einstellung des Verfahrens. – Vgl. Hannover, S. 238 und Walter I, S. 40. – Daß die Absicht dieser literarisch-publizistischen Prozesse, bei denen es oft erst nach Jahren zur Anklageerhebung bzw. zur Einstellung des Verfahrens kam, weniger in der Verfolgung einzelner Verstöße als vielmehr in der abschreckenden Wirkung auf die Betroffenen lag, zeigt noch deutlicher der Fall des Publizisten Carl von Ossietzky. Er wurde 1931 wegen eines in seiner Zeitschrift, der »Weltbühne« veröffentlichten Aufsatzes von Walter Kreiser über die deutsche Luftfahrt des Hochverrats angeklagt und zu eineinhalb Jahren Gefängnis verurteilt. 1933, in der Nacht des Reichstagsbrands, wurde Ossietzky, der es der grö-

allem die Rechtsprechung über die politischen Fememorde. In ihren Umkreis gehört auch der Prozeß wegen Mordversuchs an Maximilian Harden[16]. Dieses Verfahren, in dem Harden den Mordversuch als politisches Attentat zu entlarven versuchte, beleuchtet schlaglichtartig die Verbindung, die zwischen den Fememorden und dem Verhältnis des Staates zur kritischen politischen Literatur und Publizistik besteht[17]. Erkennbar wird nicht nur der Antisemitismus großer Teile der deutschen Richterschaft und ihre Parteilichkeit in der Sühnung der Femeverbrechen. Der Prozeß zeigt vor allem die tiefen Eingriffe in Recht und Verfassung, mit denen die reaktionären Kräfte im Staat ihre Kritiker, zu denen Harden an vorderster Stelle zählte, mundtot zu machen versuchen. So wird, wie Harden selbst es analysierte, der Kläger mit Hilfe der Justiz zum Angeklagten[18].

Ähnlich tief greift der Mechanismus ökonomischer Literatursteuerung. Er wirkt zum einen über die Versuche staatlicher, völkisch-nationaler oder industrieller Gruppen und Organisationen, mit Hilfe wirtschaftlicher Macht Medienpolitik zu betreiben. Sie werden sichtbar im Aufbau eines Medienkonzerns durch den Deutschnationalen Handlungsgehilfenverband,

---

ßeren Wirksamkeit seiner publizistischen Arbeit wegen vorgezogen hatte, die Strafe abzusitzen statt zu fliehen, und der auch danach in Deutschland blieb, verhaftet. Er starb an den Folgen der Folterungen, die er im KZ erlitt.

Das Delikt des »literarischen Hochverrats« erfüllten nicht nur die Schriftsteller und Publizisten selbst, sondern auch die Textvermittler. Der Schauspieler Rolf Gärtner z.B. wurde 1925 wegen »Vorbereitung des Hochverrats« zu Gefängnis verurteilt, weil er eine Gedenkfeier der KPD künstlerisch gestaltet und dort Gedichte vorgetragen hatte (vgl. Hannover, S. 239 ff.). – Der Geschäftsführer einer Stuttgarter Arbeiterbuchhandlung wurde wegen seines Sortiments, das zum Teil auch kommunistische und sozialistische Literatur umfaßte, verurteilt und der Prokurist des »Verlags der Jugendinternationale«, weil in seinem Verlag der beschlagnahmte Novellenband des Arbeiterdichters Kurt Kläber »Barrikaden an der Ruhr« erschienen war (vgl. Hannover, S. 246 f.).

[16] Maximilian Harden, Herausgeber der Zeitschrift »Zukunft« (1892–1922), galt als einer der bedeutendsten kritischen Publizisten seiner Zeit. Schon während des Kaiserreichs war er mehrfach wegen Majestätsbeleidigung verurteilt, seine Zeitschrift während des Ersten Weltkriegs mehrfach verboten worden. Auch in der Weimarer Zeit blieb er unvermindert kritisch und opponierte vor allem gegen ihre reaktionärnationalistischen Tendenzen. Am 3.7.1922 wurde Harden, der jüdischer Abstammung war, Opfer eines politischen Attentats, von dessen Folgen er sich nicht wieder erholte. Die Täter, Radikale im Dienst völkischer und deutschnationaler Kreise, kamen mit äußerst niedrigen Strafen davon. Ihre Auftraggeber blieben unbekannt und wurden nicht zur Rechenschaft gezogen. – Vgl. Weller, passim.

[17] Gumbel, Verräter, S. 23 und Hannover, S. 9 ff.

[18] Weller, S. 91.

der bedeutendsten deutschen Angestelltengewerkschaft[19], aber auch im Aufkauf von Zeitungen und Zeitschriften bzw. der Neugründung von Werkszeitungen durch die Großindustrie[20]. Zum anderen wirken ökonomische Steuerungsmechanismen über den direkten Zusammenhang zwischen staatlich-wirtschaftlicher Kultur- und Kreditpolitik. Das zeigt exemplarisch die Entstehungs- und Verbotsgeschichte von Brechts literarischem Film »Kuhle Wampe oder Wem gehört die Welt?«[21]. Ökonomische Lenkung greift in Fällen wie diesem präjudizierend vor der ästhetisch-politisch-moralisch begründeten behördlichen Zensur ein. Kriterien der Rentabilität unterwerfen das literarische Projekt schon in der Entwicklungsphase einer rigiden Selbstkontrolle durch die Autoren, noch bevor das offizielle staatliche Verbot ausgesprochen ist[22].

Verglichen mit diesen juristischen und wirtschaftlichen Steuerungs-

---

[19] Der DHV, der seit seiner Gründung völkische und antisemitische Tendenzen verfolgte, besaß außer dem gewerkschaftsüblichen Verlag für verbandsinterne Veröffentlichungen eine eigene Buchhandlung, eine Buchgemeinschaft, eine Druckerei und zwei weitere Verlage, von denen die Hanseatische Verlagsanstalt für historisch-politische und kulturpolitische, der Langen-Müller Verlag für schöngeistige Literatur zuständig war. Personell war der Verband, der schon 1931 intensive Kontakte zur NSDAP pflegte, so »nazifiziert«, daß er 1933 problemlos in die Deutsche Arbeitsfront eingegliedert werden konnte. Mit dem DHV gingen auch die ehemals unabhängigen schöngeistigen Verlage Langen und Müller, die vom Verband aufgekauft worden waren, an die Deutsche Arbeitsfront und 1943 an den nationalsozialistischen Eher-Verlag über. – Vgl. dazu Meyer, Andreas: Die Verlagsfusion Langen-Müller. Zur Buchmarkt- und Kulturpolitik des Deutschnationalen Handlungsgehilfen-Verbands in der Endphase der Weimarer Republik. Frankfurt/Main 1989.

[20] Zum Aufkauf von Presseorganen durch die Großindustrie vgl. Koszyk, S. 711. – Industrieverbände waren nachweislich in 47 Fällen an der Gründung von Werkszeitungen beteiligt (Weimarer Republik, S. 417). Diese erschienen nach außen hin zwar streng neutral, de facto aber intendierten sie die ideologische Unterwanderung der Arbeiterorganisationen.

[21] Das Filmprojekt entstand 1932.

[22] Über die Mechanismen der wirtschaftlichen Abhängigkeit bei der Produktion des Films, der außerhalb der institutionalisierten Filmindustrie entstand, berichtet Brecht:
»Noch im letzten Moment der in allen ihren Momenten vor dem Abbruch stehenden Arbeit, als schon neunzehn Zwanzigstel des Films gedreht und beträchtliche Summen verbraucht, Kredite in Anspruch genommen waren, erklärte uns eine kreditierende Firma, deren in ihrem Monopol befindliche Apparate wir brauchten, die Firma habe an dem Herauskommen unseres Films kein Interesse und streiche uns lieber noch die schon kreditierten Gebühren, als uns ein Weiterarbeiten zu ermöglichen, weil durch qualitativ höherstehende Filme die Ansprüche der Presse, die sich nicht mit denen des zahlenden Publikums deckten, hochgeschraubt würden und weil der Film kein Geschäft werden könne, da der Kommunismus für Deutschland keine Ge-

mechanismen, ist die Wirkung der Störaktionen rechtsradikaler und faschistischer Gruppen, der von ihnen inszenierten Theaterskandale, ihrer publizistischen Hetzkampagnen und Morddrohungen ebenso wie die Wirkung der staatlichen Sitten- und Sexualzensur[23] relativ gering. Eine Verfassungswirklichkeit und Rechtspraxis, die derart weitreichende Handhaben zur Diffamierung, Verfolgung und Unterdrückung der Literatur bereitstellt, indiziert, daß die Formen nationalsozialistischer Literaturverfolgung in der Weimarer Zeit bereits angelegt sind.

fahr mehr sei. Andererseits gaben andere Firmen keine Kredite, weil sie die Zensur für den Film fürchteten und mehr als die des Staates die der Kinobesitzer selber. Die erstere ist eben nur der Ausdruck der letzteren, wie ja überhaupt der Staat nicht der übergeordnete dritte Unparteiische, sondern der Exekutor der Wirtschaft und damit der einen Partei ist.« (Brecht, Kuhle Wampe, S. 89).

[23] Die Konfiszierung erotischer Literatur ist dokumentiert z. B. in: Beschlagnahmte Bücher des Georg Müller Verlags, München, Januar 1921.

# Weiterführende Literatur

Die Bibliographie bietet Literatur zum Thema Zensur in Deutschland von ihren Anfängen bis zur Gegenwart. Aus Umfangsgründen sind von der wissenschaftlichen Literatur mit Ausnahme früherer Standardwerke nur Titel seit 1945 aufgenommen. Darstellungen zu regionalen Zensurfragen sowie zu einzelnen Autoren finden sich im jeweiligen Epochenabschnitt. Bei zitierten Werken erscheint der Autorname oder das erste Titelstichwort kursiviert.

## 1. Quellen und Dokumentationen

*Actenstücke* der Censur des Großherzoglich Badischen RegierungsRaths von Uria-Sarachaga. Eine Recursschrift an das Publikum. Hrsg. von Gustav von Struve, Mannheim-Heidelberg 1845.
*Zehn Actenstücke* über die Amtentsetzung des Professors Hoffmann von Fallersleben. (Hrsg. von Hoffmann von Fallersleben), Mannheim 1843.
Alker, A.: Preußens Preßgesetze und der Buchhandel in Preußen. Eine systematische Bearbeitung der betreffenden Gesetze und ministeriellen Verordnungen; nebst Anhang, betreffend die Konzessionierung der Buchdrucker, Litographen u. dgl. und über die Leihbibliotheken, Lissa und Guesen 1844.
[*von Andrian-Werburg*, Victor:] Oesterreich und dessen Zukunft. Bd. I, Hamburg ²1843; Bd. II, Hamburg ²1847.
Arnold, Jürgen und Schult, Peter (Hrsg.): Ein Buch wird verboten. Bommi Baumann Dokumentation, München 1979.
Bauer, Edgar: Die Censur-Instruction vom 31. Januar 1843, Leipzig 1843.
*Begründung* der Motion des Abgeordneten Welcker, Aufhebung der Censur oder Einführung vollkommener Preßfreiheit betreffend. Wörtlicher Abdruck aus dem Protokoll der 5ten öffentlichen Sitzung der II. Kammer vom 24. März 1831, Karlsruhe [1831].
Beschlagnahmte Bücher des Georg Müller Verlags, München, Januar 1921.
Collmann, Julius August: Quellen, Materialien und Commentar des gemein deutschen Preßrechts, Berlin 1844.
Correspondenzen und Actenstücke zur Geschichte der Ministerconferenzen von Carlsbad und Wien in den Jahren 1819, 1820 und 1834. Hrsg. von Friedrich von Weech, Leipzig 1865.
Cotta. Dokumente, Handschriften, Bücher aus drei Jahrhunderten. Ausstellung der Stuttgarter Zeitung aus Beständen der Cottaschen Handschriftensammlung. Katalog hrsg. von Liselotte Lohrer, Stuttgart 1959.
Fischer, Hans-Dietrich (Hrsg.): Pressekonzentration und Zensurpraxis im Ersten Weltkrieg. Texte und Quellen, Berlin 1973.
*Freiligrath*, Ferdinand: Ein Glaubensbekenntniß. Zeitgedichte, Mainz 1844.

Fromman, Fr. J.: Geschichte des Börsen-Vereins der Deutschen Buchhändler, Leipzig 1875 (= Publikationen des Börsen-Vereins der Deutschen Buchhändler 3).
Fromman, Fr. J.: Die neuesten Versuche zur Preßgesetzgebung. Sechs Briefe an einen deutschen Bureaukraten, Jena 1851.
Giehse, Friedrich: Studien und Skizzen aus der Mappe eines Zeitschriftstellers, Karlsruhe 1844.
*Glossy*, Karl: Literarische Geheimberichte aus dem Vormärz. In: Jahrbuch der Grillparzer-Gesellschaft 21, 1912, S. I–CLV und 1–153; 22, 1912, S. 1–366; 23, 1912, S.1–300 (= Literarische Geheimberichte. Protokolle der Metternich-Agenten. Hrsg. v. Hans Adler. Bd. I: 1840–1843, Stuttgart 1977).
Gottschall, Rudolf: Zensur-Flüchtlinge. Zwölf Freiheitslieder, Zürich-Winterthur 1843.
*Hegel*, Georg Wilhelm Friedrich: Grundlinien der Philosophie des Rechts oder Naturrecht und Staatswissenschaft im Grundrisse, Berlin 1821 [1820].
*Heinsius*, Theodor: Die bedingte Preßfreiheit historisch-kritisch entwickelt und beleuchtet, Berlin 1841.
*Heinzen*, Karl: Mehr als zwanzig Bogen, Darmstadt 1845.
*Held*, Wilhelm: Censuriana oder Geheimnisse der Censur. Allen Feinden der Censur mit dem Wunsch: ihrer Zahl möge Legion sein!, Cassel 1844.
Hirth, Friedrich Eugen: Zensuranekdoten, München 1919.
Hoffmann, Ludwig: Censur und Preßfreiheit, historisch-philosophisch bearbeitet, Berlin 1819.
*Hoffmann von Fallersleben*, August Heinrich: Unpolitische Lieder. T.1.2., Hamburg 1840. 1841.
Des Großherzogl. Badischen Hofgerichts zu Mannheim vollständig motiviertes Urtheil über die in dem Roman: Wally, die Zweiflerin, angeklagten Preßvergehen nebst zwei rechtfertigenden Beilagen und dem Epilog des Herausgebers. Aktenstücke und Bemerkungen hrsg. von Heinrich Eberhard Gottlob Paulus, Heidelberg 1836.
*Huber*, Ernst Rudolf (Hrsg.): Dokumente zur deutschen Verfassungsgeschichte. Bd. I, Stuttgart 1961, ³1978. Bd. 2, Stuttgart 1964.
*Ilse*, Leopold Friedrich: Geschichte der deutschen Bundesversammlung, insbesondere ihres Verhaltens zu den deutschen National-Interessen. Bd. I und II, Marburg 1861; Bd. III, Marburg 1862.
*Löffler*, Franz Adam: Ueber die Gesetzgebung der Presse. Ein Versuch zur Lösung ihrer Aufgabe auf wissenschaftlichem Wege. Theil I, Leipzig 1837.
Loening, Richard: Ueber Censur und Preßfreiheit. In: Deutsche Rundschau 17, 1891, Heft 6, S. 441–464.
Lorck, Carl B.: Geschichte des Vereins der Buchhändler zu Leipzig während der ersten 50 Jahre seines Bestehens 1833–1882. Festschrift im Auftrage der Deputation des Vereins, Leipzig 1883.
Plachta, Bodo: Damnatur – Toleratur – Admittitur. Studien und Dokumente zur literarischen Zensur im 18. Jahrhundert, Tübingen 1994.
Die preußische *Preßgesetzgebung*. Eine Zusammenstellung aller auf die Presse bezüglichen Gesetze und Verordnungen, zunächst zum Gebrauch für Buch- und Kunsthändler, Buch-, Stein- und Kupferdrucker, gleichzeitig als Leitfaden für

alle Gehülfen dieser Gewerbe behufs Vorbereitung zu der von ihnen zu bestehenden Prüfung. Hrsg. von Oscar *Helm*, Halberstadt 1852.
*Protokolle* der Deutschen Bundesversammlung nebst den loco dictaturae gedruckten Beilagen ... Bd. 1–33, Frankfurt/Main 1816 ff.
Rebmann, G. F.: Censur oder Preßfreiheit? Politisches Glaubensbekenntniß. Ein Spiegelbild für unsere Zeit, Leipzig 1847.
Reusch, Fr. Heinrich: Der Index der verbotenen Bücher. Ein Beitrag zur Kirchen- und Literaturgeschichte. Bd. I und II, Bonn 1883 und 1885.
*Ruge*, Arnold (Hrsg.): Aktenstücke zur Censur, Philosophie und Publicistik aus dem Jahre 1842, Mannheim 1847.
Sauder, Gerhard (Hrsg.): Die Bücherverbrennung. Zum 10. Mai 1933, München 1983.
*Schandgeschichten* zur Charakteristik des deutschen Censoren- und Redactorenpacks. Censor Fuchs aus Mannheim und die Führer der servilen Presse. Aktenstücke zur Geschichte des Tages gesammelt und commentirt von Ferdinand Cölestin Bernays, Straßburg 1845.
*Schletter*, Hermann Th.: Handbuch der deutschen Preß-Gesetzgebung. Sammlung der gesetzlichen Bestimmungen über das literarische Eigenthum und die Presse in allen deutschen Bundesstaaten, nebst geschichtlicher Einleitung, Leipzig 1846.
Schulz, Wilhelm; Welcker, Carl: Geheime Inquisition, Censur und Kabinetsjustiz im verderblichen Bunde. Schlußverhandlung mit vielen neuen Aktenstücken über den Prozeß Weidig, Carlsruhe 1845.
*Sehring*, W. Th.: Die Censoriade. Fünf Bücher Censorenlieder, Straßburg 1843.
Siemann, Wolfram (Hrsg.): Der »Polizeiverein« deutscher Staaten. Eine Dokumentation zur Überwachung der Öffentlichkeit nach der Revolution von 1848/49, Tübingen 1983 (= Studien und Texte zur Sozialgeschichte der Literatur, Bd. 9).
Wichtige Urkunden für den Rechtszustand der deutschen Nation mit eigenhändigen Anmerkungen von Johann Ludwig Klüber. Hrsg. von C. Welcker, Mannheim ²1845.
Ausgewählte Urkunden zur deutschen Verfassungsgeschichte seit 1806. Zum Handgebrauch für Historiker und Juristen hrsg. von Wilhelm Altmann. Teil 1: 1806–1866; Teil 2: seit 1867, Berlin 1898.
*Welcker*, Carl Theodor: Die vollkommene und ganze Preßfreiheit nach ihrer sittlichen, rechtlichen und politischen Nothwendigkeit, und ihrer Uebereinstimmung mit deutschem Fürstenwort und nach ihrer völligen Zeitgemäßheit dargestellt in ehrerbietigster Petition an die Hohe deutsche Bundesversammlung, Freiburg 1830.
*Wiesner*, Adolph: Denkwürdigkeiten der österreichischen Zensur vom Zeitalter der Reformazion bis auf die Gegenwart, Stuttgart 1847.

## 2. Wissenschaftliche Literatur

### Allgemeines

Breuer, Dieter: Geschichte der literarischen Zensur in Deutschland, Stuttgart 1982.
Czajka, Dieter: Pressefreiheit und ›öffentliche Aufgabe‹ der Presse, Stuttgart, Berlin, Köln, Mainz 1968.
Eisenhardt, Ulrich: Die kaiserliche Aufsicht über Buchdruck, Buchhandel und

Presse im Heiligen Römischen Reich Deutscher Nation (1496–1806). Ein Beitrag zur Geschichte der Bücher- und Pressezensur, Karlsruhe 1970 (Studien und Quellen zur Geschichte des deutschen Verfassungsrechtes 3).

Fischer, Hans-Dietrich (Hrsg.): Deutsche Kommunikationskontrolle des 15. bis 20. Jahrhunderts, München, New York, London, Paris 1982 (Publizistik-Historische Beiträge, Bd. 5).

Franz, Gunther: Bücherzensur und Irenik. Die theologische Zensur im Herzogtum Württemberg in der Konkurrenz von Universität und Regierung. In: Brecht, Martin (Hrsg.): Theologen und Theologie an der Universität Tübingen. Beiträge zur Geschichte der Evangelisch-Theologischen Fakultät, Tübingen 1977, S. 123–194.

Fügen, Hans Norbert: Zensur als negativ wirkende Institution. In: Lesen. Ein Handbuch. Hrsg. von Alfred Clemens Baumgärtner, Hamburg 1973, S. 623–642.

*Habermas,* Jürgen: Strukturwandel der Öffentlichkeit. Untersuchungen zu einer Kategorie der bürgerlichen Gesellschaft, Neuwied 1962 (Abhandlungen und Texte zur politischen Wissenschaft, Bd. 4).

Hadamowsky, Franz: Ein Jahrhundert Literatur- und Theaterzensur in Österreich (1781–1848). In: Zeman, Herbert (Hrsg.): Die österreichische Literatur, Teil 1.2., Graz 1979, S. 289–306.

Houben, Heinrich Hubert: Verbotene Literatur von der klassischen Zeit bis zur Gegenwart. Ein kritisch-historisches Lexikon über verbotene Bücher, Zeitschriften und Theaterstücke, Schriftsteller und Verleger, Bd. I. II, Hildesheim 1965.

Houben, Heinrich Hubert: Polizei und Zensur. Längs- und Querschnitte durch die Geschichte der Buch- und Theaterzensur, Berlin 1926. (Houben, Heinrich Hubert: Der ewige Zensor. Längs- und Querschnitte durch die Geschichte der Buch- und Theaterzensur. Mit einem Nachwort von Claus Richter, Kronberg 1978.)

Houben, Heinrich Hubert: Hier Zensur – wer dort? Antworten von gestern auf Fragen von heute, Leipzig 1918.

*Huber,* Ernst Rudolf: Deutsche Verfassungsgeschichte seit 1789. Bd. I: Reform und Restauration 1789 bis 1830, Stuttgart 1959. Bd. II: Der Kampf um Einheit und Freiheit 1830 bis 1850, Stuttgart 1960. Bd. III: Bismarck und das Reich, Stuttgart 1963. Bd. IV: Struktur und Krisen des Kaiserreichs, Stuttgart 1969. Bd. V: Weltkrieg, Revolution und Reichserneuerung 1914–1919, Stuttgart 1978. Bd. VI: Die Weimarer Reichsverfassung, Stuttgart 1981.

Jöhlinger, Otto: Preßfreiheit und Preßpolitik. Handbuch der Politik, Bd. I, Berlin 1920, S. 189–196.

Kanzog, Klaus: Literarische Zensur. In: Reallexikon der deutschen Literaturgeschichte. Hrsg. von Kanzog, Klaus / Masser, Achim, 2. Aufl. Bd. 4, Berlin / New York 1979, S. 998–1049.

Klingenstein, Grete: Staatsverwaltung und kirchliche Autorität im 18. Jahrhundert. Das Problem der Zensur in der theresianischen Reform, München 1970.

Koster, Peter: Die Entwicklung der Pressefreiheit in Deutschland und ihre Stellung in der modernen Demokratie, Diss. Hamburg 1953.

Kogel, Jörg-Dieter (Hrsg.): Schriftsteller vor Gericht. Verfolgte Literatur in vier Jahrhunderten. Zwanzig Essays. Frankfurt / Main 1996.

Kolmar, Harry: Geschichte der Pressefreiheit, Diss. München 1956.

Lackmann, Heinrich: Die kirchliche Bücherzensur nach geltendem kanonischem

Recht, unter Berücksichtigung ihrer geschichtlichen Entwicklung und der heutigen Reformgedanken, Köln 1962.
Otto, Ulla: Die literarische Zensur als Problem der Soziologie der Politik, Stuttgart 1968.
Popper, Karl Raimund: Die öffentliche Meinung im Lichte der Grundsätze des Liberalismus, Düsseldorf, München 1956 (Ordo, Bd. VIII).
Rafetseder, Hermann: Bücherverbrennungen, Köln 1988.
*Ridder*, Helmut K. J.: Meinungsfreiheit. In: Die Grundrechte. Ein Handbuch der Theorie und Praxis der Grundrechte. In Verbindung mit Otto Bachof u. a. hrsg. von Franz Leopold Neumann, Hans Carl Nipperdey und Ulrich Scheuner. Bd. II: Die Freiheitsrechte in Deutschland, Berlin 1954, S. 243–290.
Sachse, Friedrich: Die Anfänge der Bücherzensur in Deutschland, Leipzig 1870.
*Sashegyi*, Oskar: Zensur und Geistesfreiheit unter Joseph II. Beiträge zur Kulturgeschichte der habsburgischen Länder, Budapest 1958.
Schenda, Rudolf: Volk ohne Buch. Studien zur Sozialgeschichte der populären Lesestoffe 1770–1910, Frankfurt/Main 1970.
*Schulte-Sasse*, Jochen: Das Konzept bürgerlich-literarischer Öffentlichkeit und die historischen Gründe seines Zerfalls. In: Bürger, Christa u. a. (Hrsg.): Aufklärung und literarische Öffentlichkeit, Frankfurt/Main 1980, S. 83–115.
Speyer, Wolfgang: Büchervernichtung und Zensur des Geistes bei Heiden, Juden, Christen, Stuttgart 1981.
*Ungern-Sternberg*, Wolfgang von: Leihbibliothek und Zensur im 18. und 19. Jahrhundert. In: Jäger, Georg/Schönert, Jörg (Hrsg.): Die Leihbibliothek als Institution des literarischen Lebens im 18. und 19. Jahrhundert. Organisationsformen, Bestände und Publikum, Hamburg 1980, S. 255–310 (Wolfenbütteler Schriften zur Buchgeschichte 3).
*Ungern-Sternberg*, Wolfgang von: Schriftsteller und literarischer Markt. In: Rolf Grimminger (Hrsg.): Deutsche Aufklärung bis zur Französischen Revolution 1680–1789, München 1980, S. 133–185 (Hansers Sozialgeschichte der deutschen Literatur vom 16. Jahrhundert bis zur Gegenwart. Teil 3.1.).
*Wittmann*, Reinhard: Der Börsenverein und die Zensur. In: 150 Jahre Börsenverein für den Deutschen Buchhandel. Sondernummer des Börsenblatts (Frankfurt), 1975, Nr. 32, S. 49–56.
Wricke, Götz: Die Aufsicht über das Bücher- und Pressewesen im Kurfürstentum und Königreich Hannover von den Anfängen bis 1848. Ein Beitrag zur Geschichte der Bücher- und Pressezensur, Diss. Berlin, Bonn 1973.

Epochendarstellungen

NAPOLEONISCHE ZEIT

Busch, Rüdiger: Die Aufsicht über das Bücher- und Pressewesen in den Rheinbundstaaten Berg, Westfalen und Frankfurt. Ein Beitrag zur Geschichte der Bücher- und Pressezensur, Karlsruhe 1970 (Studien und Quellen zur Geschichte des deutschen Verfassungsrechts, A.7).
*Flad*, Ruth: Der Begriff der öffentlichen Meinung bei Stein, Arndt und Wilhelm von Humboldt. Studien zur politischen Begriffsbildung in Deutschland während der preußischen Reform, Berlin und Leipzig 1929.

Fuchs, Karlheinz: Bürgerliches Räsonnement und Staatsräson. Zensur als Instrument des Despotismus. Dargestellt am Beispiel des rheinbündischen Württemberg (1806–1813), Göppingen 1975 (Göppinger Arbeiten zur Germanistik 150).
Göpfert, Herbert G./Weyrauch, Erdmann (Hrsg.): »Unmoralisch an sich...«: Zensur im 18. und 19. Jahrhundert, Wiesbaden 1988.
Kapp, Friedrich: Aktenstücke zur Geschichte der preußischen Censur- und Preß-Verhältnisse unter dem Minister Wöllner (1788–1796). In: Archiv für Geschichte des Buchwesens IV, 1879, S. 138–214 und V, 1880, S. 256–306.

VORMÄRZ

Bieber, Hans W.: Die Befugnisse und Konzessionierungen der Münchner Druckereien und Buchhandlungen von 1485 bis 1871 unter besonderer Berücksichtigung der bayerischen Gesetzgebung des 19. Jahrhunderts, Diss. München 1956.
*Briegleb*, Klaus: Der »Geist der Gewalthaber« über Wolfgang Menzel. Zur Dialektik des denunziatorischen Prinzips in der neuen Literatur. Mit einem Neudruck aus dem preußischen Auftragspamphlet »Heinrich Heine und Ein Blick auf unsere Zeit« (1834). In: Mattenklott, Gert/Scherpe, Klaus R. (Hrsg.): Demokratisch-revolutionäre Literatur in Deutschland: Vormärz, Kronberg 1975, S. 117–150.
*Briegleb*, Klaus: Schriftstellernöte und literarische Produktivität. Zum Exempel Heinrich Heine. In: Kolbe, Jürgen (Hrsg.): Neue Ansichten einer künftigen Germanistik, München 1973, S. 121–159.
Bussem, Eberhard: Die Karlsbader Beschlüsse von 1819. Die endgültige Stabilisierung der restaurativen Politik im Deutschen Bund nach dem Wiener Kongress 1814/15, Diss. München 1974.
*Franke*, Richard Walter: Zensur und Preßaufsicht in Leipzig 1830–1848. In: Archiv für Geschichte des Buchwesens N. F. 21, 1930, S. 1–194.
Geiger, Ludwig: Das Junge Deutschland und die preußische Censur, Berlin 1900.
Gerstenberg, Heinrich: Die Hamburgische Zensur in den Jahren 1819–1848, Hamburg 1908.
Giese, Ursula: Studien zur Geschichte der Pressegesetzgebung, der Zensur und des Zeitungswesens im frühen Vormärz. Auf Grund bisher unveröffentlichter Dokumente aus Wiener Archiven. In: Archiv für Geschichte des Buchwesens 6, 1966, Sp. 341–546.
Heinrich-Jobst, Ingrid: Literarische Publizistik Adolf Glassbrenners. 1810–1876. Die List beim Schreiben der Wahrheit, München 1979.
Hömberg, Walter: Zeitgeist und Ideenschmuggel. Die Kommunikationsstrategie des Jungen Deutschland, Stuttgart 1975.
Houben, Heinrich Hubert: Der gefesselte Biedermeier, Leipzig 1924.
Kapp, Friedrich: Die preußische Preßgesetzgebung unter Friedrich Wilhelm III. In: Archiv für Geschichte des Buchwesens VI, 1881, S. 185–249.
*Keller*, Hans Gustav: Die politischen Verlagsanstalten und Druckereien in der Schweiz 1840–1848. Ihre Bedeutung für die Vorgeschichte der Deutschen Revolution von 1848, Bern und Leipzig 1935.
Kissling, Walter: Württemberg und die Karlsbader Beschlüsse gegen die Presse; ein Beitrag zur württembergischen Pressezensur – Pressegesetzgebung – in der vormärzlichen Zeit, München 1956.

Klutentreter, Wilhelm: Die Rheinische Zeitung von 1842/43 in der politischen und geistigen Bewegung des Vormärz. Teil 1, Dortmund 1966; Teil 2, Dortmund 1967 (Dortmunder Beiträge zur Zeitungsforschung 10, 1–2).

Korditsch, Gudrun: Die Funktion der Presse- und Meinungsfreiheit für die konservativ-konstitutionelle Opposition zum Absolutismus während der Phase des Übergangs von Vorzensur zur Pressefreiheit im Jahre 1848, Diss. Wien 1978.

Kramer, Margarete: Die Zensur in Hamburg 1819 bis 1848. Ein Beitrag zur Frage staatlicher Lenkung der Öffentlichkeit während des Deutschen Vormärz, Hamburg 1975 (Hamburger Historische Studien. Bd. 5).

Lechner, Silvester: Eine Ästhetik der Zensur. Johann Ludwig Deinhardstein als Kritiker. In: Martino, Alberto (Hrsg.): Literatur in der sozialen Bewegung. Aufsätze und Forschungsberichte zum 19. Jahrhundert, Tübingen 1977, S. 284–326.

Lechner, Silvester: Gelehrte Kritik und Restauration. Klemens Fürst von Metternichs Wissenschafts- und Pressepolitik und die Wiener ›Jahrbücher der Literatur‹ (1818–1849), Tübingen 1977.

Marx, Julius: Österreichs Kampf gegen die liberalen, radikalen und kommunistischen Schriften, 1835–1848, Wien 1969.

Marx, Julius: Die österreichische Zensur im Vormärz. In: Österreich-Archiv 5 (1959), München 1959.

*Mayr*, Josef Karl: Metternichs geheimer Briefdienst. Postlogen und Postkurse, Wien 1935.

*Näf*; Werner: Das literarische Comptoir Zürich und Winterthur, Bern 1929.

*Oesterle*, Ingrid und Oesterle, Günter: Der literarische Bürgerkrieg. Gutzkow, Heine, Börne wider Menzel. Polemik nach der Kunstperiode und in der Restauration. In: Mattenklott, Gert/Scherpe, Klaus R. (Hrsg.): Demokratisch-revolutionäre Literatur in Deutschland: Vormärz, Kronberg 1975, S. 151–186.

Radlik, Ute: Heine in der Zensur der Restaurationsepoche. In: Hermand, Jost/Windfuhr, Manfred (Hrsg.): Zur Literatur der Restaurationsepoche 1815–1848. Forschungsberichte und Aufsätze, Stuttgart 1970, S. 460–489.

Rehermann, Ernst Heinrich: Zentralisierungs- und Verschärfungstendenzen bei der Handhabung des Zensurgesetzes gegenüber Leihbibliotheken und Lesegesellschaften im Königreich Hannover von 1831 bis 1848. In: Jäger/Schönert, Leihbibliothek, S. 311–326.

*Reisner*, Hanns-Peter: Literatur unter der Zensur. Die politische Lyrik des Vormärz, Stuttgart 1975 (Literaturwissenschaft – Gesellschaftswissenschaft 14).

Rieder, Heinz: Wiener Vormärz. Das Theater, das literarische Leben, die Zensur, Wien 1959.

Schenda, Rudolf: Die Lesestoffe der kleinen Leute. Studien zur populären Literatur im 19. und 20. Jahrhundert, München 1976.

*Schneider*, Franz: Pressefreiheit und politische Öffentlichkeit. Studien zur politischen Geschichte Deutschlands bis 1848, Neuwied 1966 (Politica, Abhandlungen und Texte zur politischen Wissenschaft, Bd. 24).

Siemann, Wolfram: Deutschlands Ruhe, Sicherheit und Ordnung. Die Anfänge der politischen Polizei 1806–1866, Tübingen 1985.

Treml, Manfred: Bayerns Pressepolitik zwischen Verfassungstreue und Bundespflicht (1815–1837), Diss. München 1976.

Wabnegger, Erwin: Literarischer Skandal: Studien zur Reaktion des öffentlichen Systems auf Karl Gutzkows Roman »Wally, die Zweiflerin« (1835–1848), Würzburg 1987.
Weidl, Erhard: Heinrich Heines Arbeitsweise. Kreativität der Veränderung, Hamburg 1974.
Werner, Michael: Das ›Augsburgische Prokrustesbett‹. Heines Berichte aus Paris 1840–1847 und die Zensur. In: Cahier Heine, Paris 1975, S. 42–65 (Publication du Centre d'Histoire et d'Analyse des Manuscrits Modernes).
Weyrich, Isabel: Die Zensur als Mittel der Unterdrückung von liberalen Bestrebungen im österreichischen Vormärz 1830–1848, Diss. Wien 1976.
Wyatt, Sibyl White: The English Romantic novel and Austrian reaction. A study in Habsburg-Metternich censorship, New York 1967.
Ziegler, Edda: Julius Campe. Der Verleger Heinrich Heines, Hamburg 1976.
Ziegler, Edda: »Das papierne Kalb oder die Preß- und Gewissensfreiheit – Pressepolitik und Zensur unter Ludwig I. In: Biedermeiers Glück und Ende. Katalog zur Ausstellung im Münchner Stadtmuseum 10. Mai–30. September, hrsg. von Hans Ottomeyer, München 1987, S. 239–248.

REAKTION UND GRÜNDERZEIT

Huth, Armin: Pressefreyheit oder Zensur. Staatliche Pressepolitik und politisches Schrifttum in Würzburg und Unterfranken zwischen Revolution und Reaktion (1847–1850), Würzburg 1976.
Lenman, Robin J. V.: Art, Society and the Law in Wilhelmine Germany. The lex Heinze. In: Oxford German Studies 8, 1973 / 74, S. 86–113.
Overesch, Manfred: Presse zwischen Lenkung und Freiheit. Preußen und seine offiziöse Zeitung von der Revolution bis zur Reichsgründung (1848–1871/72), Pullach bei München 1974 (Dortmunder Beiträge zur Zeitungsforschung 19).

JAHRHUNDERTWENDE UND WEIMARER REPUBLIK

Bracher, Karl Dietrich: Die Auflösung der Weimarer Republik. Eine Studie zum Problem des Machtverfalls in der Demokratie, Stuttgart 1955.
Fischer, Ernst: Der »Schutzverband deutscher Schriftsteller« 1909–1933, Frankfurt/Main 1980.
Gumbel, Emil Julius: Vom Fememord zur Reichskanzlei, Heidelberg 1962.
Gumbel, Emil Julius: »Verräter verfallen der Feme«. Opfer / Mörder / Richter 1919–1929, Berlin 1929.
Hannover, Heinrich und Hannover-Drück, Elisabeth: Politische Justiz 1918–1933. Mit einer Einleitung von Karl Dietrich Bracher, Frankfurt/Main 1966.
Koszyck, Kurt: Zum Verhältnis von Industrie und Presse. In: Industrielles System und politische Entwicklung in der Weimarer Republik. Verhandlungen des Internationalen Symposiums in Bochum vom 12.–17. Juni 1973. Hrsg. von Hans Mommsen, Dietmar Petzina und Bernd Weisbrod, Düsseldorf 1974, S. 704–716.
Mast, Peter: Künstlerische und wissenschaftliche Freiheit im Deutschen Reich 1890–1901, Rheinfelden 1980.
Petersen, Klaus: Zensur in der Weimarer Republik, Stuttgart 1995.
Schulz, Gerhard: Naturalismus und Zensur. In: Scheuer, Helmut (Hrsg.): Natura-

lismus. Bürgerliche Dichtung und soziales Engagement, Stuttgart, Berlin, Köln, Mainz 1974 (Sprache und Literatur 91), S. 93–121.
*Weimarer Republik.* Hrsg. vom Kunstamt Kreuzberg u. d. Institut f. Theaterwissenschaft der Universität Köln, Berlin 1977.
Weller, B. Uwe: Maximilian Harden und die »Zukunft«, Bremen 1970.

NATIONALSOZIALISMUS

Aigner, Dietrich: Die Indizierung ›schädlichen und unerwünschten Schrifttums‹ im Dritten Reich. In: Börsenblatt für den Deutschen Buchhandel. Frankfurter Ausgabe 26,1970, Nr. 52, S. 1430–1480.
Dahm, Volker: Das jüdische Buch im Dritten Reich. I. Die Ausschaltung der jüdischen Autoren, Verleger und Buchhändler (mit Register). In: Archiv für Geschichte des Buchwesens 20, 1979, Sp. 1–300.
Denkler, Horst und Prümm, Karl (Hrsg.): Die deutsche Literatur im Dritten Reich. Themen, Traditionen, Wirkungen, Stuttgart 1976.
Jödicke, Carl: ›Wir haben doch die Macht!‹ Goebbels und das Verbot der ›Grünen Post‹. In: Publizistik 23, 1978, S. 384–394.
Kohn-Bramstedt, Ernst: Goebbels und die nationalsozialistische Propaganda 1925–1945, Frankfurt/Main 1971.
Schnell, Ralf: Literarische Innere Emigration, 1933–1945, Stuttgart 1976.
Serke, Jürgen: Die verbrannten Dichter. Mit Fotos von Wilfried Bauer. Berichte, Texte, Bilder einer Zeit, Weinheim, Basel ²1977.
Strothmann, Dietrich: Nationalsozialistische Literaturpolitik. Ein Beitrag zur Publizistik im Dritten Reich, Bonn 1960 (Abhandlungen zur Kunst-, Musik- und Literaturwissenschaft 13).
Vaßen, Florian: ›Das illegale Werk‹. Literatur und Literaturverhältnisse des Bundes proletarisch-revolutionärer Schriftsteller nach 1933. In: Schnell, Ralf (Hrsg.): Kunst und Kultur im deutschen Faschismus, Stuttgart 1978 (Literaturwissenschaft und Sozialwissenschaft 10), S. 285–327.

ZENSUR IN DER BRD UND DDR

Barck, Simone/Langermann, Martina/Lokatis, Siegfried: »Jedes Buch ein Abenteuer«: Zensur-System und literarische Öffentlichkeiten in der DDR bis Ende der sechziger Jahre, Berlin 1997.
Benz, Wolfgang: Amerikanische Literaturpolitik und deutsche Interessen. Verlagswesen und Buchhandel in Bayern 1945–46. In: Zeitschrift für bayerische Landesgeschichte 42, 1979, S. 704–731.
Broder, Henryk M. (Hrsg.): Die Schere im Kopf. Über Zensur und Selbstzensur, Köln 1976.
Buschmann, Silke: Literarische Zensur in der BRD nach 1945, Frankfurt/Main 1997.
Dericum, Christa: Kulturzensur. In: Vorgänge 18, 1979, Nr. 1, S. 12–19.
Gruschka, Bernd R.: Der gelenkte Buchmarkt. Die amerikanische Kommunikationspolitik in Bayern und der Aufstieg des Verlages Kurt Desch 1945 bis 1950, Frankfurt/Main 1995.
Jarass, Hans D.: Die Freiheit der Massenmedien. Zur staatlichen Einwirkung auf Presse, Rundfunk, Film und andere Medien, Baden-Baden 1978.

*Kienzle*, Michael / Mende, Dirk (Hrsg.): Zensur in der BRD. Fakten und Analysen, München 1980.
Richter, Dieter: Literaturfreiheit und Zensur. In: Buch und Bibliothek 31, 1979, S. 323–330.
Richter, Rolf: Kommunikationsfreiheit = Verlegerfreiheit? Zur Kommunikationspolitik der Zeitungsverleger in der Bundesrepublik Deutschland 1945–1969, Pullach bei München 1973 (= Dortmunder Beiträge zur Zeitungsforschung 17).
*Ridder*, Helmut: Freiheit der Kunst nach dem Grundgesetz (Vortrag gehalten auf dem Kongress der Internationalen Gesellschaft für Urheberrecht am 16. Sept. 1962 in Berlin), Berlin, Frankfurt / Main 1963.
Seim, Richard: Zwischen Medienfreiheit und Zensureingriffen. Eine medien- und rechtssoziologische Untersuchung zensorischer Einflussnahmen auf bundesdeutsche Populärkultur, Münster 1997.
Stunk, Peter: Zensur und Zensoren: Medienkontrolle und Propagandapolitik unter sowjetischer Besatzungsherrschaft in Deutschland, Berlin 1996.
Walsdorf, Martin: Zensur in Bibliotheken. In: Buch und Bibliothek 31, 1979, S. 330–338.
Walther, Joachim: Sicherungsbereich Literatur. Schriftsteller und Staatssicherheit in der DDR, Berlin 1996.
Wichner, Ernest / Wiesner, Herbert (Hrsg.): Zensur in der DDR. Geschichte, Praxis und »Ästhetik« der Behinderung von Literatur, Berlin 1991.
Wichner, Ernest / Wiesner, Herbert (Hrsg.): »Literaturentwicklungsprozesse«. Die Zensur der Literatur in der DDR, Frankfurt / Main 1993.
Eine Zensur findet nicht statt. Findet keine Zensur statt? Beiträge von den Kelheimer Werkstattgesprächen 1978 von Carl Amery u. a. In: Kürbiskern 1979, Heft 2, S. 63–75.
Zimmer, Dieter E. (Hrsg.): Die Grenzen literarischer Freiheit. 22 Beiträge über Zensur im Inland und Ausland, Hamburg 1966.
Zipser, Richard: Fragebogen: Zensur. Zur Literatur vor und nach dem Ende der DDR, Leipzig 1995.

## 3. Weitere zitierte Literatur

*Bauernfeld*, Eduard von: Gesammelte Aufsätze. Hrsg. von Stefan Hock, Wien 1905 (Schriften des Literarischen Vereins in Wien 4).
*Benjamin*, Walter: Illuminationen. Ausgewählte Schriften (Hrsg. von Siegfried Unseld), Frankfurt / Main 1969.
*Börne*, Ludwig: Sämtliche Schriften. Neu bearbeitet und hrsg. von Inge und Peter Rippmann. Bd. 3. Briefe aus Paris, Düsseldorf 1964.
*Brecht*, Bertold: Kuhle Wampe. Protokoll des Films und Materialien. Hrsg. von Wolfgang Gersch und Werner Hecht, Frankfurt / Main 1969.
*Buchner*, Wilhelm: Ferdinand Freiligrath. Ein Dichterleben in Briefen. Bd. 1. 2., Lahr 1881.
Büchner, Georg: Sämtliche Werke und Briefe. Historisch-kritische Ausgabe mit Kommentar hrsg. v. Werner R. Lehmann. Bd. 2. Vermischte Schriften und Briefe, München 1971.

*Conze*, Werner: Das Spannungsfeld von Staat und Gesellschaft im Vormärz. In: Ders. (Hrsg.): Staat und Gesellschaft im deutschen Vormärz, Stuttgart 1962, S. 207–269 (Industrielle Welt Bd. 1).
*Eichendorff*-Chronik. Daten zu Leben und Werk. Zusammengestellt von Wolfgang Frühwald, München 1977.
*Epstein*, Klaus: Die Ursprünge des Konservatismus in Deutschland, Frankfurt 1973.
*Estermann*, Alfred (Hrsg.): Politische Avantgarde 1830–1840. Eine Dokumentation zum »Jungen Deutschland«, Bd. 1. 2., Frankfurt 1972 f.
*Frühwald*, Wolfgang: Der Regierungsrat Joseph von Eichendorff. Zum Verhältnis von Beruf und Schriftstellerexistenz im Preußen der Restaurationszeit, mit Thesen zur sozialhistorischen und wissenssoziologischen Perspektive einer Untersuchung von Leben und Werk Joseph von Eichendorffs. In: Internationales Archiv für Sozialgeschichte der deutschen Literatur. Hrsg. von Georg Jäger, Alberto Martino, Friedrich Sengle. 4. Bd. 1979, S. 37–67.
*Gerth*, Hans H.: Bürgerliche Intelligenz um 1800. Zur Soziologie des deutschen Frühliberalismus. Mit einem Vorwort und einer ergänzten Bibliographie hrsg. von Ulrich Herrmann, Göttingen 1976.
*Gössmann*, Wilhelm und Woesler, Winfried: Politische Dichtung im Unterricht: »Deutschland. Ein Wintermärchen« von Heinrich Heine. Text – Kommentare – Unterrichtshinweise – Materialien, Düsseldorf 1974.
*Goldfriedrich*, Johann: Geschichte des deutschen Buchhandels. Bd. 4. Vom Beginn der Fremdherrschaft bis zur Reform des Börsenvereins im neuen Deutschen Reiche (1805–1889). Im Auftrag des Börsenvereins des Deutschen Buchhandels hrsg. von der Historischen Kommission derselben, Leipzig 1913.
Gutzkow, Karl: Novellen. Bd. 1. 2., Hamburg 1834.
*Gutzkow*, Karl: Wally, die Zweiflerin. Roman. Studienausgabe mit Dokumenten zum zeitgenössischen Literaturstreit, hrsg. v. Günter Heintz, Stuttgart 1979.
*Haferkorn*, Hans Jürgen: Der freie Schriftsteller. Eine literatursoziologische Studie über seine Entstehung und Lage in Deutschland zwischen 1750 und 1800. In: Archiv für Geschichte des Buchwesens 5, 1964, Sp. 523–712.
*Heine*, Heinrich: Säkularausgabe. Werke, Briefwechsel, Lebenszeugnisse. Hrsg. von den Nationalen Forschungs- und Gedenkstätten der klassischen deutschen Literatur in Weimar und dem Centre de la Recherche Scientifique in Paris, Bd. 20–26. Briefwechsel, 1970–1975 (= HSA).
*Heine*, Heinrich: Sämtliche Schriften in zwölf Bänden. Hrsg. von Klaus Briegleb, München 1976 ff.
*Hofmann*, Johannes: Die erste deutsche Schriftstellerorganisation und die Schriftstellerbewegung, Leipzig 1929.
*Jäger*, Georg: Die deutsche Leihbibliothek im 19. Jahrhundert. Verbreitung – Organisation – Verfall. In: Internationales Archiv für Sozialgeschichte der deutschen Literatur. Hrsg. von Georg Jäger, Alberto Martino, Friedrich Sengle. 2. Bd. 1977, S. 96–133.
*Jäger*, Georg/Schönert, Jörg (Hrsg.): Die Leihbibliothek als Institution des literarischen Lebens im 18. und 19. Jahrhundert. Organisationsformen, Bestände und Publikum, Hamburg 1980. (Wolfenbütteler Schriften zur Geschichte des Buchwesens 3).

*Jäger,* Hans Wolf: Politische Metaphorik im Jakobinismus und im Vormärz, Stuttgart 1971.
*Martino,* Alberto: Die ›Leihbibliotheksfrage‹. Zur Krise der deutschen Leihbibliothek in der zweiten Hälfte des 19. Jahrhunderts (mit Quellenauszügen). In: Jäger/Schönert, Leihbibliothek, S. 89–164.
*Metternich-Winneburg,* Richard von (Hrsg.): Aus Metternichs nachgelassenen Papieren. Bd. 1–4, Wien 1881.
*Rommel,* Otto: Der österreichische Vormärz. 1816–1847, Leipzig 1931 (Deutsche Literatur III: Politische Dichtung, Bd. 4).
*Rosenberg,* Arthur: Entstehung und Geschichte der Weimarer Republik. Hrsg. von Kurt Kersten, Frankfurt/Main 1955.
*Ruckhäberle,* Hans-Joachim: Flugschriftenliteratur im historischen Umkreis Georg Büchners, Kronberg 1975.
*Ruckhäberle,* Hans-Joachim (Hrsg.): Frühproletarische Literatur. Die Flugschriften der deutschen Handwerksgesellenvereine in Paris, 1832–1839, Kronberg 1977.
*Schäffle,* Albert: Cotta, Berlin 1895.
*Schnabel,* Franz: Deutsche Geschichte des 19. Jahrhunderts. Bd. 1: Die Grundlagen der neueren Geschichte, Freiburg 1964.
*Schulze,* Friedrich: Der deutsche Buchhandel und die geistigen Strömungen der letzten hundert Jahre, Leipzig 1925.
*Sengle,* Friedrich: Biedermeierzeit. Deutsche Literatur im Spannungsfeld zwischen Restauration und Revolution 1815–1848. Bd. 1, Stuttgart 1971.
*Stein,* Peter: Epochenproblem »Vormärz« (1815–1848), Stuttgart 1974 (Sammlung Metzler Bd. 132).
*Walter,* Hans Albert: Bedrohung und Verfolgung bis 1933. Deutsche Exilliteratur 1933–1950. Bd. 1, Neuwied 1972.
*Wülfing,* Wulf: Junges Deutschland. Texte – Kontexte, Abbildungen, Kommentar. Hanser Literatur-Kommentare, hrsg. von Wolfgang Frühwald. Bd. 10, München 1978.